\ 술술 풀리는 영어 회화! /

실전회화 영어패턴 500+ 플러스

술술 풀리는 영어 회화!
실전회화 영어패턴 500 플러스

지은이 이광수 · 이수경
펴낸이 임상진
펴낸곳 (주)넥서스

초판 1쇄 발행 2014년 1월 30일
초판 9쇄 발행 2017년 2월 20일

2판 1쇄 발행 2018년 6월 25일
2판 13쇄 발행 2024년 11월 12일

출판신고 1992년 4월 3일 제311-2002-2호
주소 10880 경기도 파주시 지목로 5
전화 (02)330-5500 팩스 (02)330-5555

ISBN 979-11-6165-188-0 13740

가격은 뒤표지에 있습니다.
잘못 만들어진 책은 구입처에서 바꾸어 드립니다.

www.nexusbook.com

\ 술술 풀리는 영어 회화! /

실전회화 영어패턴 500+ 플러스

이광수 · 이수경 지음

넥서스

독자 여러분께

〈영어패턴 500 플러스〉에 보여 주신 독자 여러분들의 많은 사랑과 관심에 진심으로 감사드린다. 많은 독자분들께서 〈영어패턴 500 플러스〉가 도움이 되었다는 격려와 감사의 메일을 보내 주셨고, 그중 꽤 많은 분들께서 이 책을 마치고 이어서 공부할 수 있는 후속편이 있으면 좋겠다는 말씀을 하셨다. 그런 분들을 위해 이 책 〈실전회화 영어패턴 500 플러스〉가 태어나게 되었다.

"

이 책에서는 초급이라고 볼 수 있는 〈영어패턴 500 플러스〉에서
미처 다루지 못해서 아쉬웠던 패턴들,
또 레벨을 살짝 up 시켜 초·중급 수준의 학습자들에 맞는 패턴들을 다루었다.

"

+ 네이티브들이 많이 쓰는 리얼 & 생생 패턴들만!

20년 가까이 캐나다에서 네이티브들과 생활하면서 느낀 것은 네이티브들은 대화 시 쉬운 단어를 여러 상황에서 사용한다는 것이다.

예를 들어,

I don't see your point.

라는 문장을 보자. 여기서 see는 '알다', '이해하다'라는 뜻으로 쓰였다. 우리는 흔히 see 하면 '보다'라는 뜻을 떠올리지만, 네이티브들은 회화 시에 see를 '알다', '이해하다'라는 뜻으로도 정말 많이 쓴다.
그래서 I don't see your point.는 "난 네 포인트를 이해하지 못하겠어.", 즉 "난 네가 무슨 말을 하는 건지 모르겠어."라는 뜻이 되는 것이다.

네이티브들은 대화 시 이렇게 우리에게 조금은 생소하게 느껴지는 표현들을 매우 많이 쓴다. 그리고 이런 문장들을 자유자재로 쓸 수 있어야 네이티브들처럼 리얼하고 생생한 영어를 구사할 수 있는데, 이 책에서는 바로 이런 패턴들을 중점적으로 다루었다.

+ 영어의 뉘앙스를 알아야 '네이티브스러운' 영어가 가능!

우리는 우리말과 영어 간의 언어적 차이에서 생긴 뉘앙스 차이 때문에 많은 어려움을 겪는다. 우리말을 영어로 그대로 옮기면 어딘가 어색한 영어가 되고, 또 영어를 우리말로 그대로 해석하면 무슨 말인지는 알겠는데 2% 부족한 것 같고…… 중요한 것은 바로 이 뉘앙스 차이가 '네이티브스러운 영어'와 '그렇지 않은 영어'의 차이를 만든다는 것이다.

그래서 이번 〈실전회화 영어패턴 500 플러스〉에서는 독자들이 조금이라도 더 자연스러운 영어를 구사할 수 있도록 영어의 미묘한 뉘앙스를 최대한 살리는 데에 신경을 썼다.
독자들이 이 책으로 공부하면서
"아~ 이럴 때는 영어로 이 패턴을 써서 말하면 되겠구나!"
"아하! 이 말이 이런 뉘앙스로 쓰인 거구나!"
라고 느끼며, 하고 싶은 말을 어떤 패턴을 써서 어떻게 표현하면 되는지에 대한 '감'을 잡을 수 있도록 고심하고 또 고심하며 이 책을 썼다.
영어 고유의 뉘앙스를 파악하고 이 책에 나오는 패턴들을 다양한 상황에서 자연스럽게 활용하다 보면 이것들이 차곡차곡 쌓여 '네이티브스러운' 영어에 한 걸음 더 가까워진 자신의 모습을 발견하게 될 것이다.

〈실전회화 영어패턴 500 플러스〉가 〈영어패턴 500 플러스〉와 더불어 '네이티브스러운' 영어를 구사하고 싶은 독자들의 친근한 벗이 되길 바란다.
끝으로 이 책이 나오기까지 애써 주신 넥서스 출판사 여러분께 감사드린다.

저자 이수경 & 이광수

체험단의 리뷰

이 책을 미리 본 독자 여러분의
리얼 학습 체험담과 학습 노하우를 공개합니다.

+ 저는 영어를 정말 잘하고 싶은 외국계 대기업 15년차 직장인입니다. 전 영어를 어떻게 하면 잘 할 수 있을까 많이 고민하고 관련 책도 많이 본 사람 중 한 명이에요. 이 책을 미리 보고 느낀 것은 〈영어패턴 500+〉의 저자들이 이번에도 크게 사고를 친 듯한 느낌!! 제가 생각하는 이 책을 가장 효과적으로 활용할 수 있는 방법은 **무료로 제공되는 많은 콘텐츠를 잘 활용하는 것**입니다. 먼저 저자 직강을 책과 함께 처음부터 끝까지 듣고 책을 처음부터 끝까지 독파해서 내용을 대충 파악한 다음, 책과 패턴훈련용 MP3를 이용하여 패턴 익히기를 반복하고, 이동 중이나 자투리 시간에는 패턴훈련북과 MP3로 완전히 자기 것으로 소화하는 거죠. 틀림없이 어느 순간 원어민과 영어로 농담 따먹기를 하고 있는 자신을 발견하게 될 거예요. 저도 그런 즐거운 경험들을 조금씩 해 나가고 있어서 영어의 새로운 문이 열린 듯한 느낌입니다.

_직장인, John Lee (40대, ♂)

+ 새로 나온 책에 대한 체험본을 받게 되어 반가웠습니다. 〈실전회화 영어패턴 500+〉를 보니 그 전의 〈영어패턴 500+〉로는 좀 부족하다 싶은 내용들이 많이 보강되어 있더군요. 저자들이 현지에서 오랫동안 살면서 엄선한 패턴이라 그런지 이 책 한 권을 완전히 내 것으로 만든다면 **일상생활 영어는 물론, 미드 영어도 거의 소화할 수** 있을 거라 생각됩니다. 특히 이수경 저자의 해설강의는 군더더기 없이 명쾌하게 해설해 주어 본격적으로 책을 외우기에 앞서 좋은 길라잡이가 되더군요. 좋은 책을 만들어서 저의 평생 영어 공부에 큰 도움을 주고 계시니 무척 고맙게 생각합니다. 영어회화 공부에 관심 있는 후배들에게 자신 있게 권하고 싶습니다.

_자영업, 오장원 (60대, ♂)

+ 늘상 영어 공부를 하겠다고 마음먹고도 매번 몇 장 넘기다 지치곤 했더랬습니다. 하지만 이 책은 디자인, 편집 모두가 어렵지 않고 쉽게쉽게 잘 넘어가게 되어 있어서 지루하지 않게 영어를 익힐 수 있었습니다. 특히 페이지마다 [패턴 설명→STEP1→STEP2]로 이어지는 단계 구성이 정말 좋았습니다. [요건 덤]은 정말 재래시장에서 덤을 얻은 느낌이 들 정도로 재밌고 다양한 표현들을 배울 수 있어서 알찼고요. 그냥 한 번 보고 말기엔 아쉽고 **가까이 두고 자주 반복해서 봐야 할 책**이네요. 온라인 무료 자료로 학원 수강 이상의 효과를 볼 수 있을 것 같습니다. 여기 있는 패턴만 익히면 어떤 외국인과 만나더라도 정말 수월하게 이야기 나눌 수 있을 거 같습니다. 영어 초보 탈출, 정말 이 책 하나면 신나게 해낼 수 있으리라 믿습니다. 모든 독자 여러분, 함께 화이팅입니다!!!

_직장인, 빌 아이작 (30대, ♂)

+ 한국인과 영어는 떼려야 뗄 수 없는 관계죠. 그중 문법의 완벽함이라는 심적 장애물이 학습자로 하여금 언어의 장벽을 더 높게 쌓지 않았나 생각합니다. 이런 이유에서 문법에 대한 압박에서 벗어나 단 한 문장이라도 영어를 자연스럽고 재밌게 익히고, **익힌 문장을 바로 사용할 수 있다는 실용성**이 대한민국 영어회화 학습자로서 큰 즐거움이었어요. 실생활에 현지인들이 자주 사용하는 패턴을 익히니 좋고, 문법의 압박감에서 벗어나 좋고, 또 개인적으로 토익 시험에서도 많은 도움이 되었습니다.

_대학생, 9881221 (20대, ♀)

\+ 이 책 진짜 대박이에요. 디자인이 예쁜 건 말할 것도 없고 내용이 깨알같이 알차요. 패턴도 많고 각 패턴을 언제 어떤 상황에서 써야 되는지 간단하고 쉽게 설명돼 있어서 금방 질리는 성격인 데다 쓸데없이 말 많은 거 싫어하는 저한테는 딱이네요. 예문들도 다 **평소에 하고 싶었던 말만 뽑아 놓은 것** 같아 페이지를 넘기면서 깜놀! 이것만 다 외우면 외국인을 만나도 주눅 들지 않고 말할 수 있을 것 같아서 넘 좋아요. 게다가 저자 직강 해설강의, 스피킹 훈련 자료 등 무료로 얻을 수 있는 자료도 빵빵! 영어 실력을 한 단계 업 시키고 싶은 분들께 추천하고 싶어요!

_대학생, 하나(20대, ♀)

\+ **'최고의 영어회화 교재'**라고 자신 있게 말할 수 있다. 〈영어패턴 500+〉를 몇 개월 공부하고 무한반복 학습 모드에 들어가 있던 중 마침 업그레이드 버전인 〈실전회화 영어패턴 500+〉의 베타 테스터가 될 기회가 생겨 감사하게도 미리 체험을 해 봤다. 〈영어패턴 500+〉로 공부하면서도 미국인들 앞에서 자신감도 많이 생긴 것 같고 도움이 많이 된 것 같아 좋았는데 이번에 업그레이드 된 〈실전회화 영어패턴 500+〉을 보고는 감동에 감동!! 평소 영어로 뭐라고 말하는지 궁금하고 답답해했던 문장들이 여기에 다 있는 것 같았다. 내 생애 최고의 회화책이 될 것 같다. 이 책이 빨리 나와서 나머지 내용도 빨리 보고 싶다. 빨리 내 주세요!

_회사원, 지은(30대, ♀)

\+ 이 책을 보고 가장 먼저 느낀 것은 '영어책도 이렇게 재미있을 수 있구나'였다. 책 어디를 펼쳐도 회화에 도움이 되는 패턴과 예문들이 나오는데, 그 예문들이 대부분 평소 내가 쓰고 싶었던 말들이었다. [step2]에 나오는 대화도 깨알 같은 재미를 준다. 읽으면서 혼자 킥킥대며 재미있게 봤다. **영어 공부가 이렇게 재미있어도 되는 거야?** 그리고 이 책이 또 마음에 드는 건 유용한 표현들을 많이 싣고 있다는 것이다. 밑줄 쳐 가며 공부해야 할 주옥같은 표현들이 계속 나와서 본전 제대로 뽑게 해 준다. 패턴도 패턴이지만 풍성한 표현도 건질 수 있으니 일석이조! 이런 착한 책을 써 주신 저자님들께 무한 감사를 드린다.

_취업준비생, paran(20대, ♂)

\+ 시중에 있는 패턴 책은 많이 봤지만 이 책의 가장 큰 장점은 **뉘앙스 설명이 잘 되어 있다는 것**이라고 본다. 우리가 잘 모르고 쓰는 영어 문장의 미묘한 뉘앙스 차이를 알기 쉽고 날카롭게 짚어 주고 있다. 패턴을 우리말과 비교한 점도 와 닿아서 좋았고, 패턴의 느낌을 살려 어떤 상황에서 쓰면 좋은지에 대해 효과적으로 알려 주려는 저자들의 노고가 보였다. 회화 실력을 초급에서 중급으로 끌어올리고 싶은 사람들에게 적극 추천한다.

_영어 강사, Katie(30대, ♀)

\+ 마흔 중반… 평소에 영어에 관심이 많았지만 그 동안 바쁜 직장 생활을 핑계로 제대로 하지 못했다. 이제 영어 시험과는 거리가 있는 나이인지라 시험을 위한 공부보다는 **생활과 관련된 회화**를 집중적으로 하고 싶었다. 뭐부터 해야 할지 막막했던 차, 우연히 이 책을 알게 되었다. 실생활과 관련된 알찬 내용이 많이 있는 것 같다. 나이와 상관없이 두루 쓰이는 유용한 표현부터 젊은 사람들의 감각을 느낄 수 있는 알찬 설명, 재기발랄한 대화문까지 열심히 하면 좋은 결과가 있을 것 같다는 느낌이 팍팍!!! 다시 한번 영어 공부에 대한 의욕을 불태워 준다.

_회사원, 데이비드 오(40대, ♂)

이 책
사용 설명서

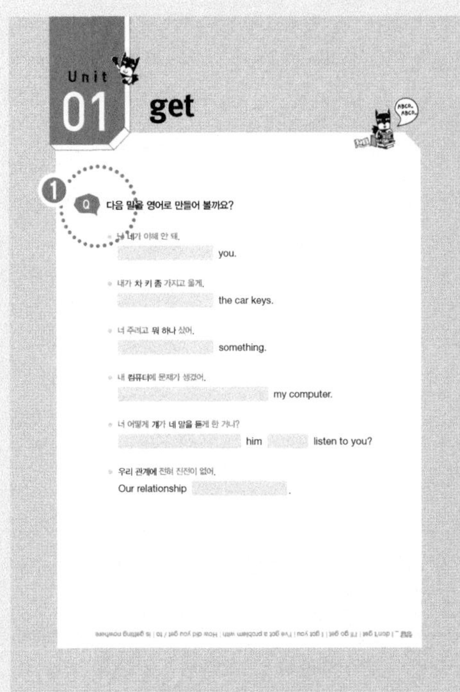

Unit
01 get

Q 다음 말을 영어로 만들어 볼까요?

- 난 네가 이해 안 돼.
  ______ you.
- 내가 차 키 좀 가지고 올게.
  ______ the car keys.
- 너 주려고 뭐 하나 샀어.
  ______ something.
- 내 컴퓨터에 문제가 생겼어.
  ______ my computer.
- 너 어떻게 걔가 네 말을 듣게 한 거니?
  ______ him ______ listen to you?
- 우리 관계에 전혀 진전이 없어.
  Our relationship ______.

정답 I don't get | I'll go get | I got you | I've got a problem with | How did you get / to | is getting nowhere

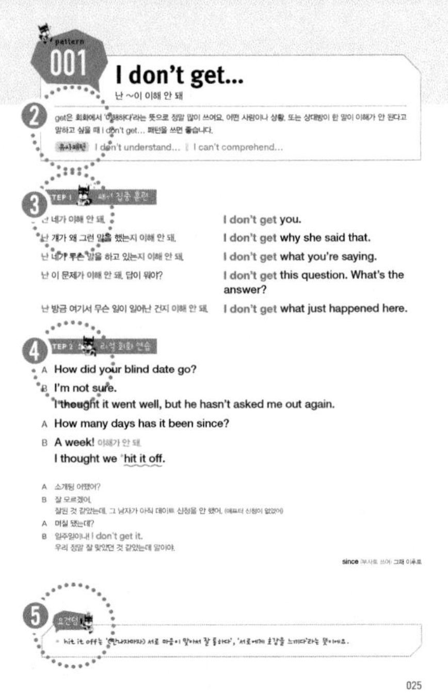

pattern 001
I don't get...
난 ~이 이해 안 돼

get은 회화에서 '이해하다'라는 뜻으로 정말 많이 쓰여요. 어떤 사람이나 상황, 또는 상대방이 한 말이 이해가 안 된다고 말하고 싶을 때 I don't get... 패턴을 쓰면 좋습니다.

유사패턴 I don't understand... | I can't comprehend...

STEP 1 패턴 집중 훈련

난 네가 이해 안 돼.	I don't get you.
난 걔가 왜 그런 말을 했는지 이해 안 돼.	I don't get why she said that.
난 네가 무슨 말을 하고 있는지 이해 안 돼.	I don't get what you're saying.
난 이 문제가 이해 안 돼. 답이 뭐야?	I don't get this question. What's the answer?
난 방금 여기서 무슨 일이 일어난 건지 이해 안 돼.	I don't get what just happened here.

STEP 2 리얼 회화 연습

A How did your blind date go?
B I'm not sure.
I thought it went well, but he hasn't asked me out again.
A How many days has it been since?
B A week! 이해가 안 돼.
I thought we *hit it off.

A 소개팅 어땠어?
B 잘 모르겠어.
잘된 것 같았는데, 그 남자가 아직 데이트 신청을 안 했어. (애프터 신청이 없었어)
A 며칠 됐는데?
B 일주일이나! I don't get it.
우리 정말 잘 맞았던 것 같았는데 말이야.

since (부사로 쓰여) 그때 이후로

요건덤
- hit it off는 '(만나자마자) 서로 마음이 맞아서 잘 통하다', '서로에게 호감을 느끼다'라는 뜻이에요.

025

아는 패턴 확인하기

시작하기 전에 어떤 패턴을 알고 어떤 패턴을 모르는지 빠르게 확인하며 해당 단원에서 다룰 패턴들을 영어로 말해 봅니다.

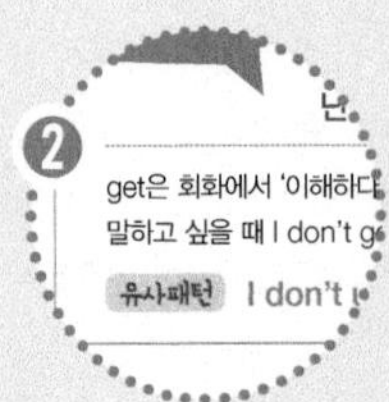

패턴 활용법 확인

패턴을 제대로 사용하기 위해 먼저 어떤 상황에서 어떤 뉘앙스로 쓰이는지 확인하고, 이 패턴과 쓰임이 비슷한 유사패턴들도 묶어서 알아 둡니다.

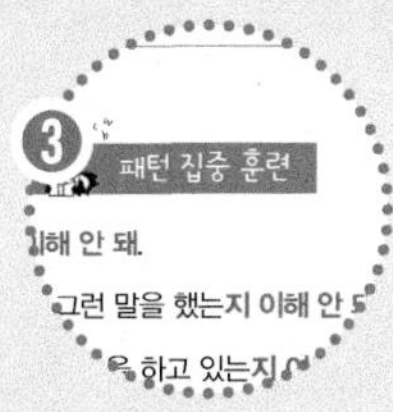

Step 1 패턴 집중 훈련

문장을 통해 패턴의 쓰임을 익힙니다. 복습할 때는 오른편의 영어 문장을 가린 다음, 왼편의 한글 해석만 보고 영어로 말해 봅시다.

Step 2 리얼 회화 연습

영어회화에서 실제로 쓰이는 다이얼로그를 통해 주어진 패턴이 어떤 상황에서 쓰이는지 확인하고 우리말로 되어 있는 부분을 영어로 말해 봅시다. 그 다음에는 반대로 우리말 해석을 보면서 영어로 말하는 연습을 해 보세요.

요건 덤

다이얼로그 중에 네이티브들이 정말 많이 쓰는 표현들을 뽑아 설명을 덧붙였습니다. 실제 회화에서 어떤 뉘앙스로 쓰이는지 익힐 수 있습니다.

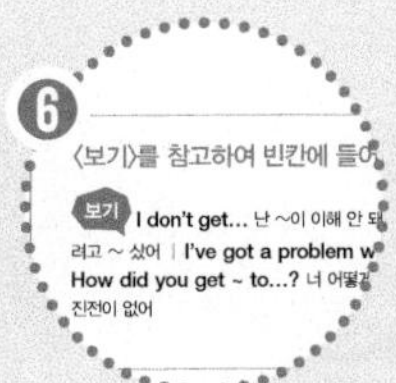

복습문제 풀어 보기

259쪽~288쪽에 있는 복습문제편에서 지금까지 배운 내용을 다시 한 번 확인해 봅니다.

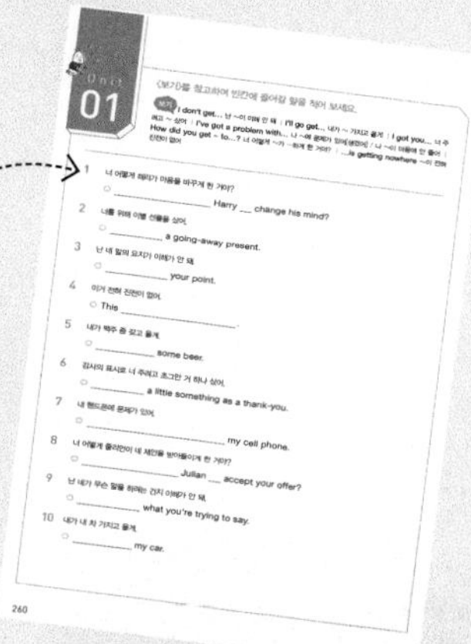

공부 순서

☑ 강의 듣기 → ☐ step 1 → ☐ step 2 → ☐ 요건 덤 → ☐ 복습문제 → ☐ 복습용 동영상

무료 학습자료 100% 활용법

1. 스마트폰에서 바로 확인할 때

QR코드를 스마트폰으로 스캔하면 MP3 파일과 동영상 자료를 바로 확인할 수 있습니다.

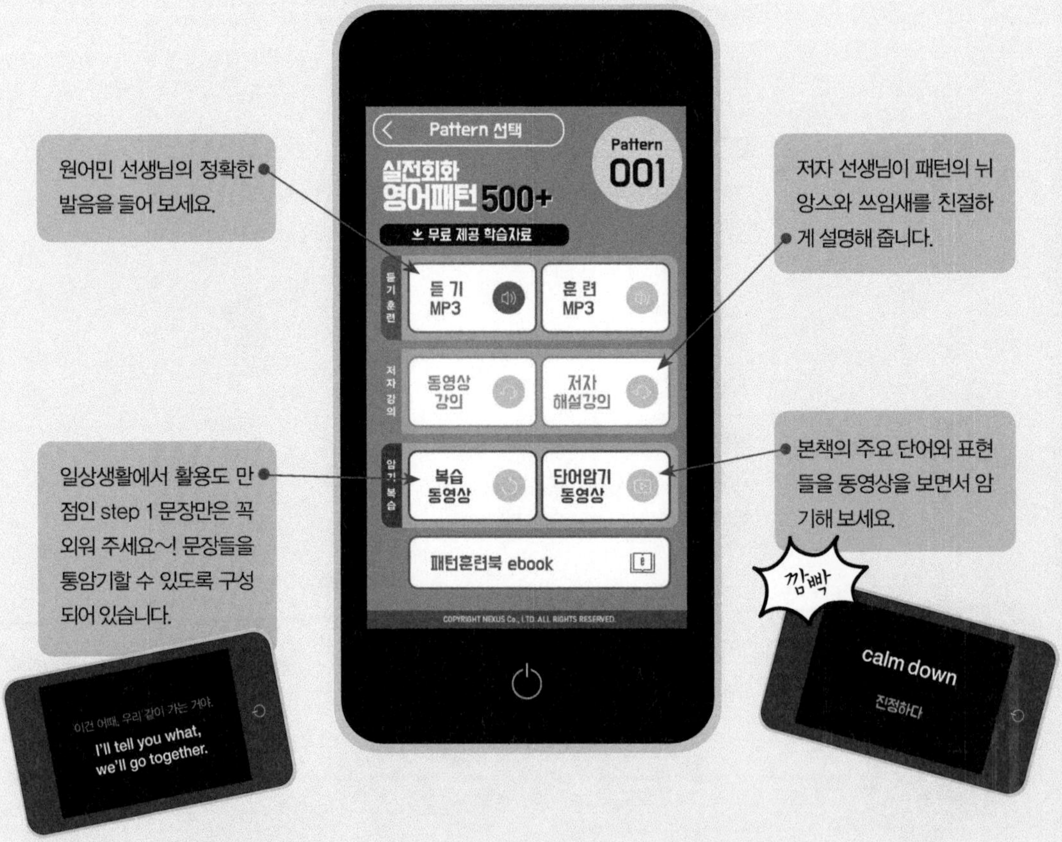

원어민 선생님의 정확한 발음을 들어 보세요.

저자 선생님이 패턴의 뉘앙스와 쓰임새를 친절하게 설명해 줍니다.

일상생활에서 활용도 만점인 step 1 문장만은 꼭 외워 주세요~! 문장들을 통암기할 수 있도록 구성되어 있습니다.

본책의 주요 단어와 표현들을 동영상을 보면서 암기해 보세요.

2. 컴퓨터에서 다운받을 때

넥서스 홈페이지(www.nexusbook.com)에서 도서명으로 검색하시면
구매 인증을 통해 부가자료를 무료로 다운받을 수 있습니다.

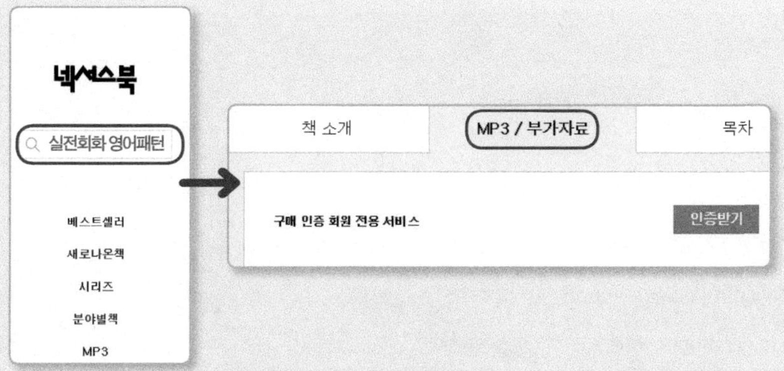

저자 직강 녹음 강의
www.nexusbook.com에서 저자 선생님이 직접 녹음한 생생한 강의를 다운로드 받아 함께 들어 보세요. 팟캐스트로도 들을 수 있습니다.

저자 직강 동영상 강의
듣는 것뿐 아니라 모바일로 보면서 공부할 수 있도록 동영상 강의도 함께 제공합니다.

모바일용 패턴훈련북 (온라인 무료 제공)
각 패턴과 주요 표현을 간편하게 볼 수 있도록 패턴훈련북을 제공합니다.

듣기 MP3
본책의 내용을 그대로 녹음한 파일입니다. 한국어와 영어가 동시 녹음되어 있고, Step 2에서는 성우가 액팅하며 녹음하여 보다 정확한 뉘앙스를 알 수 있습니다.

훈련 MP3
Step 1의 문장들이 녹음되어 있습니다. 네이티브의 음성을 듣고 따라서 말하는 연습을 할 수 있도록 구성되어 있습니다.

복습 동영상
활용도가 높은 Step 1의 문장들을 통암기할 수 있도록 구성되어 있습니다.

단어암기 동영상
본책에 나온 주요 단어와 표현들을 쉽게 외울 수 있도록 도와줍니다.

자가진단 학습 진도표 · 패턴훈련편

PART 1 네이티브처럼 다양한 의미로 써 보자! 기본 동사 패턴

Unit 01	get	페이지	공부한 날
001	**I don't get...** 난 ~이 이해 안 돼	025	월 일
002	**I'll go get...** 내가 ~ 가지고 올게	026	월 일
003	**I got you...** 너 주려고 ~ 샀어	027	월 일
004	**I've got a problem with...** 나 ~에 문제가 있어[생겼어] / 나 ~이 마음에 안 들어	028	월 일
005	**How did you get ~ to...?** 너 어떻게 ~가 …하게 한 거야?	029	월 일
006	**...is getting nowhere** ~이 전혀 진전이 없어	030	월 일
Unit 02	**say&talk**	**페이지**	**공부한 날**
007	**Are you saying (that)...?** 너 지금 ~이라고 말하는 거야?	032	월 일
008	**All I'm saying is...** 난 ~이라는 말을 하는 것뿐이야 / 내 말은 ~이야	033	월 일
009	**I have to say,...** 정말이지, ~	034	월 일
010	**Let's say...** ~이라고 치자 / ~이라고 가정해 보자	035	월 일
011	**Let's just say...** ~이라고만 말해 두지	036	월 일
012	**It's/That's like saying...** 그건 ~이라고 말하는 거나 마찬가지야	037	월 일
013	**...to say the least** 아무리 좋게 봐도 말이야 / 과장하지 않고 말이야	038	월 일
014	**주어+talk about how...** ~이라고 얘기하더라	039	월 일
Unit 03	**tell**	**페이지**	**공부한 날**
015	**Please tell me (that)...** ~이라고 말해 줘	041	월 일
016	**Don't tell me (that)...** 설마 ~이라는 건 아니겠지?	042	월 일
017	**~ tells me (that)...** ~가 …이라고 말하더라	043	월 일
018	**I'm telling you,...** 진짜라니깨! ~	044	월 일
019	**(I'll) tell you what,...** 이건 어때, ~	045	월 일
020	**I can tell...** 난 ~을 알 수 있어	046	월 일
021	**You can never tell...** ~을 도무지 알 수가 없어/없다니까	047	월 일
Unit 04	**be**	**페이지**	**공부한 날**
022	**I'm good with...** 난 ~ 잘 다뤄	049	월 일

PART 2 마음에 있는 말을 자유자재로 한다! 감정 표현 패턴

PART 3 궁금한 것을 마음껏 물어본다! 의문사 패턴

PART 5 레벨 업! 네이티브처럼 자연스럽게 말해보자! 네이티브식 리얼 패턴 1

패턴훈련편

6개의 PART를 29개의 Unit으로 분류하였다.
총 200개의 실력패턴을 공부하도록 되어 있으며,
각 패턴 아래에 쓰임이 비슷한 '유사패턴' 약 300개를
같이 정리하였다.

네이티브처럼 다양한 의미로 써 보자!

기본 동사 패턴

Unit 01 get

Q 다음 말을 영어로 만들어 볼까요?

- 난 네가 이해 안 돼.
  ________ you.

- 내가 차 키 좀 가지고 올게.
  ________ the car keys.

- 너 주려고 뭐 하나 샀어.
  ________ something.

- 내 컴퓨터에 문제가 생겼어.
  ________ my computer.

- 너 어떻게 걔가 네 말을 듣게 한 거니?
  ________ him ________ listen to you?

- 우리 관계에 전혀 진전이 없어.
  Our relationship ________.

정답 _ I don't get | I'll go get | I got you | I've got a problem with | How did you get / to | is getting nowhere

pattern 001 I don't get...

난 ~이 이해 안 돼

get은 회화에서 '이해하다'라는 뜻으로 정말 많이 쓰여요. 어떤 사람이나 상황, 또는 상대방이 한 말이 이해가 안 된다고 말하고 싶을 때 I don't get... 패턴을 쓰면 좋습니다.

유사패턴 I don't understand... ‖ I can't comprehend...

STEP 1 패턴 집중 훈련

난 네가 이해 안 돼. **I don't get you.**

난 걔가 왜 그런 말을 했는지 이해 안 돼. **I don't get why she said that.**

난 네가 무슨 말을 하고 있는지 이해 안 돼. **I don't get what you're saying.**

난 이 문제가 이해 안 돼. 답이 뭐야? **I don't get this question. What's the answer?**

난 방금 여기서 무슨 일이 일어난 건지 이해 안 돼. **I don't get what just happened here.**

STEP 2 리얼 회화 연습

A **How did your blind date go?**

B **I'm not sure.**
I thought it went well, but he hasn't asked me out again.

A **How many days has it been since?**

B **A week!** 이해가 안 돼.
I thought we *hit it off.

A 소개팅 어땠어?

B 잘 모르겠어.
잘된 것 같았는데, 그 남자가 아직 데이트 신청을 안 했어. (애프터 신청이 없었어)

A 며칠 됐는데?

B 일주일이나! I don't get it.
우리 정말 잘 맞았던 것 같았는데 말이야.

since (부사로 쓰여) 그때 이후로

요건덤

- hit it off는 '(만나자마자) 서로 마음이 맞아서 잘 통하다', '서로에게 호감을 느끼다'라는 뜻이에요.

I'll go get...

내가 ~ 가지고 올게

I'll go get…은 원래 I'll go and get…이었는데, 네이티브들이 회화 시에는 흔히 and를 생략하고 말합니다. 그래서 I'll go get…은 내가 뭔가를 가서 갖고 오겠다고 말할 때 쓰면 좋습니다.

유사패턴 I'll go buy… ‖ I'll go bring… ‖ I'll go grab…

STEP 1 패턴 집중 훈련

내가 우리 먹을 것 좀 **가지고 올게.**	**I'll go get** us something to eat.
내 물건 **가지고 올게.** (내 물건 좀 챙겨올게)	**I'll go get** my stuff.
내가 네 대신 그거 **가지고 와 줄게.**	**I'll go get** it for you.
내가 필기도구 **가지고 올게.**	**I'll go get** a pen and paper.
내가 차 키 좀 **가지고 올게.**	**I'll go get** the car keys.

get one's stuff 외출 시에 지갑, 열쇠, 핸드폰 같은 것들을 챙긴다는 의미로 많이 쓰임(stuff=things)

STEP 2 리얼 회화 연습

A **It's scorching hot today.**

B ***Tell me about it.**
I feel like I'm gonna melt.

A **I don't know about you, but I *could use a cold drink.**

B **There's some Coke in my fridge.**
내가 갖고 올게.

A 오늘 무지 덥다. (더워 죽겠다)

B 그러게 말이야.
녹아 버릴 것만 같아.

A 넌 어떨지 모르겠지만, 난 찬 게 너무 마시고 싶어.

B 냉장고에 콜라가 좀 있어.
I'll go get it.

scorching hot 타는 듯이 더운(=burning hot) **fridge** 냉장고

요건덤

- Tell me about it.은 상대방이 한 말에 대해 공감을 표현하며 맞장구를 쳐 줄 때 많이 쓰는 표현이에요. "무슨 말인지 잘 알겠어.", "그러게 말이야."라는 뜻인 거죠.
- could use…라고 하면 '~을 정말 원하다'라는 뜻이에요. 예를 들어 I could use a drink.라고 하면 '술을 정말 마시고 싶다'라는 뜻이죠.

pattern 003 I got you...

너 주려고 ~ 샀어

I got you… 패턴은 상대방에게 뭔가를 사 주거나 선물로 주면서 쓰면 딱 좋은 패턴이에요. I got you 뒤에는 상대방에게 줄 것을 쓰면 되죠.

유사패턴 I got… for you ‖ I bought you…

STEP 1 패턴 집중 훈련

너 생일 선물로 주려고 뭐 좀 샀어.	**I got you** something for your birthday.
너 주려고 아이스크림 좀 갖고 왔어. 네가 제일 좋아하는 걸로 말이야.	**I got you** some ice cream, your favorite.
감사의 표시로 너 주려고 이걸 샀어.	**I got you** this as a thank-you.
너 주려고 뭐 하나 샀어. 너 정말 맘에 들어할 거야.	**I got you** something. You're gonna love it.
너 주려고 조그만 거 하나 샀어.	**I got you** a little something.

thank-you [형용사] 감사를 나타내는; [명사] 감사의 표시

STEP 2 리얼 회화 연습

A **Here.** 감사의 표시로 널 위해 조그만 거 하나 샀어.

B ***Aw, *you shouldn't have.**

A **What are you talking about?**
Your advice practically saved my life. Here. Take it.

B **Well, thank you very much. It's lovely.**

A 여기. I got you a little something as a token of my gratitude.

B 어머, 그럴 것까진 없었는데.

A 무슨 소리야.
네 충고가 날 살린 거나 마찬가지였다고. 자 여기. 받아.

B 그래, 정말 고마워. 정말 멋지다.

as a token of gratitude 감사의 표시로 **practically** 사실상, 거의, 실제로

- Aw는 남이 한 말에 실망했거나 동정심을 느낄 때, 또는 감동 받았을 때 쓰는 감탄사예요. 예를 들어, "어머, 그거 너무 귀엽다!"라고 할 때 Aw, that's so cute! 이런 식으로 말할 수 있는 거죠.
- 여기서 You shouldn't have.는 상대방이 무언가를 해 줬을 때 쑥스러워 하며 호의를 받아들일 때 씁니다. "안 그래도 되는데 뭘~", "그럴 것까진 없었는데."라는 뜻인 거죠.

I've got a problem with...

나 ~에 문제가 있어[생겼어] / 나 ~이 마음에 안 들어

I've got a problem with…는 누군가와 또는 어떤 상황에서 문제가 생겼다는 걸 말할 때 쓰는 패턴입니다. 아니면 뭔가가 마음에 안 든다고 말할 때에도 많이 써요.

유사패턴 I have a problem with… ‖ I have an issue with…

STEP 1 패턴 집중 훈련

나 스케줄에 문제가 있어.	**I've got a problem with** my schedule.
난 네 태도가 마음에 안 들어.	**I've got a problem with** your attitude.
내 컴퓨터에 문제가 생겼어.	**I've got a problem with** my computer.
나 여자 친구하고 문제가 있어.	**I've got a problem with** my girlfriend.
난 네가 책임 회피하는 게 마음에 안 들어.	**I've got a problem with** the way you avoid responsibility.

STEP 2 리얼 회화 연습

A What's going on?
You've been unusually *snappy all day.

B I'm sorry. 직장 동료하고 문제가 좀 있어서.

A Oh, I'm sorry to hear that.

B Yeah. He has an attitude problem.
He's driving everyone in the office crazy.

A 무슨 일이야?
오늘 하루 종일 평소답지 않게 신경질적이네.

B 미안해. I've got a problem with my co-worker.

A 아, 안됐구나. (힘들겠다)

B 응. 그 사람이 태도에 문제가 있거든.
사무실에 있는 사람들이 다 그 사람 때문에 미치려고 해.

- snappy는 사람의 성격이 '퉁명스러운', '딱딱거리는'이라는 뜻이에요.

pattern 005

How did you get ~ to...?

너 어떻게 ~가 …하게 한 거야?

'get+사람+to…'는 '누군가로 하여금 어떤 일을 하게 만들다'라는 뜻입니다. 그래서 '너 어떻게 걔가 네 말을 듣게 만든 거야?', 즉 '너 어떻게 했길래 걔가 네 말을 들은 거야?' 같은 말을 할 때 How did you get ~ to…? 패턴을 써서 표현하는 거죠.

유사패턴 How did you make ~ …?

STEP 1 패턴 집중 훈련

너 어떻게 걔가 진실을 말하게 했어? **How did you get** her **to** tell you the truth?

너 어떻게 걔가 네 말을 듣게 한 거니? **How did you get** him **to** listen to you?

너 어떻게 걔가 진정하게 했어? (걔를 진정시켰어?) **How did you get** her **to** calm down?

너 어떻게 매니저가 그걸 승낙하게 한 거야? (너 어떻게 매니저한테 허락을 받은 거야?) **How did you get** the manager **to** sign off on that?

너 어떻게 네 부모님이 네 남자 친구를 인정하시게 한 거야? (사귀는 걸 허락하신 거야?) **How did you get** your parents **to** approve of your boyfriend?

sign off on… ~에 대해 승인[허가]을 하다

STEP 2 리얼 회화 연습

A Do you remember the keychain I told you I lost?

B Of course. What about it?

A Well, it turns out Michelle stole it, just like I suspected.

B *No way.
넌 어떻게 걔가 그걸 자백하게 만들었니?

A 너 내가 잃어버렸다고 했던 열쇠고리 기억 나?

B 당연하지. 그게 뭐?

A 그게 있지, 알고 보니까 미셸이 훔쳤던 거 있지. 바로 내가 의심했던 대로 말이야.

B 세상에, 정말?
How did you get her to admit to that?

admit to… ~을 인정하다, 자백하다

요건덤

• No way.는 상대방이 한 충격적인 얘기가 안 믿겨진다는 반응을 보일 때 쓰입니다. "그럴 리가 없어!", "세상에!", "진짜?"와 같이 해석할 수 있겠죠.

...is getting nowhere

~이 전혀 진전이 없어

get nowhere는 '아무 데도 안 가다'라는 뜻이죠? 그래서 회화에서는 이것이 의역되어 '전혀 진전이 없다', '성과가 없다', '성공적이지 못하다'라는 뜻으로 정말 많이 쓰인답니다. 어떤 일에 진전이 없을 때 쓰면 좋겠죠? 주어에 맞춰 is를 am이나 are로 바꿔서 쓰면 됩니다.

유사패턴 ...is going nowhere

STEP 1 패턴 집중 훈련

이 대화는 전혀 진전이 없어. — This conversation **is getting nowhere.**

우리 진도를 전혀 못 나가고 있어. 잠깐 쉬자. — We **are getting nowhere.** Let's take a break.

걔는 여자하고 전혀 진전이 없어. (걔는 여자하고 연애를 못해) — He **is getting nowhere** with women.

우리 관계에 전혀 진전이 없어. — Our relationship **is getting nowhere.**

난 전혀 진전이 없는 것처럼 느껴져. (난 되는 일이 없어) — I feel like I**'m getting nowhere.**

STEP 2 리얼 회화 연습

A *That's it. I'm giving up.

B Giving up on what?

A I've been trying to shed a few pounds, but 전혀 진전이 없어.
I haven't lost an inch off my waist!

B Maybe you're not doing it right.

A 됐어. 이제 포기할 거야. (때려칠래)

B 뭘 포기해?

A 살 좀 빼려는 중인데, I'm getting nowhere.
허리에서 1인치도 안 빠졌다고!

B 네가 뭔가 잘못하고 있는지도 모르지. (뭔가 방법이 잘못됐을 거야)

shed 없애다, 줄이다(shed pounds는 '체중을 줄이다'라는 뜻)

- That's it!은 회화에서 많이 쓰이는 표현이에요. "바로 그거야!"라는 뜻도 있지만, 여기에서처럼 "이제 됐어!", "그만할래!"라는 뜻으로도 많이 쓰여요.

Unit 02 say&talk

Q 다음 말을 영어로 만들어 볼까요?

- 너 지금 날 안 믿는다고 말하는 거야?
  ______ you don't trust me?

- 내 말은 네가 직접 걔한테 물어보라는 거야.
  ______ you should ask him yourself.

- 정말이지, 넌 정말 날 실망시켰어.
  ______, you really disappointed me.

- 걔가 네 핑계를 믿어 준다고 치자.
  ______ he believes your excuse.

- 그 여자 다시 보고 싶지 않다고만 말해 둘게.
  ______ I don't want to see her again.

- 그건 그게 전부 내 책임이라고 말하는 거나 마찬가지잖아.
  ______ it's all my responsibility.

- 걘 좀 이상해, 아무리 좋게 봐도 말이야.
  He's a little weird, ______.

- 제인은 자기가 남자들하고는 끝이라고 얘기하더라고.
  Jane ______ she is done with men.

정답 _ Are you saying (that) | All I'm saying is | I have to say | Let's say | Let's just say | It's/That's like saying | to say the least | talked about how

Are you saying (that)...?

너 지금 ~이라고 말하는 거야?

상대방이 한 말이 납득이 안 되거나 어이가 없을 때 쓰는 패턴입니다. '너 설마 ~라는 건 아니겠지?' 같은 뉘앙스로 되묻는 말이죠.

유사패턴 Are you telling me (that)...?

STEP 1 패턴 집중 훈련

너 지금 도와주지도 않을 거라고 **말하는 거야?** — **Are you saying** you're not even gonna help?

너 지금 이 계획이 실패할 거라고 **말하는 거야?** — **Are you saying that** this plan won't work?

너 지금 날 안 믿는다고 **말하는 거야?** — **Are you saying** you don't trust me?

너 지금 내가 할 일 없이 빈둥대기만 한다고 **말하는 거야?** — **Are you saying** I have no life?

너 지금 해 보지도 않고 포기할 거라고 **말하는 거야?** — **Are you saying** you're going to give up without even trying?

have no life 할 일 없이 빈둥대다, 삶을 의미 없이 살아가다

STEP 2 리얼 회화 연습

A I'm gonna have to ask the professor to give me an extension on the paper.

B Not gonna happen. You know how he is about deadlines.

A 생각해 보시지도 않을 거란 말이야?

B He's a real *stickler for rules.

A 교수님한테 말씀드려서 리포트 제출 기한을 연장받아야 할 것 같아.

B 안 될걸. 교수님이 마감일에 대해서 어떤지 너도 알잖아.

A Are you saying he's not even going to consider it?

B 규칙에 대해 엄청 까다로우신 분이잖아.

- stickler for...는 '~에 대해 까다로운 사람', '~에 엄격한 사람'이라는 뜻이에요. rules(규칙들), punctuality(시간 엄수), accuracy(정확성), etiquette(에티켓, 매너) 같은 것에 있어서 '칼 같은' 사람을 가리킬 때 씁니다.

pattern 008 All I'm saying is...

난 ~이라는 말을 하는 것뿐이야 / 내 말은 ~이야

상대방에게 무언가를 부탁할 때, 상대방이 오해하는 듯할 때, 아니면 상대방에게 충고할 때, 또는 상대방에게 자신의 의견을 말할 때 쓰면 좋은 패턴이에요. '내 말은 이거야', '내 말은 이게 다야'라는 뜻으로요. is 뒤에 '주어+동사'를 써 주면 되고요.

유사패턴 What I'm saying is... ‖ I'm just saying... ‖ I'm simply saying...

STEP 1 패턴 집중 훈련

난 그거 시도해 볼 만한 가치가 있다고 말하는 거야. **All I'm saying is it's worth a try.**

난 너희들이 대화로 문제를 해결하는 게 좋을 것 같다고 말하는 거야. **All I'm saying is you guys should talk it out.**

난 걔 제안을 고려해 보라고 말하는 것뿐이야. **All I'm saying is you should consider his suggestion.**

내 말은 네가 직접 걔한테 물어보라는 거야. **All I'm saying is you should ask him yourself.**

난 네가 때때로 사람들한테 살갑게 구는 것도 나쁘지 않을 거라고 말하는 거야. **All I'm saying is you can try being nice to people once in a while.**

talk it out 대화로 문제를 해결하다

STEP 2 리얼 회화 연습

A **What you said to Tom wasn't very nice.**

B **What? He deserved it. Besides, it's true.**

A **Yes, but** 내 말은 네가 그걸 좀 더 요령 있게 말할 수도 있었다는 거야.

B **Well, I guess you're right.**

A 네가 탐한테 한 말은 좀 심했어.

B 뭐라고? 걘 그런 말 들어도 쌌다고! 게다가 그건 사실이잖아.

A 그렇긴 하지만, all I'm saying is you could have been a bit more *diplomatic about it.

B 뭐……. 네 말이 맞는 것 같네.

deserve ~할 자격이 있다, ~당해야 마땅하다

요건덤

- diplomatic은 '외교적인'이라는 뜻 외에도, '까다로운 상황을 문제없이 잘 넘어가는' 또는 '하기 어려운 말을 요령 있게 잘 하는'이라는 뜻으로도 많이 쓰입니다.

pattern 009

I have to say,...

정말이지, ~

I have to say,...라고 말을 시작하면 자신의 생각을 강조하는 말이 돼요. '정말이지 말이야, 내가 이 말은 꼭 해야겠는데……' 같은 뉘앙스가 되는 것이죠. 자신의 감정을 표현할 때 또는 무언에 대해 반응을 보일 때 많이 씁니다. 이 뒤에는 '주어+동사'를 써 주면 되고요.

유사패턴 I must say,... ‖ I gotta say,...

STEP 1 패턴 집중 훈련

정말이지, 자넨 내 기대치를 넘어섰군. **I have to say,** you exceeded my expectations.

정말이지, 넌 정말 날 실망시켰어. **I have to say,** you really disappointed me.

정말이지, 네 덕분에 기분이 한결 나아졌어. **I have to say,** you made me feel so much better.

정말이지, 너 그 재킷이 정말 잘 어울리는걸. **I have to say,** you look fantastic in that jacket.

정말이지, 이 식당에 와 보길 잘했어. **I have to say,** I'm glad we tried this restaurant.

exceed 초과하다, 넘어서다 try (좋은지 · 맞는지를 보려고) ~을 한번 시도해 보다

STEP 2 리얼 회화 연습

A How do I look?

B Wow! You look *stunning!

A Do you think this is a good first date outfit?

B It's perfect. 정말이지, 이거 너한테 너무 잘 어울린다. He won't be able to take his eyes off of you.

A 나 어때?

B 우와! 정말 멋진걸!

A 이거 첫 데이트 옷으로 괜찮은 것 같니?

B 딱 좋아. And I have to say, it really becomes you. 그 남자가 너한테서 시선을 뗄 수가 없을 거야.

outfit (상의와 하의를 합쳐서) 어떤 특정한 때를 위해 입는 옷, 복장 become 어울리다 take one's eyes off of... ~으로부터 시선을 떼다

요건덤

- stunning은 '정말 멋진'이라는 뜻이에요. 비슷한 뜻의 단어로는 gorgeous, amazing, fantastic, fabulous 등이 있습니다.

Let's say...

~이라고 치자 / ~이라고 가정해 보자

네이티브들은 Let's say 패턴을 어떤 상황에 대해 가정할 때 많이 씁니다. '~이라고 치자'라는 뜻이 되는 것이죠. 이때 Let's say 뒤에는 '주어+동사'를 쓰면 됩니다.

유사패턴 Let's suppose... ‖ Say...

STEP 1 패턴 집중 훈련

그 남자가 오늘 밤에 너한테 프러포즈한다고 치자. **Let's say he proposes to you tonight.**

네가 걔한테 우리를 도와달라고 설득한다고 치자. **Let's say you convince him to help us.**

네가 지금 막 이상형의 여자를 만났다고 치자. **Let's say you just met the girl of your dreams.**

걔가 네 핑계를 믿어 준다고 치자. **Let's say he believes your excuse.**

내가 그것에 대해 뭔가를 안다고 치자. 하지만 난 너한테 아무 말도 안 할 거야. **Let's say I know something about it. I'm not going to tell you.**

STEP 2 리얼 회화 연습

A **Let's go ahead with the plan. We'll manage.**

B **Are you crazy? We don't have enough manpower.**

A **All right. How about I ask some people from HR to come in and help us?**

B **Okay.** 그 사람들이 우리 일을 도와준다고 치자.
There's still the issue of funds.

A 이 계획 추진하자. 어떻게든 되겠지.

B 미쳤어? 인력이 부족하잖아.

A 알았어. 내가 인사부에 있는 몇 명한테 와서 도와달라고 하면 어때?

B 그래. **Let's say we get them *on board.**
그래도 자금 문제가 남아 있다고.

go ahead with... ~을 추진하다, 진행시키다 **manage** 그럭저럭 해내다 **HR** 인사부(=Human Resources (department))

요건덤

- be[get] on board는 '승차하다', '탑승하다'라는 뜻도 있지만, 여기서처럼 '어떤 계획이나 프로젝트 · 아이디어에 동의하다', '동참해서 함께 일하다'라는 뜻으로도 많이 쓰여요.

Let's just say...

~이라고만 말해 두지

상대방에게 말을 아끼면서 결론만 간단하게 말할 때, 또는 설명하기 복잡한 일에 대해 요약해서 말할 때 쓰면 좋은 패턴입니다. Let's just say 뒤에는 '주어+동사'를 쓰면 됩니다.

유사패턴 I'll just say... ‖ ...is all I'm gonna say

STEP 1 패턴 집중 훈련

걔가 다시는 나한테 연락 받을 일은 없을 거라고만 말해 두지.	**Let's just say** he won't be hearing from me again.
넌 알고 싶지 않을 거라고만 말해 둘게.	**Let's just say** you don't want to know.
그 여자 다시 보고 싶지 않다고만 말해 둘게.	**Let's just say** I don't want to see her again.
걔하고 나하고 의견 차이가 있다고만 말할게.	**Let's just say** she and I have differences in opinion.
정말 즐거운 시간을 보냈다고만 말해 둘게.	**Let's just say** I had a wonderful time.

hear from... ~로부터 소식을 듣다, 연락을 받다

STEP 2 리얼 회화 연습

A What happened in there?
It sounded like you guys were really *going at it.

B Yeah, things got a little heated.

A You couldn't reconcile, I guess?

B 당분간은 우리 서로 얘기할 일 없을 거라고만 말해 둘게.

A 거기 안에서 무슨 일이 있었던 거야?
너네 대판 싸우는 것 같이 들리던걸.

B 응, 좀 격해졌지.

A 화해를 할 수 없었나 보지?

B Let's just say we won't be talking to each other anytime soon.

heated (사람 · 토론이) 열띤, 격해진 **reconcile** 화해하다

- go at it은 '싸우다', '논쟁하다'라는 뜻이에요. 그리고 'go at+사람'의 형태로 써서 '~을 공격하다'라고 할 수도 있어요.

pattern 012 It's/That's like saying...

그건 ~이라고 말하는 거나 마찬가지야

상대방이 말도 안 되는 소리를 해서 '그건 이렇게 말하는 거나 마찬가지잖아'라고 말하고 싶을 때 쓰기 좋은 패턴입니다. saying 뒤에는 '주어+동사'가 옵니다.

유사패턴 It's/That's almost the same as saying... ‖
It's/That's pretty much the same as saying...

STEP 1 패턴 집중 훈련

그건 네가 다른 사람들보다 낫다고 말하는 거나 마찬가지야. **It's like saying** you're better than everyone else.

그건 네가 사실은 져놓고 이겼다고 말하는 거나 마찬가지야. **That's like saying** you won when you really lost.

그건 그게 전부 내 책임이라고 말하는 거나 마찬가지잖아. **It's like saying** it's all my responsibility.

그건 시험에서 커닝해도 괜찮다고 말하는 거나 마찬가지야. **That's like saying** it's okay to cheat on exams.

STEP 2 리얼 회화 연습

A *It's too bad about our project.
I'm bummed that it didn't *work out.

B Me too. I keep thinking I could've done something more.

A Don't say that. 그건 이게 너만의 프로젝트라고 말하는 거나 마찬가지라고.
We did it together.

B Thanks. At least we did our best.

A 우리 프로젝트 아쉽다. 잘 안 돼서 실망이야.
B 나도 그래. 내가 뭔가 더 할 수 있었을 거라는 생각을 자꾸 하게 돼.
A 그런 말 하지 마. That's like saying this was just your project.
우리 이거 같이 한 거잖아.
B 고마워. 하지만 적어도 우리는 최선을 다했잖아.

bummed 실망한, 낙담한, 풀이 죽은

- 어떤 일에 대해 It's[That's] too bad.라고 하면 "아쉽다.", "안됐다.", "어쩔 수 없지, 뭐."라는 뜻이에요.
- work out은 여기서 '(어떤 일이) 잘 풀리다', '잘 되다'라는 뜻으로 쓰였어요.

pattern 013 ...to say the least

아무리 좋게 봐도 말이야 / 과장하지 않고 말이야

자신의 생각이나 감정을 표현할 때, 지금 이 표현으로는 부족할 정도라는 말을 하고 싶다면 말끝에 to say the least를 붙여 주면 됩니다. '아무리 좋게 봐도'라는 말을 붙여 줌으로써, 상대방에게 지금 내가 약하게 표현하는 것이라는 걸 전달하는 것이죠.

유사패턴 ...to put it mildly

STEP 1 패턴 집중 훈련

걘 좀 이상해, **아무리 좋게 봐도 말이야.**	He's a little weird, **to say the least.**
결과가 만족스럽지 않았어, **아무리 좋게 봐도 말이야.**	I wasn't happy with the results, **to say the least.**
그 소식 때문에 정말 속상했어, **과장하지 않고 말이야.**	The news was really upsetting, **to say the least.**
서비스가 형편없었어, **과장하지 않고 말이야.**	The service was horrible, **to say the least.**
그래, 나 너한테 화났어, **과장하지 않고 말이야.**	Yeah, I'm mad at you, **to say the least.**

weird 이상한, 이해하기 어려운, 특이한 **upsetting** 속상하게 하는

STEP 2 리얼 회화 연습

A You know that new Italian *place across the street? I went there with a friend of mine last weekend.

B *Oh yeah? How was it?

A I highly recommend it.
음식하고 서비스가 둘 다 최고였어, 과장 하나도 안 하고 말이야.

B Really? I should check it out soon!

A 너 길 건너편에 새로 생긴 이탈리안 식당 알아? 지난 주말에 친구하고 거기 갔었어.
B 아, 그래? 어땠어?
A 강추야. The food and service were both superb, to say the least.
B 정말? 곧 가 봐야겠다!

superb 매우 훌륭한, 아주 좋은, 최고의 **check ... out** ~에 대해 알아보다, (어떤 장소에) 가 보다

요건덤

- place는 그냥 막연한 '장소'라는 뜻 외에도 '집', '식당', '가게' 같은 것을 가리킬 때에도 많이 씁니다.
- Oh yeah?는 상대방이 한 말에 대해 "아, 그래?", "정말이야?"라고 맞장구칠 때 씁니다.

pattern 014 주어 + talk about how...

~이라고 얘기하더라

네이티브들은 '누가 뭐라고 얘기하더라'라는 말을 할 때 특이하게도 how를 써서 talk about how 패턴을 많이 씁니다. 이때 how는 '어떻게'라는 뜻이 아니라 그냥 별 뜻 없이 사용되는 거예요. how 뒤에는 '주어+동사'를 씁니다.

유사패턴 주어 + say (that)...

STEP 1 패턴 집중 훈련

넌 항상 네가 특별하다고 말하더라.
(넌 항상 네가 무슨 대단한 사람인 것처럼 말하더라)
You always talk about how you're so special.

걘 항상 자기가 여자를 잘 다룬다고 하더라.
(걘 툭 하면 자기가 여자한테 인기 많다고 말하더라고)
He always talks about how he's so good with women.

제인은 자기가 남자들하고는 끝이라고 얘기하더라고.
Jane talked about how she is done with men.

조던은 자기가 엄청 잘 나가는 비즈니스맨이라고 얘기하더라.
Jordan talked about how he's a hotshot businessman.

hotshot (특정 직종이나 스포츠에서) 매우 잘 나가는 (사람)

STEP 2 리얼 회화 연습

A **I've decided to quit my job and pursue my dream as a singer.**

B **Oh. Okay.**

A ***What's with the response? I thought you'd be excited for me.**

B **Yeah, but** 넌 툭 하면 뭔가 정말 멋진 걸 하겠다고 하잖아.
Then you change your mind.

A 나 직장 그만두고 가수로서의 꿈을 쫓기로 했어.
B 아. 그렇구나.
A 반응이 왜 그래? 날 위해서 좋아해 줄 줄 알았는데. (너도 함께 기뻐해 줄 줄 알았는데)
B 응, 근데 you always talk about how you're going to do something really cool.
그러고 나선 마음을 바꾸잖아.

- What's with ...?는 이상하거나 이해가 안 되는 것을 보고 '~은 왜 그래?'라고 물어볼 때 쓰는 표현이에요.

Unit 03 tell

Q 다음 말을 영어로 만들어 볼까요?

- 제발 걔가 승낙했다고 말해 줘.
  ______ he said yes.

- 설마 기억 안 난다는 건 아니겠지?
  ______ you don't remember.

- 라이언이 너 새 여자 친구 생겼다고 말하더라.
  Ryan ______ you've got a new girlfriend.

- 진짜라니까! 내 말이 맞다니까!
  ______, I'm right!

- 이건 어때, 우리 같이 가는 거야.
  ______, we'll go together.

- 난 네가 무슨 생각을 하고 있는지 알 수 있어.
  ______ what you're thinking.

- 걔가 무슨 생각을 하고 있는지 도무지 알 수 없어.
  ______ what she's thinking.

정답 _ Please tell me (that) | Don't tell me (that) | tells me (that) | I'm telling you | I'll tell you what | I can tell | You can never tell

Please tell me (that)...

~이라고 말해 줘

Please tell me (that)…은 간절히 바라는 일이나 애타게 기다리는 소식 또는 결과에 대해 전해 들었을 때 '제발 ~이라고 말해 줘'라는 뜻으로 쓰는 패턴입니다. 아니면 간절히 부탁하며 '제발 ~해 줄 거라고 말해 줘'라고 할 때도 쓰고요. Please tell me (that) 뒤에는 '주어+동사'를 씁니다.

유사패턴 Please… (부탁할 때)

STEP 1 패턴 집중 훈련

내 말을 믿는다고 말해 줘. **Please tell me that you believe me.**

제발 걔가 승낙했다고 말해 줘. **Please tell me he said yes.**

내가 아무것도 아닌 것 갖고 (허사로) 이 먼 길을 온 게 아니라고 말해 줘. **Please tell me I didn't come all the way here for nothing.**

제발 내 비밀을 아무한테도 말 안 했다고 말해 줘. **Please tell me you didn't tell anyone my secret.**

제발 내 대신 걔한테 말해 준다고 말해 줘. **Please tell me you'll talk to him for me.**

come all the way 먼 길을 오다　for nothing 허사로, 쓸데없이, 공짜로

STEP 2 리얼 회화 연습

A 제발 내가 늦지 않았다고 말해 줘.

B **You barely made it. The meeting's just about to start.**

A **Phew! *That was close. *I can't afford to be late again.**

B **Did you forget to set the alarm again?**

A Please tell me I'm not late.

B 간신히 시간 맞춰서 왔어. 회의가 이제 막 시작되려는 참이야.

A 휴우~ 큰일 날 뻔했네. 또 늦으면 안 되거든.

B 너 또 알람 맞춰 두는 거 깜빡했어?

Phew! 휴우~

- That was close.는 "아슬아슬했어.", "큰일 날 뻔했어."라는 뜻이에요.
- I can't afford to…는 뭔가를 살 돈이 없거나 할 시간이 없다고 말할 때 많이 쓰이죠. 그런데 여기서처럼 '~할 처지나 입장·상황이 아니다'라는 뜻으로도 정말 많이 쓰이니 꼭 같이 알아두세요.

pattern 016 Don't tell me (that)...

설마 ~이라는 건 아니겠지?

상대방이 뭔가 찔리는 듯한 표정을 짓고 있을 때 '너 설마 ~이라는 말을 하려는 건 아니겠지?'라고 말하면서 추궁할 때 쓸 수 있는 패턴입니다. Don't tell me (that) 뒤에는 '주어+동사'를 쓰고요.

유사패턴 You're not telling me (that)...(, are you?) ‖ You're not saying (that)...(, are you?)

STEP 1 패턴 집중 훈련

설마 기억 안 난다는 건 아니겠지?	**Don't tell me that** you don't remember.
설마 또 마음을 바꿨다는 건 아니겠지?	**Don't tell me** you changed your mind again.
설마 걔한테 그것에 대해서 묻는 거 까먹었다는 건 아니겠지?	**Don't tell me** you forgot to ask him about it.
설마 수학 시험을 망쳤다는 건 아니겠지?	**Don't tell me** you bombed the math test.
설마 여태까지 내내 졸고 있었던 건 아니겠지?	**Don't tell me** you've been dozing off the whole time.

bomb (시험을) 망치다 **doze off** 꾸벅꾸벅 졸다 **the whole time** 내내, 여태까지

STEP 2 리얼 회화 연습

A Hm... Should I *go with that one?
B 설마 또 마음을 바꾼다고 하는 건 아니겠지? For the fifth time!
A I just can't make up my mind. It's not my fault that they all look so good!
B If you don't choose in the next 30 seconds, I'm leaving.

A 흠…… 저걸로 할까?
B Don't tell me you're changing your mind again. 5번째잖아!
A 결정을 못 내리겠어. 다 괜찮아 보이는 건 내 잘못이 아니잖아! (다 좋은 것 같은데 어떡해)
B 30초 내에 결정 안 내리면 난 갈 거야.

요건덤

- go with…는 '~을 택하다', '고르다'라는 뜻이에요.

~ tells me (that)...

~가 …이라고 말하더라

누군가에게 어떤 얘기를 듣고서 '걔가 뭐라고 말하더라'라고 들은 얘기에 대해 말할 때가 많죠? 그럴 때 쓰는 패턴이 바로 ~ tells me (that)…이에요. 이때 tell은 현재시제를 써요. 우리말에서도 '말했어'라고 하는 대신 '말하더라'라고 표현하는 것과 같은 느낌인 것이죠.

유사패턴 I heard from ~ (that)...

STEP 1 패턴 집중 훈련

라이언이 너 새 여자 친구 생겼다고 말하더라.
Ryan **tells me** you've got a new girlfriend.

샐리가 너 승진 대상자라고 말하더라.
Sally **tells me that** you're up for a promotion.

엠마가 너 임신했다고 말하더라.
Emma **tells me that** you're expecting.

에이든이 너 회사 그만두는 걸 고려 중이라고 말하더라.
Aiden **tells me** you're considering leaving the company.

올리비아가 너 네 사업을 시작하는 걸 생각 중이라고 말하더라.
Olivia **tells me** you're thinking about starting your own business.

be up for a promotion 승진 대상자이다, 승진 대상에 포함되어 있다 **expecting** 임신한(=pregnant)

STEP 2 리얼 회화 연습

A 소피아가 너 다음 달에 결혼한다고 하더라. Congratulations!

B Thanks so much! I still can't believe it myself.

A How are the wedding plans coming along?

B We're keeping it low-key. It's just going to be family and close friends. So there isn't that much to do.

A Sophia tells me you'll be *walking down the aisle next month. 축하해!

B 정말 고마워! 나 스스로도 아직 안 믿어져.

A 결혼 계획은 어떻게 되어 가고 있니?

B 조촐하게 하려고 해. 가족하고 친한 친구들만 초대할 생각이야. 그래서 준비할 게 그렇게 많지는 않아.

low-key (많은 이목을 끌지 않도록) 절제된, 조촐한, 성대하지 않은

- walk down the aisle은 '결혼식을 하다', '웨딩마치를 울리다'라는 뜻이에요. 결혼식에서 신부가 주례가 있는 단상을 향해 걸어가는 '통로'를 aisle이라고 하는데, 그 통로를 걸어간다는 의미가 결국 '결혼식을 치른다'는 뜻이 되는 거죠.

pattern 018 I'm telling you,...

진짜라니까! ~

'I'm telling you,+주어+동사' 패턴은 상대방이 내 말을 안 믿으려고 하거나 안 들으려고 할 때 그 답답함을 표현하기에 딱 좋아요. I'm telling you,...라고 말한 다음에 하고 싶은 말을 하면 되죠.

유사패턴 I'm serious,... ‖ I swear,...

STEP 1 패턴 집중 훈련

진짜라니까! 내 말이 맞다니까! **I'm telling you, I'm right!**

진짜라니까! 걔 거짓말하는 거야. **I'm telling you, he's lying.**

진짜라니까! 이게 저것보다 낫다니까. **I'm telling you, this is better than that one.**

진짜라니까! 내 평생 그런 거 본 적 없다니까! **I'm telling you, I've never seen anything like it in my life!**

진짜라니까! 걔가 완전 날 무시하고 그냥 지나가 버렸다고. **I'm telling you, he completely ignored me and just walked by me.**

walk by... ~을 지나치다, 지나가다

STEP 2 리얼 회화 연습

A **I just ran into Eva on my way here. She's *had work done on her face.**

B **What? You're kidding, right?**

A 진짜라니까, 걔 얼굴 못 알아볼 뻔했어!

B **I can't believe it. I'd love to have seen that.**

A 나 방금 여기 오는 길에 이바를 우연히 만났어. 걔 얼굴에 성형했더라.

B 뭐라고? 장난하는 거지?

A I'm telling you, I almost didn't recognize her!

B 믿을 수가 없어. 나도 봤어야 하는 건데.

run into... 우연히 ~를 만나다

- have work done on one's face[body]는 '얼굴[몸]에 성형을 하다'라는 뜻이에요. 여기서 work가 '성형'을 가리키는 것이죠. face 대신 nose, eyes 같은 구체적인 부위를 써서 '코 성형', '눈 성형'이라고 말할 수도 있어요.

pattern 019 (I'll) tell you what,...

이건 어때, ~

상대방에게 무언가를 제안할 때 I'll tell you what이라고 말하고서 제안 내용을 말하면 좋아요. 네이티브들은 I'll tell you what에서 I'll을 생략하고 그냥 Tell you what이라고도 많이 합니다.

유사패턴 How about this? ... ‖ How's this? ... ‖ How does this sound? ...

STEP 1 패턴 집중 훈련

이건 어때, 우리 같이 가는 거야. **I'll tell you what, we'll go together.**

이건 어때, 네 방법대로 해 보고 어떻게 되나 한번 보자. **I'll tell you what, we'll try it your way and see what happens.**

이건 어때, 네가 내일 돌려준다고 약속하면 차 빌려 줄게. **I'll tell you what, I'll let you borrow my car if you promise to return it tomorrow.**

이건 어때, 내가 일단 이걸 끝내고 그거 한번 볼게. **Tell you what, let me just finish this first and I'll take a look at it.**

STEP 2 리얼 회화 연습

A **Don't be a chicken. Just ask her out *already!**

B **I can't. She's out of my league.**
She's just gonna say no.

A **All right.** 이건 어때, 내가 너에 대해 좋게 말해 줘서 걔가 너에 대해 막 궁금하게 만들게.

B **...Then I ask her out.**
What a great plan! Thanks, man!

A 겁쟁이같이 굴지 마. 빨리 데이트 신청 해 버려!
B 안 돼. 걔는 나하고는 급이 다르단 말이야.
그냥 거절해 버릴 거라고.
A 알았어. I'll tell you what, I'll *talk you up and get her all curious about you.
B …… 그런 다음 내가 걔한테 데이트 신청 하는 거구나.
멋진 계획인데! 고맙다, 짜식!

chicken 겁쟁이 **out of one's league** ~에게는 벅찬, ~보다 급이 높은

요건덤

- 네이티브들은 답답하거나 짜증 나는 것을 표현할 때 여기서처럼 already를 많이 써요. Just do it already! (빨리 좀 해!)
- talk … up은 누구에 대해 '좋게 얘기하다', '좋은 점을 부각시켜 말하다'라는 뜻이에요.

I can tell...

난 ~을 알 수 있어

tell은 회화에서 '말하다'라는 뜻 말고도 '알다', '알아채다', '눈치채다'라는 뜻으로도 정말 많이 쓰여요. I can tell 뒤에는 that이나 의문사 등이 이끄는 명사절이 옵니다.

유사패턴 I know... ‖ I notice...

STEP 1 패턴 집중 훈련

난 네가 무슨 생각을 하고 있는지 **알 수 있어.** — **I can tell** what you're thinking.

난 네가 기분이 우울하면 항상 **알 수 있어.** — **I can** always **tell** when you're feeling down.

난 네가 나한테 뭔가 말하고 싶어한다는 것을 **알 수 있어.** (너 나한테 할 말이 있구나) — **I can tell** that you want to say something to me.

난 네가 내 생각 하고 있다는 것을 **알 수 있어.** — **I can tell** that you're thinking about me.

난 네가 나한테 말 안 하고 있는 뭔가가 있다는 것을 **알 수 있어.** — **I can tell** there's something you're not telling me.

STEP 2 리얼 회화 연습

A What's wrong?

B What do you mean? There's nothing wrong.

A 뭔가가 너를 거슬리게 한다는 걸 알 수 있어.
You know you can talk to me.

B Thanks a lot. *That means a lot to me. But I'm okay.

A 무슨 일이야?

B 무슨 말이야? 아무 일 없어.

A I can tell something's bugging you.
나한테 얘기할 수 있는 거 알잖아. (나한테 얘기해도 돼)

B 정말 고마워. 그렇게 말해 주니 너무 고마워. 하지만 난 괜찮아.

bug 괴롭히다, 못살게 굴다(=bother)

- It[That] means a lot to me.는 상대방에게 고마움을 표현할 때 많이 쓰는 말이에요. '네가 방금 해 준 말[행동]이 나한테는 매우 중요해.', 즉 '그렇게 말해 주니[해 주니] 너무 고마워.'라는 뜻이죠.

pattern 021 You can never tell...

~을 도무지 알 수가 없어/없다니까

이 패턴에서도 tell이 '알다', '알아채다', '눈치채다'라는 뜻으로 쓰였어요. You can never tell...은 어떻게 될지 감을 잡을 수 없을 때 써요. 여기서 you는 상대방을 가리키는 게 아니라 '일반적인 사람'을 뜻해요. tell 뒤에는 명사절을 쓰면 됩니다.

유사패턴 There's no knowing... ‖ You can't figure out... ‖ You can't predict...

STEP 1 패턴 집중 훈련

존이 어떤 반응을 보일지 도무지 알 수 없어. **You can never tell** how John will react.

릴리가 화난 건지 아닌지 도무지 알 수 없다니까. **You can never tell** if Lily is angry or not.

걔가 무슨 생각을 하고 있는지 도무지 알 수 없어. **You can never tell** what she's thinking.

그레이스가 언제 짜증 부릴지 도무지 알 수 없어. **You can never tell** when Grace is going to throw a tantrum.

걔가 뭘 할지 도무지 알 수 없다니까. **You can never tell** what he's going to do.

throw a tantrum 짜증 내다, 떼를 쓰다

STEP 2 리얼 회화 연습

A *How's life treating you?

B You know, *same old, same old.
Hey, I hear you've made some money on stocks.

A Well, I got a little lucky. But you know how it is.
이런 건 어떻게 될지 모르는 거잖아.

B That's why I don't take any part in it. I'm not a risk taker.

A 요새 어때?
B 뭐, 맨날 그렇지. 야, 너 주식으로 돈 좀 벌었다며?
A 뭐, 내가 운이 좀 좋았지. 그치만 너도 주식이라는 게 어떤지 알잖아.
You can never tell how these things will go.
B 그래서 내가 주식 투자에 전혀 안 끼는 거야. 난 모험하는 성격이 아니거든.

risk taker 모험을 즐기는 사람, 위험을 무릅쓰는 사람

요건덤

- How's life treating you?는 "요즘 어때?"라는 뜻의 인사말 표현 중 하나인데요, 이 외에도 다음과 같은 표현들을 쓸 수 있습니다.
  How are things? How is it going? What's up?
  What's going on with you? How have you been?
- 안부를 묻는 질문에 Same old, same old.라고 하면 "늘 똑같지, 뭐.", "맨날 그렇지, 뭐."라는 뜻이 됩니다.

be

Q 다음 말을 영어로 만들어 볼까요?

- 난 컴퓨터를 잘 다뤄.
  ________ computers.

- 난 대중 연설에 소질이 없어.
  ________ public speaking.

- 난 한창 중요한 회의 중이야.
  ________ an important meeting.

- 나 요즘 잠자는 데 어려움을 겪고 있어.
  ________ sleeping these days.

- 난 사람들 앞에서 말하는 게 불편해.
  ________ talking in front of people.

- 난 혼자 어디 다니는 데에 익숙하지 않아.
  ________ going to places alone.

- 난 네 거짓말이 지긋지긋해.
  ________ your lies.

- 조셉은 비디오 게임에 중독됐어.
  Joseph ________ video games.

- 내가 파티에 못 가게 돼서 유감이야.
  ________ I'm going to miss the party.

정답 _ I'm good with | I'm not cut out for | I'm in the middle of | I'm having a hard time | I'm not comfortable with | I'm not used to | I'm fed up with | is addicted to | It's a shame (that)

I'm good with...

난 ~ 잘 다뤄

I'm good with...는 뭔가를 잘 다룬다고 말할 때 쓰는 패턴입니다. 예를 들어 숫자나 컴퓨터 같은 걸 잘 다룬다고 할 때, 말발이 좋다고 할 때, 사람을 잘 다룬다고 할 때 등 여러 상황에서 쓸 수 있어요.

유사패턴 I'm skilled in...

STEP 1 패턴 집중 훈련

난 숫자에 밝아. **I'm good with numbers.**

난 말주변이 없어. **I'm not good with words.**

난 컴퓨터를 잘 다뤄. **I'm good with computers.**

난 손을 잘 다뤄. (손재주가 좋아) **I'm good with my hands.**

난 사람들을 잘 다뤄. (사람들하고 잘 어울려) **I'm good with people.**

STEP 2 리얼 회화 연습

A [전화를 끊으며] **That was my babysitter.**
She can't make it tonight.
I can't find someone else on such short notice.

B **I can babysit your kids for you.**
나 아이들 잘 다루거든.

A **Are you sure? They're *a handful.**

B **Don't worry. I can handle it.**

A 내 베이비시터한테 온 연락이었어.
오늘 저녁에 못 온다더라고.
이렇게 촉박하게 통보를 하면 다른 사람을 구할 수 없는데.

B 내가 네 애들 봐 줄 수 있어.
I'm good with kids.

A 괜찮겠어? 걔네들 다루기 힘들 텐데.

B 걱정 마. 감당할 수 있어.

on short notice 갑자기, 예고 없이

- a handful은 사람이나 동물에 대해 통제하거나 다루기 힘들다고 말할 때 많이 쓰는 표현이에요. 사람의 경우 특히 어린아이를 가리킬 때 많이 씁니다.

I'm not cut out for/to...

난 ~에 소질이 없어 / ~은 나한테 안 맞아 / ~은 내 체질이 아니야

be cut out for/to는 '~에 적합하다', '~에 적임자이다'라는 뜻이에요. 그런데 보통 이 패턴은 not을 써서 어떤 것이 자신에게 잘 안 맞거나 자신이 어떤 일에 소질이 없다고 말할 때 많이 쓴답니다. for 뒤에는 명사류를 쓰고, to를 쓰는 경우엔 뒤에 동사원형을 쓰면 됩니다.

유사패턴 I'm not good at... ‖ I'm not suited for... ‖ ...is not for me

STEP 1 패턴 집중 훈련

난 의사가 될 **소질이 없어.**	**I'm not cut out to** be a doctor.
(한 사람하고) 오랫동안 연애하는 건 **나한테 안 맞아.**	**I'm not cut out for** long-term relationships.
난 대중 연설에 **소질이 없어.**	**I'm not cut out for** public speaking.
난 엄마가 될 **소질이 없어.** (엄마가 될 자신이 없어)	**I'm not cut out to** be a mother.
그렇게 경쟁이 치열한 환경은 **나한테 안 맞아.**	**I'm not cut out for** such a competitive environment.

STEP 2 리얼 회화 연습

A I'm thinking of quitting my job.
I haven't decided yet, but I've been thinking about it for a while now.

B Why?

A 이 직업이 나한텐 안 맞아. It's too *cut-throat.

B Yeah, I see what you mean. It's a *dog-eat-dog world here.

A 직장을 그만둘까 생각 중이야.
아직 결정하지 못했는데, 한동안 생각해 오고 있던 거야.

B 왜?

A I'm not cut out for this job. 경쟁이 너무 치열해.

B 그래, 무슨 말인지 알겠다. 여기는 먹느냐 먹히느냐인 세계지.

- cut-throat와 dog-eat-dog는 둘 다 경쟁이 살벌할 때 쓰는 표현이에요. competitive보다 좀 더 강하게 표현하고 싶을 때 쓰면 좋겠죠?

I'm in the middle of...

난 한창 ~ 중이야

뭔가를 한창 하고 있는 중일 때 I'm in the middle of... 패턴을 써서 말하면 좋습니다. '나 ~하느라 바빠', '나 한창 ~하는 중이야'라는 뜻이죠.

유사패턴 I'm -ing (동사일 때) ‖ I'm in the midst of...

STEP 1 패턴 집중 훈련

난 한창 중요한 회의 중이야. — **I'm in the middle of an important meeting.**

난 한창 전화 통화 중이야. — **I'm in the middle of a phone call.**

난 한창 내 삶에서 중요한 전환점에 있어. — **I'm in the middle of an important transition in my life.**

난 한창 개 목욕 시키는 중이야. — **I'm in the middle of bathing my dog.**

난 한창 저녁 식사 준비하는 중이야. — **I'm in the middle of cooking dinner.**

transition 전환(점), 과도기, 변천, 한 상태에서 다른 상태로 바뀌는 과정

STEP 2 리얼 회화 연습

A *Honey, can you come here a sec?

B Why?

A I need you to help me move this table in the living room.

B Okay. But 나 지금 한창 뭐 하는 중이거든.
I'll be out in 2 minutes.

A 자기야, 여기 좀 잠깐 와 줄래?

B 왜?

A 거실에 있는 이 테이블 옮기는 것 좀 도와줘.

B 알았어. 근데 **I'm in the middle of something.**
2분 있다 나갈게.

a sec a second를 줄인 형태

* honey는 연인이나 부부 사이에 '자기'라고 부를 때 쓰는 애칭으로, 비슷한 표현으로는 baby, sweetie, sweetheart 등이 있어요. 연인이나 부부 외에도 여자들끼리 쓰기도 하고, 어린아이를 부를 때에도 많이 쓴답니다.

pattern 025 I'm having a hard time -ing

~하는 데에 어려움을 겪고 있어

어떤 일을 하려고 하는데 문제가 생기거나 잘 안 될 때 I'm having a hard time... 패턴을 써서 말할 수 있어요. 이때 중요한 건 뒤에 오는 동사를 -ing 형태로 써야 한다는 것!

유사패턴 I'm having trouble -ing ‖ I'm having a tough time -ing ‖ I'm having difficulty -ing

STEP 1 패턴 집중 훈련

나 요즘 잠자는 데 어려움을 겪고 있어. **I'm having a hard time sleeping these days.**

난 네 포인트를 이해하는 데 어려움을 겪고 있어. **I'm having a hard time seeing your point.**

난 대학 생활에 적응하는 데 어려움을 겪고 있어. **I'm having a hard time adjusting to college life.**

난 네가 무슨 말을 하고 있는 건지 이해하는 데 어려움을 겪고 있어. (모르겠어) **I'm having a hard time understanding what you're saying.**

adjust to... ~에 적응하다 college 대학(미국에서는 4년제 대학을 가리킬 때 흔히 college라고 함)

STEP 2 리얼 회화 연습

A **Whoa, whoa. Slow down, Harry. You're talking too fast!**
네 말 따라가는 게 힘들어! (네 말 못 따라가겠어)

B **Sorry. I tend to talk really fast when I get all *worked up.**

A **Yeah. Not to mention you ramble.**

B ***What can I say? I can't help myself.**

A 워워. 천천히 좀 해, 해리. 말을 너무 빨리 하잖아!
I'm having a hard time following you!

B 미안. 내가 막 흥분하면 말이 무척 빨라지는 편이라서.

A 그러게 말이야. 말도 많아지고 말이지.

B 어쩌겠어? 나도 어쩔 수 없어. (나도 모르는 사이에 그렇게 되는걸)

tend to... ~하는 경향이 있다, ~하기 쉽다 not to mention... ~은 말할 것도 없고 ramble 장황하게 말하다, 횡설수설하다

- worked up은 '흥분한', '화난'이라는 뜻이에요. excited, angry, upset 대신 쓸 수 있는 표현이죠.
- What can I say?는 직역하면 '내가 무엇을 말할 수 있겠어?'인데, 회화에서는 '어쩔 수 없다'는 의미로 미안함을 표현하거나 어떤 일을 웃어넘길 때 많이 써요.

I'm not comfortable with...

난 ~이 편치 않아 / 난 ~에 익숙하지 않아

comfortable에는 '편안한'이라는 뜻 외에도 '마음 편한', '걱정 없는'이라는 뜻이 있어요. 익숙하지 않은 일에 대해, 어떤 것이 마음에 안 들 때, 어떤 일에 불안감이나 불편함을 느낄 때 씁니다.

유사패턴 I don't feel comfortable with...

STEP 1 패턴 집중 훈련

난 변화에 익숙지 않아. — **I'm not comfortable with** change.

난 남자 의사가 편치 않아. — **I'm not comfortable with** male doctors.

난 그 사람의 부적절한 농담이 편치 않아.
(그 사람이 하는 부적절한 농담 때문에 불편해) — **I'm not comfortable with** his inappropriate jokes.

난 이거 팀 몰래 한다는 게 불안해. — **I'm not comfortable with** doing this behind Tim's back.

난 사람들 앞에서 말하는 게 불편해. — **I'm not comfortable with** talking in front of people.

inappropriate 부적절한, 부적합한 **behind one's back** ~ 뒤에서, ~ 몰래

STEP 2 리얼 회화 연습

A This is kind of hard to say, so I'll just *come out and say it.

B *Uh-oh!

A 그쪽이 사무실에서 자꾸 저한테 치근덕거리시는 거 불편해요.

B What, I can't even be nice to a co-worker?

A 이거 말 꺼내기 좀 뭐한데요……, 그러니까 그냥 직설적으로 말할게요.

B 이런!

A I'm not comfortable with the passes that you make at me in the office.

B 뭐, 직장 동료한테 잘해 주는 것도 안 된다는 겁니까?

make a pass[passes] at... ~에게 추근거리다, 수작을 걸다

- come out and say it은 꺼내기 어려운 말을 '빙빙 돌리지 않고 직설적으로 말하다'라는 뜻이에요.
- Uh-oh!는 무슨 문제가 있을 것 같은 느낌이 들 때, 실수했다는 걸 깨달았을 때 많이 쓰는 감탄사예요.

pattern 027 I'm not used to -ing

~하는 데에 익숙하지 않아

어떤 일을 하는 것이나 어떤 상황이 익숙하지 않을 때 I'm not used to -ing 패턴을 써서 말하면 좋아요. 익숙하지 않아 서툴거나 불편할 때 쓰면 좋겠죠?

유사패턴 I'm not accustomed to -ing

STEP 1 패턴 집중 훈련

난 사람들의 관심을 받는 데에 익숙하지 않아. **I'm not used to being at the center of attention.**

난 빨리 자는 데에 익숙하지 않아. **I'm not used to going to bed early.**

난 옷 잘 차려입는 데에 익숙하지 않아. **I'm not used to dressing up.**

난 사람들이 많은 장소에 있는 데에 익숙하지 않아. **I'm not used to being in crowded places.**

난 혼자 어디 다니는 데에 익숙하지 않아. **I'm not used to going to places alone.**

be at the center of attention 관심의 대상이 되다

STEP 2 리얼 회화 연습

A *Welcome to my humble abode.

B Not bad. Not bad at all.

A Thanks. 나 혼자 사는 데에 익숙하지 않아, so I still have a long way to go.

B You're doing pretty well. I half expected a pigsty.

A 누추한 내 집에 온 걸 환영해.

B 나쁘지 않은걸. 전혀 나쁘지 않아.

A 고마워. I'm not used to living on my own, 그래서 아직도 갈 길이 멀어.

B 꽤 잘 해내고 있는걸. 난 반은 돼지우리를 예상했거든.

on one's own 혼자서, 혼자 힘으로 pigsty 돼지우리

요건덤

- Welcome to my humble abode는 어떤 사람이 우리 집에 왔을 때 환영하는 말로 정말 많이 쓰이는 표현이에요. abode를 home으로 바꿔써도 좋지만 보통은 abode를 더 많이 씁니다.

I'm fed up with...

난 ~이 지긋지긋해 / ~에 진절머리가 나

I'm fed up with... 패턴은 어떤 일에 대해 짜증 나거나 지겨울 때, 특히 그 일이 계속 반복돼서 진절머리가 난다고 말할 때 많이 씁니다.

유사패턴 I'm sick and tired of... ‖ I've had it with... ‖ I've had enough of...

STEP 1 패턴 집중 훈련

난 네 거짓말이 지긋지긋해. **I'm fed up with your lies.**

난 여자라면 진절머리가 나. **I'm fed up with women.**

난 아침마다 교통체증 겪는 게 지긋지긋해. **I'm fed up with dealing with traffic every morning.**

난 습도 높은 날씨가 지긋지긋해. **I'm fed up with the humid weather.**

난 직장에서 허구한 날 야근하는 게 지긋지긋해. **I'm fed up with the constant overtime at work.**

deal with... ~을 다루다, 처리하다, (상)대하다 **traffic** 교통, 교통체증(=traffic jam)

STEP 2 리얼 회화 연습

A **Why didn't you *pick up the phone? I called you, *like, 10 times! I was worried sick!**

B **Uh... I was out with my buddies.**

A **And you couldn't pick up the phone once to call me back?**
네 핑계라면 지긋지긋해!

B **I was going to, and then I got too drunk and forgot about it.**

A 왜 전화를 안 받았어?
내가 한 10번은 전화했다고! 얼마나 걱정했는데!

B 어…… 밖에서 친구들하고 있었어.

A 근데 한 번이라도 나한테 전화해 줄 수 없었다는 거야?
I'm fed up with your excuses!

B 전화하려고 했는데, 술 취해서 까먹었어.

be worried sick 매우 걱정하다, 엄청 걱정하다 **buddy** 친구(=pal)(남자들 사이에서 씀)

- pick up the phone은 '수화기를 들다'라는 뜻인데, 전화를 걸 때와 받을 때 둘 다 쓸 수 있어요.
- like는 네이티브들이 별 의미 없이 회화 시에 '뭐', '저기', '막', '거 뭐냐', '있잖아' 같은 뜻으로 쓰는 말이에요. 특히 할 말이 떠오르지 않을 때 시간 벌기 용으로 많이 씁니다.

주어+is addicted to...

~에 중독됐어 / ~을 완전 좋아해

뭔가를 엄청 좋아해서 틈만 나면 그것을 할 때 흔히 '중독됐다'라고 좀 과장해서 표현할 때가 많죠? 이 말을 영어로는 be addicted to...를 써서 말합니다.

유사패턴 주어+is totally into... ‖ 주어+can't stop -ing

STEP 1 패턴 집중 훈련

조셉은 비디오 게임**에 중독됐어.**
Joseph is addicted to video games.

나 요즘 미드 〈프렌즈〉**에 중독됐어.**
I'm addicted to *"Friends"* these days.

걔는 폰에 있는 앱**에 중독됐어.**
He is addicted to the apps on his phone.

케이티는 페이스북**에 중독됐어.** 하루 종일 페이스북 한다니까!
Katie is addicted to Facebook. She's on it all day!

나 카페인**에 중독됐어.** 커피 없이는 하루를 시작하지를 못해.
I'm addicted to caffeine. I can't start my day without coffee.

STEP 2 리얼 회화 연습

A **Did you see Cathy's new boyfriend?**

B **What new boyfriend? Wasn't she seeing Brandon?**

A **That's yesterday's news!**
She's seeing a different guy now.

B **She just keeps jumping from one guy to the next.**
처음 사귀기 시작할 때 붕 뜨는 기분에 중독된 것 같아.

A 너 캐시의 새 남자 친구 봤어?

B 무슨 새 남자 친구? 걔 브랜든이랑 사귀는 거 아니었어?

A 그게 언제적 얘긴데!
걔 지금 다른 남자랑 사귀어.

B 걔는 계속해서 한 남자에서 다른 남자로 넘어가는구나.
She's addicted to the *high of a new relationship.

yesterday's news 어제 소식, 즉 '옛날 얘기'

- high는 '들뜬 기분'을 뜻해요. 참고로 '마약에 취해 있다'고 할 때 be high라고 합니다. 그래서 Are you high?라고 하면 "너 마약했냐?"라는 뜻도 되지만 "너 미쳤냐?"라는 뜻을 나타내기도 하죠.

It's a shame (that)...

~이라니 아깝네/안타까워/아쉬워/유감이야

보통 shame 하면 '부끄러움', '수치심'이라는 뜻이 먼저 떠오르죠? 하지만 shame이 It's a shame (that)... 패턴에서는 어떤 상황에 대한 아쉬움이나 안타까움, 서운함, 실망감을 나타냅니다. 뒤의 that은 생략해도 되고 그 다음에는 '주어+동사'가 옵니다.

유사패턴 (It's) too bad (that)...

STEP 1 패턴 집중 훈련

네가 이렇게 빨리 떠나야 한다니 아쉽네. **It's a shame that you have to leave so soon.**

내가 파티에 못 가게 돼서 유감이야. **It's a shame I'm going to miss the party.**

수민이가 여기 못 와서 아쉽네. **It's a shame that Soomin couldn't be here.**

걔네들이 헤어졌다니 안타깝네. **It's a shame they broke up.**

네가 그 직장에 취직 못했다니 유감이야. **It's a shame you didn't get the job.**

STEP 2 리얼 회화 연습

A **Amanda! Are you coming to my party this weekend?**

B **Sorry. I completely forgot to *RSVP!**
I'm afraid I can't make it.

A 네가 못 온다니 아쉽네.
You will be missed.

B **I hope you guys have a wonderful time.**

A 어맨다! 너 이번 주말에 내 파티에 올 거야?

B 미안해. 참석 여부를 알려 주는 걸 완전 깜빡했어!
안타깝지만 못 갈 것 같아.

A It's a shame you won't be there.
모두들 널 그리워할 거야. (모두들 네가 없어서 서운해 할 거야)

B 너희들 즐거운 시간 보내길 바라.

- RSVP는 파티 초대장에 흔히 쓰이는 문구로 '참석 여부를 알려 주시기 바랍니다'라는 뜻이에요. 프랑스 어인 Répondez S'il Vous Plaît의 줄임말로, 영어로는 Please reply.라고 할 수 있죠. RSVP는 여기서처럼 '참석 여부를 알려주다'라는 뜻으로도 많이 쓰여요.

Unit 05 know

Q 다음 말을 영어로 만들어 볼까요?

- 난 걔에 대해 아는 게 전혀 없어.
  ______ him.

- 너 걔랑 같이 있는 거 싫다는 거 알지만 티내지는 마.
  ______ you can't stand him ______ don't show it.

- 난 걔가 어떻게 그걸 해내는지 모르겠어.
  ______ she does it.

- 넌 사정을 다 알지도 모르잖아.
  ______ the whole story.

- 넌 어떨지 모르겠는데, 난 배가 고프네.
  ______ I'm hungry.

- 너 걔가 무슨 말 할지 잘 알고 있었잖아.
  ______ what she was going to say.

- 내가 새라를 아니까 하는 말인데, 걘 안 된다고 할 거야.
  ______ Sarah, she's going to say no.

- 너도 모르는 사이에 익숙해질 거야.
  You'll get used to it ______.

정답 _ I don't know anything about | I know / but | I don't know how | You don't even know | I don't know about you, but | You knew full well | Knowing | before you know it

031 I don't know anything about...

난 ~에 대해 아는 게 전혀 없어

어떤 사람이나 일, 또는 무언가에 대해 아는 것이 아무것도 없다는 말을 하고 싶을 때 바로 이 패턴을 쓰면 됩니다. 그냥 I don't know about...이라고 하는 것보다는 anything을 써서 아는 게 하나도 없다는 것을 강조하는 것이죠.

유사패턴 I know nothing about... ‖ I don't know... at all

STEP 1 패턴 집중 훈련

난 걔에 대해 아는 게 전혀 없어. **I don't know anything about** him.

난 무슨 일이 있었는지에 대해 아는 게 전혀 없어. **I don't know anything about** what happened.

난 와인에 대해 아는 게 전혀 없어. **I don't know anything about** wine.

난 애 키우는 거에 대해 아는 게 전혀 없어. **I don't know anything about** raising kids.

난 정치에 대해 아는 게 전혀 없어. **I don't know anything about** politics.

raise 키우다, 기르다

STEP 2 리얼 회화 연습

A How are things going with that guy you went out with the other night?

B Well... We've been on a few dates, but 아직 그 남자에 대해 아는 게 아무것도 없어.

A Really?

B Yeah. I feel like I'm *doing all the talking.
And when I ask him questions, he just gives *one word answers.

A 요전에 데이트했던 그 남자랑은 어떻게 되어 가고 있어?

B 글쎄…… 몇 번 데이트를 하긴 했는데, I still don't know anything about him.

A 그래?

B 응. 나만 말하는 것 같아.
그리고 내가 질문을 하면 그 사람은 그냥 단답형으로만 답변하고 말이야.

요건덤

- do all the talking은 대화나 토론 시에 '한 사람이 혼자 계속 말을 하다'라는 뜻이에요.
- one word answer는 yes나 no를 포함한 단답형 답변을 가리킵니다.

I know ~, but...

~이라는 거 알지만/아는데……

'~이라는 건 알지만……' 하면서 상대방에게 양해를 구하거나 부탁을 하고 싶을 때, 또는 어떤 사람을 구슬리거나 달래야 할 때가 있죠? 이때 I know…로 말을 시작하고, but으로 말을 이어가면 좋습니다. I know와 but 뒤에는 각각 '주어+동사'를 쓰면 되고요.

유사패턴 I'm aware ~, but...

STEP 1 패턴 집중 훈련

걔가 널 속상하게 한 **건 알지만** 용서해 줘. — **I know** he upset you, **but** you should forgive him.

그거 내 알 바가 아니라**는 거 알지만** 너 그러면 안 돼. — **I know** it's none of my business, **but** you shouldn't do that.

너 한창 뭐 하는 중이라**는 거 알지만** 잠깐 시간 내 줄 수 있니? — **I know** you're in the middle of something, **but** can you spare me a minute?

너 걔랑 같이 있는 거 싫다**는 거 알지만** 티내지는 마. — **I know** you can't stand him, **but** don't show it.

be in the middle of... 한창 ~하는 중이다, ~하느라 바쁘다 **spare ... a minute** ~에게 잠깐 시간을 내 주다 **stand** 견디다, 참다

STEP 2 리얼 회화 연습

A **If Dan is gonna be there, I'm not going.**

B **Oh, come on. You have to be there! Please? *For me.**

A **Okay, but just this once.**

B **Thank you! And** 네가 걔 완전 싫어하는 거 알지만, 걔 앞에서는 너무 티내지 말아 줘.

A 댄이 거기 가면 난 안 가!

B 에이, 그러지 말고, 네가 꼭 와야 한다니까! 제발 좀, 응? 날 봐서라도.

A 알았어, 하지만 대신 이번만이다.

B 고마워! 그리고 I know you hate him, but try not to show it in front of him.

- For me.는 부탁할 때 네이티브들이 참 많이 쓰는 표현이에요. '날 봐서라도' 부탁을 꼭 들어 달라는 뜻이죠.

I don't know how...

난 ~가 어떻게 …을 하는지 모르겠어

누군가가 하는 일이 대단하다고 생각할 때나 기가 막할 때, 혀를 내두르며 '도대체 어떻게 하는 건지 모르겠다니까~'라는 말을 하게 되죠? 바로 이때 쓰는 패턴이 I don't know how…입니다. how 뒤에 '주어+동사'만 써 주면 끝!

유사패턴 I have no idea how… ‖ I can't imagine how… ‖ How do/does+주어+동사?

STEP 1 패턴 집중 훈련

난 걔가 어떻게 그걸 해내는지 모르겠어. **I don't know how she does it.**

난 네가 어떻게 밤에 잠을 자는지 모르겠어. (넌 양심의 가책도 없냐?) **I don't know how you sleep at night.**

난 걔가 어떻게 그렇게 모르는 게 없는지 모르겠어. **I don't know how he just knows everything.**

난 케이티가 어떻게 직장 일하고 집안일을 둘 다 잘 해내는지 모르겠어. **I don't know how Katie juggles her job and family together so well.**

juggle (두 가지 이상의 일을 동시에) 잘 감당해내다(보통 직장, 가사를 균형 있게 잘 유지한다고 할 때 씀)

STEP 2 리얼 회화 연습

A **I just saw Mike walking arm in arm with some girl.**

B **Again? It's the third time this month!**

A **And he did it in broad daylight!**
난 걔가 어떻게 밤에 잠을 자는지 모르겠어. (그러고도 잠이 오나 몰라)

B **His girlfriend should leave him for good.**

A 나 지금 방금 마이크가 어떤 여자애랑 팔짱 끼고 걸어가는 거 봤어.
B 또? 이번 달에만 세 번째잖아!
A 그것도 백주대낮에 그랬다니까!
*I don't know how he sleeps at night.
B 걔 여자 친구가 걔를 완전히 떠나야 하는데 말이야.

arm in arm 팔짱 낀 채로 in broad daylight 백주 대낮에, 공공연히 for good 영원히, 완전하게

• I don't know how you sleep at night.라는 말을 네이티브들이 회화 시에 정말 많이 쓰는데요, 도덕적으로 잘못을 저지르고도 어떻게 두 발 뻗고 편히 자는 게 가능하냐는 뉘앙스로 비꼬거나 화낼 때 많이 쓴답니다.

You don't even know...

넌 ~도 모르잖아

상대방이 어떤 일을 저질러서 추궁할 때, 섣불리 판단하긴 이르다고 충고할 때 '넌 ~도 모르잖아'라는 말을 하죠? 이럴 때 You don't even know... 패턴을 쓰면 좋아요. 또는 서운함을 표현할 때 '어떻게 그런 것도 모를 수가 있어?'라는 뉘앙스로 쓰기도 합니다.

STEP 1 패턴 집중 훈련

넌 아직 그 남자도 널 좋아하는지 아닌지도 **모르잖아.** — **You don't even know** if he likes you back yet.

댁이 저를 잘 아시는 것도 아니잖아요. — **You don't even know** me that well.

넌 사정을 다 알지도 **못하잖아.** (아는 것도 아니잖아) — **You don't even know** the whole story.

자긴 내가 왜 화내는지도 **모르는구나.** — **You don't even know** why I'm angry.

넌 네가 삶에서 뭘 하고 싶은지도 **모르잖아.** (너 어떻게 살아가려고 하는 거야?) — **You don't even know** what you want to do with your life.

the whole story 자초지종, 일의 전말

STEP 2 리얼 회화 연습

A What? Why are you *giving me that look?

B I'm so disappointed in you, Jason.

A 넌 사정을 다 알지도 못하잖아.
You weren't there.

B I don't have to know the whole story to know that it's your fault.

A 뭐? 왜 그런 표정으로 날 쳐다보는 거야?

B 난 너한테 실망했어, 제이슨.

A You don't even know the whole story.
넌 거기에 있지도 않았잖아.

B 자초지종을 몰라도 네 잘못이란 건 알 수 있어.

- give ··· that look이라는 말은 '~에게 그런 표정을 짓다', '~를 그런 표정으로 쳐다보다'라는 뜻이에요. 보통 상대방이 이상하다는 듯한 표정이나 실망했다는 듯한 표정으로 쳐다볼 때, 노려볼 때 많이 씁니다.

I don't know about you, but...

넌 어떨지 모르겠는데, ~

'넌 어떨지 모르겠는데……', '네가 어떻게 생각하는지는 모르겠지만……'이라고 말하면서 상대방에게 자신의 의견을 말하거나 자신이 하고 싶은 일에 대해 말할 때 씁니다. I don't know about you, but 뒤에 자신이 할 말을 하면 되는 것이죠.

STEP 1 패턴 집중 훈련

넌 어떨지 모르겠는데, 난 배가 고프네.
I don't know about you, but I'm getting hungry.

넌 어떨지 모르겠는데, 난 잘래.
I don't know about you, but I'm going to bed.

넌 어떨지 모르겠지만, 난 이게 지긋지긋해.
I don't know about you, but I've had enough of this.

넌 어떻게 생각할지 모르겠는데, 걔 괜찮은 여자 같던데.
I don't know about you, but she seemed like a nice girl.

have had enough of... ~이라면 지긋지긋하다

STEP 2 리얼 회화 연습

A *Me and my girlfriends are having a *girls' night out. Wanna join us?

B *I'll pass. I'm just gonna stay home.

A 넌 어떨지 모르겠지만, 금요일 밤에 집에 있는 건 난 별로야.

B It's not so bad sometimes.

A 나랑 내 친구들끼리 모여서 놀기로 했어. 같이 갈래?
B 난 됐어, 괜찮아. 난 그냥 집에 있을래.
A I don't know about you, but staying home on a Friday night is not my idea of fun.
B 가끔은 이것도 나쁘지 않아.

girlfriend 연인의 의미인 '여자 친구' 외에도 여자들끼리 동성 친구들을 가리킬 때 많이 씀(남자들끼리는 boyfriend를 이런 의미로 쓰지 않음)

- 원래 주어 자리에는 My girlfriends and I라고 해야 하지만, 네이티브들이 회화 시에 Me and… 형태로 많이 씁니다.
- girls' night out은 여자들끼리 밤에 모여서 함께 노는 것을 뜻해요.
- I'll pass.는 상대방의 제안을 사양할 때 "난 됐어.", "괜찮아."라는 뜻으로 정말 많이 쓰는 표현입니다.

You knew full well...

너 ~이라는 거 잘 알고 있었잖아

어떤 일을 저질러 놓고 후회하는 상대방에게 '너도 다 알고 있었으면서 뭘 그래~'라는 뉘앙스로 핀잔을 줄 수 있죠? 바로 이럴 때 쓰는 패턴이 You knew full well…입니다. 이 뒤에는 명사류를 쓰면 돼요.

유사패턴 You knew perfectly well… ‖ You knew only too well… ‖ You knew exactly...

STEP 1 패턴 집중 훈련

너 걔가 무슨 말 할지 잘 알고 있었잖아.	**You knew full well** what she was gonna say.
너 그 일과 관련된 위험을 (그 일에 어떤 위험이 따를지) 잘 알고 있었잖아.	**You knew full well** the risks involved.
너 그가 어떤 남자인지 잘 알고 있었잖아.	**You knew full well** what kind of man he is.
너 걔가 무슨 뜻으로 그 말 한 건지 다 알고 있었잖아.	**You knew full well** what he meant.
너 어떤 상황인지 잘 알고 끼어든 거잖아.	**You knew full well** what you were getting into.

risk 모험, 위험 get into… ~에 끼어들다, 가담하다, (어떤 상황에) 처하다

STEP 2 리얼 회화 연습

A *I'm screwed. I shouldn't have let Jack talk me into it.

B 너도 다 알면서 거기에 끼어든 거잖아.

A Yeah, but I didn't think it would get this big!

B It's time you learn to be responsible for your actions.

A 나 망했어. 잭이 하자는 대로 하는 게 아니었는데 말이야.
B You knew full well what you were getting into.
A 응, 그치만 난 이렇게 일이 커질 줄은 몰랐다고!
B 너도 이제 네 행동에 대해 책임지는 것을 배울 때가 됐어.

talk ~ into… ~가 …을 하도록 설득하다[꼬드기다] this [부사] 이 정도로, 이렇게

- I'm screwed.는 "나 망했어.", "나 큰일났어."라는 뜻으로, 회화에서 많이 쓰이는 표현이에요. screwed 대신 f*cked를 쓰기도 하는데, 이는 심한 욕이니 조심해서 써야겠죠?

Knowing...,

내가 ~를 아니까 하는 말인데,

누군가에 대해 잘 알아서 '걔가 뭐라고 할지 뻔~히 보인다'라는 말을 할 때가 많죠? 바로 이때 Knowing... 패턴을 쓰면 됩니다. 'Knowing+사람'을 쓴 다음에 뻔히 보이는 상황을 말해 주면 되는 것이죠.

유사패턴 If I know..., ‖ From what I've seen of...,

STEP 1 패턴 집중 훈련

내가 새라를 아니까 하는 말인데, 걘 안 된다고 할 거야. **Knowing Sarah, she's going to say no.**

내가 에이미를 아니까 하는 말인데, 내가 걔한테 또 말해 줘야 될 거야. **Knowing Amy, I'm gonna have to tell her again.**

내가 매트를 아니까 하는 말인데, 걘 거기 가면 여자들한테 작업 걸려고 할 거야. **Knowing Matt, he'll be trying to pick up women there.**

내가 널 아니까 하는 말인데, 너 시간에 겨우 맞출걸. **Knowing you, you'll barely make it on time.**

pick ... up (또는 pick up ~) ~를 픽업하다, (이성에게) 작업 걸다 **make it on time** 시간에 맞춰 일을 마치다, 약속 장소에 나오다

STEP 2 리얼 회화 연습

A **I can't seem to find my scarf anywhere.**

B **Didn't you lend it to Nuri?**

A **Oh, that's right!**
걔를 아니까 하는 말인데, 걔 그거 아마 집에 두고 왔을 거야. (걔 또 분명히 집에 두고 왔을 거야)

B ***I know, right? She's the most forgetful person I know.**

A 내 스카프가 아무 데도 안 보여.
B 너 그거 누리한테 빌려 준 거 아니야?
A 아, 그랬지!
Knowing Nuri, she probably left it at home.
B 그치? 내가 아는 사람 중에 걔가 건망증이 제일 심해. (걔만큼 건망증이 심한 애가 없다니까)

forgetful 건망증이 심한, 잘 잊어버리는

• I know, right?이라는 표현은 상대방의 말에 공감을 표현할 때 "그치?", "그러게 말이야!"라는 뜻으로 쓰여요.

...before you know it

금방 ~할 거야 / 너도 모르는 사이에 ~할 거야

before you know it은 직역하면 '네가 알기 전에'라는 뜻이 되죠? 그래서 이 패턴은 '너도 모르는 사이에', 즉 '금방', '엄청 빨리', '갑작스럽게' 어떤 일이 일어날 거라고 말할 때 씁니다.

유사패턴 ...very soon ‖ ...in the blink of an eye

너 금방 영어 실력 늘 거야.	**Your English will get better before you know it.**
너도 모르는 사이에 그거 끝날 거야.	**It'll be over before you know it.**
너도 모르는 사이에 익숙해질 거야.	**You'll get used to it before you know it.**
너 금방 돈 다 떨어질 거야.	**You'll be broke before you know it.**
걔가 금방 여기 올 거야.	**Before you know it, he will be here.**

broke 무일푼의, 빈털터리의(=penniless)

STEP 2 리얼 회화 연습

A **I bought the new Prada bag!**

B **Are you sure you should be *blowing all that money?**
그러다간 너 금세 돈 다 거덜 날 거야.

A **It's okay. Tomorrow is my payday.**

B ***Still, you should watch how you spend your money.**

A 나 이번에 새로 나온 프라다 가방 샀다!

B 너 돈 그렇게 날려도 되는 거 맞아?
You'll be *flat broke before you know it.

A 괜찮아. 내일 봉급날이야.

B 그래도 그렇지, 돈을 어떻게 쓰는지 주의해야지. (돈을 봐 가면서 써야지)

watch 주의하다, 조심하다

- blow는 여기서처럼 '돈을 펑펑 써 버리다', '돈을 날리다'라는 뜻으로도 쓰여요.
- 회화에서는 Still로 문장을 시작해서 '(아무리) 그래도 말이야', '그래도 그렇지'라는 뜻으로 많이 쓰여요.
- broke 앞에 flat을 써서 flat broke라고 하면 broke를 강조하는 말이 돼요. '완전 거덜 난', '돈이 한 푼도 없는' 이렇게 더 강한 의미가 되는 것이죠.

Unit

06 gonna&wanna

Q 다음 말을 영어로 만들어 볼까요?

- 네가 걔한테 데이트 신청할 리가 없어.

  _______________ ask her out.

- 걔랑 친구 하지 않는 게 좋을 거야.

  _______________ be friends with her.

- 폭풍이 있게 될 거야.

  _______________ be a storm.

- 나 걔한테 뭐라고 말하지?

  _______________ tell him?

- 난 그것에 대해서 생각 좀 해 봐야겠어.

  _______________ think about it.

- 너 선택을 해야 할 거야.

  _______________ make a choice.

- 넌 이 영화 보고 싶을걸.

  _______________ watch this movie.

정답 _ You're not going to | You don't want to | There's going to | What am I going to | I'm going to have to | You're going to have to | You're gonna wanna

You're not going to/gonna...

넌 ~하지 않을 거야 / 네가 ~할 리가 없어

You're not gonna... 패턴은 '넌 그거 안 할 거야'라고 상대방이 할 행동에 대해 예측할 때, 또는 '네가 그런 걸 할 리가 없지', '넌 그거 못해'라는 식으로 자신 있게 얘기할 때 정말 많이 쓰입니다.

유사패턴 You won't... ‖ You're never gonna... (강한 표현)

STEP 1 패턴 집중 훈련

넌 이걸 **믿지 않을 거야.** (엄청 놀라운 얘기 하나 해 줄게) — **You're not gonna** believe this.

넌 이걸 전혀 좋아**하지 않을 거야.** (이거 네 맘에 안 들 거야 / 좋은 소식이 아니야) — **You're not gonna** like this at all.

네가 걔한테 데이트 신청**할 리가 없어.** — **You're not gonna** ask her out.

너 나 고자질**하지 않을 거야.** (넌 나 고자질 못할걸) — **You're not gonna** tell on me.

넌 실패**하지 않을 거야.** 믿음을 좀 가져 봐. — **You're not gonna** fail. Have some faith.

tell on... ~를 고자질하다

STEP 2 리얼 회화 연습

A Hey, he told you specifically not to look at his cell phone.
It's his privacy!

B Relax. He won't suspect a thing.
I just want to see how many girls he has on his contact list.

A What's that *got to do with you?
And I can tell him you looked, you know.

B 너 걔한테 아무 말도 안 할 거잖아. (말 안 할 거 다 아는데 왜 그래)

A 야, 걔가 자기 핸드폰 보지 말라고 너한테 분명히 말했잖아.
그건 걔 사생활이라고!

B 안심해. 걔는 아무것도 의심하지 않을 거야. (걔는 전혀 눈치채지 못할 거야)
주소록에 여자가 몇 명 입력되어 있는지만 보고 싶어서 그래.

A 그게 너하고 무슨 상관이야?
그리고 네가 봤다고 내가 걔한테 말할 수도 있잖아.

B You're not gonna say anything.

specifically 구체적으로, 특별히, 분명히, 명확하게 contact(s) list 주소록

- A have (got) to do with B는 'A가 B와 관련 있다', '상관있다'라는 뜻입니다. 그래서 What's that got to do with you?는 "그게 너랑 무슨 상관이야?"라는 뜻이 됩니다. What does that have to do with you? 라고 말해도 좋아요.

You don't want to/wanna...

~하지 않는 게 좋을 거야

You don't want to...는 직역하면 '넌 ~를 원하지 않을 거야'인데, 회화에서는 이게 의역되어서 '~하지 않는 게 좋을 거야'라는 뜻으로 쓰입니다. 충고하거나 협박할 때 쓸 수 있어요. 하지 않는 게 좋으니까 너도 하길 원하지 않을 거라고 말을 하는 것이죠.

유사패턴 You shouldn't... ∥ You'd better not...

STEP 1 패턴 집중 훈련

걔랑 친구 하지 않는 게 좋을 거야.	**You don't want to** be friends with her.
넌 그것에 대해 모르는 게 좋을 거야.	**You don't wanna** know about it.
그런 남자는 믿지 않는 게 좋을 거야.	**You don't wanna** put your trust in a guy like that.
걔 있을 때 그 얘기 꺼내지 않는 게 좋을 거야.	**You don't wanna** bring up that topic around him.
네 상사를 거스르지 않는 게 좋을 거야.	**You don't want to** cross your boss.

put one's trust in... ~을 믿다 cross ~을 거스르다, 화나게 하다

STEP 2 리얼 회화 연습

A I have a massive hangover.
And I can't remember a thing from last night.

B 네가 뭘 했는지 모르는 게 좋을 거야. It wasn't *pretty.

A Uh... what did I do?

B I'll just say this.
Don't drink when you're out on a date with a guy.

A 숙취가 장난 아니야.
어젯밤 일은 하나도 기억 안 나고 말이야.

B You don't want to know what you did. 별로 보기에 좋진 않았거든.

A 어…… 내가 뭘 했는데?

B 이 말만 할게. 너 남자랑 데이트할 때 술 마시지 마.

massive 엄청난 hangover 숙취

• pretty는 not과 함께 쓰여서 '보기 안 좋은', '유쾌하지 않은'이라는 뜻으로도 많이 쓰여요.

There's going to/gonna be...

~이 있게 될 거야

There is…는 '~이 있다'라는 뜻이니까, There's going to be…는 '~이 있게 될 거야', '~이 있을 예정이야'라고 미래에 무언가가 있을 것이라고 말할 때 씁니다.

유사패턴 There will be…

STEP 1 패턴 집중 훈련

폭풍이 있게 될 거야.	**There's going to be** a storm.
중요한 사람들이 많이 있을 거야/올 거야.	**There's gonna be** lots of important people.
한강에서 불꽃놀이가 있을 거래.	**There's going to be** fireworks at the Han River.
영화관에 줄이 길 거야.	**There's gonna be** a long line at the movies.
걔가 알게 되면 큰일 날 거야.	**There's gonna be** hell to pay if he finds out.

hell to pay 엄청난 대가, 뒤탈

STEP 2 리얼 회화 연습

A Maybe I should have worn the other suit.
Do I look okay?

B Yes, you look great. Why are you so nervous?

A 오늘 밤 파티에 주요 인사들이 다 올 거거든.
I have to make a good impression.

B Just be yourself, and you'll be fine. Good luck!

A 다른 양복을 입을걸 그랬나 봐.
나 괜찮아 보여?

B 응, 아주 멋져. 근데 왜 그렇게 긴장하고 있어?

A There's going to be all the important people at the party tonight.
좋은 인상을 남겨야 돼.

B 평소의 너답게 행동해. 그러면 잘될 거야. 행운을 빌어!

What am I going to/gonna...?

나 뭘 ~하지?

당황했거나 막막해서 어찌해야 좋을지 모르겠을 때, 대책이 안 서는 상황이 생겼을 때 What am I going to...? 패턴을 쓰면 딱 좋답니다.

유사패턴 What will I...? ‖ What do I...? ‖ What should I...?

STEP 1 패턴 집중 훈련

나 뭘 하지? (나 어쩌지?)	What am I going to do?
나 걔한테 뭐라고 말하지?	What am I gonna tell him?
나 걔 생일 선물로 뭘 사 주지?	What am I going to buy for his birthday?
이 남은 음식 갖고 뭘 하지? (이 남은 음식을 어떻게 다 처리하지?)	What am I gonna do with all this leftover food?
나 걔하고 무슨 얘기를 하지?	What am I gonna talk about with him?

STEP 2 리얼 회화 연습

A Oh my God, my date is in 2 hours.
나 뭐 입지? 무슨 말 하지?
What if *my mind goes blank and I *clam up?

B Calm down. Is this your first date with him?

A No, it's our second one.

B That's good, isn't it? It means the first one went pretty well.

A 오 마이 갓, 데이트가 2시간밖에 안 남았어.
What am I gonna wear? What am I gonna say?
갑자기 머릿속이 하얘지고 말문이 막히면 어쩌지?

B 진정해. 이번이 그 남자하고 첫 번째 데이트야?

A 아니, 두 번째야.

B 그건 좋은 거잖아, 안 그래? 첫 번째가 꽤 괜찮았다는 뜻이니까.

요건덤

- one's mind goes blank는 '머릿속이 비다', '머릿속에 아무것도 떠오르지 않다'라는 뜻이에요.
- clam up은 긴장되거나 수줍음을 타서 '말문이 막히다'라는 뜻이에요. clam이 '조개'라서, 조개처럼 입이 닫힌다고 표현을 하는 것이죠.

pattern 043 I'm going to/gonna have to...

난 ~해야 할 거야 / 나 ~해야겠어

I'm going to have to… 패턴은 I have to에 be going to를 붙여서 미래시제로 표현한 것입니다. '난 ~을 해야 할 거야', '~을 해야겠어'라는 뜻이죠.

유사패턴 I'll have to… ‖ I'm gonna need to…

STEP 1 패턴 집중 훈련

내가 그걸 믿으려면 그걸 **봐야겠는걸**. (내가 직접 볼 때까진 안 믿어)	**I'm gonna have to** see it to believe it.
난 그것에 대해서 생각 좀 **해 봐야겠어**.	**I'm going to have to** think about it.
난 걔 쪽 이야기도 들어 **봐야겠어**.	**I'm gonna have to** listen to his side of the story as well.
난 밤샘**해야 할 거야**.	**I'm gonna have to** pull an all-nighter.
이번에는 내 직감대로 **해야겠어**.	**I'm gonna have to** go with my gut this time.

pull an all-nighter 밤샘하다 go with one's gut 직감이 시키는 대로 하다, 직감대로 하다

STEP 2 리얼 회화 연습

A You want me to work at your company?

B I think you'd be perfect for the position.

A Thank you, but it's all so sudden. 하룻밤 자면서 생각해 봐야겠어.
Can I call you with an answer tomorrow?

B Of course. I didn't expect an answer right away anyway.

A 나더러 너네 회사에서 일하라고?

B 내 생각엔 그 자리가 너한테 딱 맞을 것 같아.

A 고마운데, 너무 갑작스러워서. I'm going to have to *sleep on it.
내가 내일 전화해서 답해 줘도 될까?

B 물론이지. 어차피 바로 답해 줄 거라고 기대하진 않았어.

요건덤

- sleep on…은 '~에 대해 하룻밤 자면서 생각하다'라는 뜻이에요. 즉 바로 결정을 못하겠으니까 시간을 좀 달라고 할 때 쓰면 좋은 것이죠.

044 You're gonna have to...

너 ~해야 할 거야

You're gonna have to… 패턴은 상대방이 해야 할 일을 말해 줄 때, 또는 충고나 제안을 할 때 쓸 수 있습니다.

유사패턴 You'll have to...

STEP 1 패턴 집중 훈련

너 걔한테 직접 물어봐야 할 거야.	You're gonna have to ask him directly.
넌 기준치를 낮춰야겠어. (눈 좀 낮춰야겠어)	You're gonna have to lower your standards.
너 선택을 해야 할 거야.	You're gonna have to make a choice.
너 사실을 받아들여야 할 거야.	You're gonna have to face the facts.
넌 그걸 얻으려면 노력해야 할 거야.	You're going to have to work for it.

face the facts (나쁜) 사실을 받아들이다, 현실을 직시하다 **work for it** (원하는 것을) 얻기 위해 노력하다

STEP 2 리얼 회화 연습

A Why are you so *mopey?
Are you still thinking about your ex?

B I keep thinking that I should've begged him to stay.

A 너 그런 생각 좀 그만해야겠어.
It's unhealthy.

B I can't help myself. I miss him so much.

A 왜 그렇게 기운이 없어?
아직도 전 남친 생각하는 거야?

B 빌어서라도 그 남자를 붙잡았어야 한다는 생각이 자꾸 들어.

A You're gonna have to stop doing that.
(정신) 건강에 좋지 않아.

B 나도 어쩔 수 없는걸. 그가 너무 보고 싶어.

요건덤

- mopey는 '축 늘어진', '기운 없는', '시무룩한'이라는 뜻이에요. 동사형은 mope (about/around)이죠. Stop moping. / Stop moping about. / Stop moping around. (그만 좀 축 늘어져 있어.)

You're gonna wanna...

너 ~하고 싶어질걸 / ~하는 게 좋을걸

'너 지금은 몰라도 나중에 이거 하고 싶어질걸', '이거 안 하면 나중에 후회할걸', 이런 식으로 미리 충고하거나 제안할 때 쓰면 좋은 패턴이 바로 You're gonna wanna…입니다. 미래시제인 be going to와 want to가 합쳐져 미래에 어떤 것을 원할 거라는 뜻이 됩니다.

유사패턴 You'll wanna...

STEP 1 패턴 집중 훈련

너 이 책 읽고 싶을걸. (안 읽으면 후회할걸) — **You're gonna wanna read this book.**

넌 이 영화 보고 싶을걸. (안 보면 후회할걸) — **You're gonna wanna watch this movie.**

너 이 얘기 듣고 싶을걸. (안 들으면 후회할걸) — **You're gonna want to hear this.**

넌 이것에 대해 모든 사람들한테 말하고 싶어질걸. — **You're gonna wanna tell everyone about this.**

너 이 부분에는 집중하는 게 좋을걸. — **You're gonna wanna pay attention to this part.**

STEP 2 리얼 회화 연습

A **I'm going to try the samgyetang place I saw on your blog.**

B 거기에 12시 전에 가는 게 좋을 거야.
***That is, if you don't want to wait in line.**

A **Wow. I guess it really *is all the rage.**

B **Yeah. Last time I went there, I waited in line for 1 hour!
It was worth the wait though.**

A 나 네 블로그에서 본 삼계탕 집에 가 보려고 해.
B You're gonna wanna get there before noon.
그게 말이야, 줄 서서 기다리기 싫다면 말이지.
A 와우. 정말 엄청 잘나가는 곳인 거 맞나 보네.
B 응. 내가 거기 지난번에 갔을 때, 줄 서서 1시간이나 기다렸다니까!
그래도 기다린 보람이 있었어.

though 하지만, 그런데(문장 끝에 씀)

- that is (to say)는 '그게 말이야', '말하자면'이라는 뜻으로, 앞의 말에 대해 추가 설명을 할 때 많이 쓰는 표현이에요.
- be all the rage는 '엄청 인기 있다', '유행이다'라는 뜻이에요.

Unit
07 think

Q **다음 말을 영어로 만들어 볼까요?**

- 난 여기 좀 더 있을까 해.

  ______________ stay here.

- 난 내가 여기서 일하게 될 거라고는 생각도 못했어.

  ______________ work here.

- 누가 네가 제일 먼저 결혼할 줄 알았겠어?

  ______________ you'd be the first to get married?

- 지금 생각해 보니까, 그 사람 어디서 본 적 있어.

  ______________, I've seen him somewhere.

- 난 네가 승진할 자격이 있다고 생각해.

  ______________ a promotion.

정답 _ I think I'm gonna | I never thought I would | Who would've thought | Come to think of it | I think you deserve

I think I'm going to/gonna...

나 ~할까 해 / 나 ~할 것 같아

I'm going to 앞에 I think를 붙이면 의미가 약해져요. '나 ~할 거야'가 아니라 '나 ~할 것 같아', '나 ~할까 해'라는 뜻으로 바뀌는 것이죠.

유사패턴 I'm probably gonna... ‖ I think I'll... ‖ I should probably...

STEP 1 패턴 집중 훈련

나 오늘 밤에 다운타운에 갈까 해. **I think I'm gonna go downtown tonight.**

나 죽을 것 같아. 너무 아파! **I think I'm going to die. It hurts so much!**

나 그냥 메건한테 사과할까 해. **I think I'm just gonna apologize to Megan.**

난 여기 좀 더 있을까 해. **I think I'm gonna stay here a little longer.**

나 토할 것 같아. **I think I'm going to be sick.**

be sick 속이 안 좋다, 토하다(=vomit, throw up)

STEP 2 리얼 회화 연습

A **You look like you haven't slept in days.**

B **Do I look that bad?**

A **You have raccoon eyes.**
Why don't you *call it a day and head home?

B 네 충고를 들을까 해. (들어야겠어) **I'll see you tomorrow.**

A 너 며칠 동안 잠 못 잔 것 같아 보여.

B 그렇게 안 좋아 보여?

A 눈이 너구리 눈이 됐어. (다크서클이 엄청나)
오늘 일 그만하고 집에 가지 그래?

B I think I'm gonna take your advice. 내일 보자.

- call it a day는 '~을 그만하기로 하다'라는 뜻이에요. 특히 피곤하거나 이쯤이면 됐다 싶어서 하던 일을 그만할 때 씁니다. 참고로 밤에 하던 일을 그만한다고 할 때는 call it a night이라고 한답니다.

I never thought I would...

난 내가 ~할 거라고는 생각도 못했어

'이렇게 될 줄은 전혀 몰랐어' 같은 말을 할 때 I never thought I would... 패턴을 쓰면 좋아요. I didn't think I would...보다 더 강한 의미로, '내가 ~할 거라고는 전혀 생각도 못했어'라는 뜻이 되는 것이죠.

유사패턴 I never imagined I would... ‖ Never did I think I would...

STEP 1 패턴 집중 훈련

난 내가 여기 돌아올 거라고는 생각도 못했어. **I never thought I would come back here.**

난 내가 여기서 일하게 될 거라고는 생각도 못했어. **I never thought I would end up working here.**

난 내가 이 말 하게 될 거라고는 생각도 못했지만, 네가 맞아. **I never thought I'd say this, but you're right.**

난 내가 이렇게 바보 같은 속임수에 넘어갈 거라고는 생각도 못했어. **I never thought I'd fall for such a stupid trick.**

end up... 결국에 ~하게 되다 fall for... ~에 속아 넘어가다, ~에 반하다

STEP 2 리얼 회화 연습

A **I think I'm falling in love with Yoori.**

B **Oh, it's getting serious with her, huh?**

A **Yeah, and the *crazy thing is she's not even my type.**
난 내가 걔 같은 여자한테 반할 줄은 생각도 못했어.

B ***It happens.**

A 나 유리하고 사랑에 빠지는 것 같아. (유리를 단순히 좋아하는 게 아니라 사랑하게 된 것 같아)
B 오, 그 여자랑 꽤 진지해지는구나, 응?
A 응, 근데 이해가 안 되는 건 걘 원래 내 타입도 아니라는 거야.
I never thought I'd fall for a girl like her.
B 그럴 때도 있지.

요건덤

- crazy는 보통 '미친'이라는 뜻이지만, 이 대화에서처럼 '이해하기 어려운', '말이 안 되는', '상식적으로 납득이 안 가는'이라는 뜻으로도 정말 많이 쓰여요.
- It happens.는 "그런 일도 있게 마련이지.", "그럴 때도 있지."라는 뜻으로 회화에서 많이 쓰입니다.

pattern 048

Who would've thought (that)...?

누가 ~할 줄 알았겠어?

전혀 예측하지 못했던 일에 대해 놀라움을 표시할 때 '누가 그럴 줄 알았겠어?'라고 말을 하죠? 이때 Who would've thought (that)...? 패턴을 써서 말하면 됩니다. thought 뒤에는 '주어+동사'가 오고요.

유사패턴 No one would've thought (that)... ‖ Nobody would've thought (that)... ‖ No one would've guessed (that)...

STEP 1 패턴 집중 훈련

누가 우리가 친구가 될 줄 알았겠어? **Who would've thought that we would become friends?**

누가 네가 제일 먼저 결혼할 줄 알았겠어? **Who would've thought you'd be the first to get married?**

누가 걔가 자기 부인을 두고 바람피울 줄 알았겠어? **Who would've thought he would cheat on his wife?**

누가 그 사람이 자살할 줄 알았겠어? **Who would've thought he'd take his own life?**

take one's own life 스스로 목숨을 끊다, 자살하다

STEP 2 리얼 회화 연습

A **Congratulations on your new business!**
네가 레스토랑을 차릴 줄 누가 알았겠어?

B **I still can't believe I'm doing this.
By the way, are you coming to my opening?**

A ***Wouldn't miss it for the world!**

B **Awesome! I'll see you then. Bring lots of friends.**

A 네 새 사업 축하해! Who would've thought you would open a restaurant?
B 나도 내가 이걸 한다는 게 아직 안 믿겨져. 아 참, 너 내 개점 날에 올 거야?
A 무슨 일이 있어도 꼭 가야지!
B 좋았어! 그때 보자. 친구들 많이 데려와.

by the way 아참, 아 맞다, 그건 그렇고(대화에서 화제를 바꿀 때 씀) opening 개장, 개점(일)

요건덤

- (1) Wouldn't miss ··· for the world는 '무슨 일이 있어도 놓치지 않을 거야', '꼭 참석할게'라는 뜻이에요. 우리말의 하늘이 무너져도 무언가를 꼭 하겠다는 말과 비슷하다고 보면 됩니다.

Come to think of it,...

지금 생각해 보니까, ~ / 지금 막 생각났는데, ~

처음엔 기억이 안 났다가 문득 생각이 났거나, 전에는 별 생각 없이 지나쳤는데 지금 생각해 보니 새롭게 보이는 일에 대해 '지금 생각해 보니까 말이야……' 하면서 말을 꺼내게 되죠? 바로 이때 쓰는 패턴이 Come to think of it,...입니다. 이 뒤에는 생각난 일을 써 주면 돼요.

유사패턴 Now that I think about it,...

STEP 1 패턴 집중 훈련

지금 생각해 보니까, 걔가 그 얘기를 잠깐 언급하긴 했어.	**Come to think of it, he did mention it briefly.**
지금 생각해 보니까, 그 사람 어디서 본 적 있어.	**Come to think of it, I've seen him somewhere.**
지금 생각해 보니까, 걔가 비밀스러운 표정을 짓고 있었어.	**Come to think of it, she had a secretive look.**
지금 생각해 보니까, 네 말이 맞는 것 같아.	**Come to think of it, I guess you're right.**

STEP 2 리얼 회화 연습

A **Did you know that Sandra was bipolar?**

B **I had no idea! How bad is it?**

A **Apparently, she can't *get through the day without her meds.**

B **Poor Sandra.** 지금 생각해 보니까, 걔가 툭 하면 약을 먹던 게 기억이 나긴 해.

A 너 샌드라가 조울증이라는 거 알았어?

B 전혀 몰랐어! 얼마나 심각하대?

A 듣자 하니 약 없이는 하루를 버틸 수가 없나 봐.

B 어쩜 샌드라 안됐다. Come to think of it, I remember her *popping pills.

bipolar 조울증의, 조울증을 앓는 **apparently** 듣자 하니, 보아 하니 **meds** 약(=medication)

- get through the day는 '하루를 보내다', '하루를 버텨내다'라는 뜻이에요.
- pop pills는 '약을 너무 자주 먹다' 또는 '약을 너무 많이 먹다'라는 회화 표현이에요. pill이 '약'이라는 뜻이거든요.

I think you deserve...

난 네가 ~할 자격이 있다고 생각해

I think you deserve... 패턴은 상대방이 어떤 것을 받거나 원할 자격이 있다고 얘기할 때 쓰면 좋습니다. deserve 뒤에는 주로 (대)명사나 'to+동사원형'을 써요.

유사패턴 I think you have the right to... ‖ I think you're entitled to...

STEP 1 패턴 집중 훈련

난 네가 더 나은 사람하고 사귈 자격이 있다고 생각해. **I think you deserve someone better.**

난 네가 승진할 자격이 있다고 생각해. **I think you deserve a promotion.**

난 네가 칭찬 받을 자격이 있다고 생각해. (잘했어) **I think you deserve a pat on the back.**

난 네가 스스로를 너무 몰아붙이지 않아도 된다고 생각해. **I think you deserve to give yourself a break.**

a pat on the back 등 두드려 주기, 칭찬하기, 격려하기 **give ... a break** ~에게 너무 엄하게 하지 않다, ~를 너그럽게 봐주다

STEP 2 리얼 회화 연습

A **I'm so sleepy. I can barely keep my eyes open.**

B **You stayed up all night working on your report with Eddy?**

A **Yeah, but I had to do it all because he was busy.**

B **You should just leave his name out of the report.**
난 네가 혼자 했다고 공을 차지할 자격이 충분히 있다고 생각해. (너 혼자 다 했다고 해도 돼)

A 너무 졸려. 눈도 못 뜨겠어.
B 에디하고 리포트 작성하느라고 밤새웠나 봐?
A 응, 근데 걔가 바빠서 내가 다 했어.
B 걔 이름은 리포트에서 그냥 빼. I think you deserve to *take all the credit.

stay up all night 밤새우다 **leave ~ out of...** ~를 …에서 빼다[제외시키다]

- take credit (for ~)는 '~에 대한 공을 차지하다', '인정받다'라는 뜻이에요. 그러니까 어떤 일을 해내고는 자기가 했다고 티를 내거나 생색을 낼 때 쓰면 좋겠죠.

Unit 08 see&look

Q 다음 말을 영어로 만들어 볼까요?

- 나 네가 무슨 말 하려는 건지 알아.
  ________ what you're saying.

- 난 네가 왜 불평을 하는지 모르겠어.
  ________ why you're complaining.

- 뭔가 잘못됐다는 걸 알 수 있어.
  ________ something's wrong.

- 걔가 너한테 무슨 짓을 하고 있는지 모르겠단 말이야?
  ________ what he's doing to you?

- 내가 뭔가 마실 게 있는지 찾아볼게.
  ________ if I can find something to drink.

- 내가 보기엔 말이야, 걔가 널 이용하고 있는 거야.
  ________, he's taking advantage of you.

- 난 걔네 둘이 사귄다는 게 상상이 안 돼.
  ________ the two of them going out.

- 나 다음 달에 새 차를 사려고 해.
  ________ buy a new car next month.

정답 _ I see | I don't see | I can see | Can't you see | I'll see | The way I see it | I can't see | I'm looking to

I see + 의문사...

나 ~인지 알겠어/알아

see는 '보다'라는 뜻 말고 '알다', '이해하다'라는 뜻으로도 많이 쓰여요. 그래서 'I see+의문사…' 패턴은 뭔가가 이해나 납득이 된다고 할 때, 뭔가를 깨달았을 때 많이 씁니다. 이때 'I see+의문사' 뒤에는 '주어+동사'를 써 주면 돼요.

유사패턴 I understand+의문사... ‖ I know+의문사...

STEP 1 패턴 집중 훈련

나 네가 무슨 말 하려는 건지 알아.	**I see what** you're saying.
왜 걔가 나한테 화난 건지 이제 알겠어.	**I see why** he is angry at me now.
걔가 나한테 무슨 말을 하려던 건지 이제 알겠어.	**I see** now **what** he was trying to tell me.
네 말뜻이 뭔지 알겠어. (네가 하고자 하는 말이 뭔지 알겠어)	**I see what** your point is.
나 네가 왜 그렇게 생각하는지 알겠어. (네가 그렇게 생각하는 것도 납득이 돼)	**I see why** you would think that way.

STEP 2 리얼 회화 연습

A **The job market today is horrible! The future seems so bleak.**

B **Everyone's so focused on their *qualifications.**
GPAs, TOEIC scores, networking… so much to think about!

A **I know! I feel like I'm falling behind everyone else.**

B 무슨 말인지 알겠어.
And the depressing thing is it's hard even with those qualifications.

A 요즘 취업 시장이 최악이야. 미래가 참 암울해 보여.

B 모두들 스펙에 초점을 맞추더라고.
학점, 토익 점수, 인맥 관리…… 생각해야 될 게 너무 많아!

A 그러게 말이야! 다른 사람들한테 뒤처지는 것 같아.

B I see what you mean.
게다가 우울한 건 그런 스펙을 쌓아도 (취업이) 어렵다는 점이야.

bleak 암울한, 절망적인 **GPA** 평점(=grade point average) **networking** 인적 네트워크 형성, 인맥 형성 **fall behind** 뒤처지다

• qualifications는 우리가 흔히 말하는 '스펙'을 뜻해요. '스펙'은 specifications의 준말인데, 이게 영어로는 '설명서', '명세서', '제품 사양'이라는 뜻이에요. 따라서 우리가 말하는 '스펙'은 영어로 qualifications라고 해야 해요. qualification(s)이 (시험이나 교육을 거쳐 얻는) '자격(증)', '자질'을 뜻하니까요.

pattern 052 I don't see + 의문사...

난 ~을 모르겠어/모르겠는데

I see...가 '~을 알겠어'라는 뜻이니까, I don't see...는 반대로 모르겠다는 말을 할 때 쓸 수 있겠죠? 이때도 마찬가지로 의문사절을 써서 문장을 이어 주면 됩니다.

유사패턴 I don't know+의문사... ‖ I don't understand+의문사...

STEP 1 패턴 집중 훈련

네가 왜 나한테 소리를 지르는 건지를 모르겠어. **I don't see why you're yelling at me.**

난 네가 왜 불평을 하는지 모르겠어. **I don't see why you're complaining.**

난 뭐가 문제인지를 모르겠는데. (뭐가 문제라고 난리야?) **I don't see what the problem is.**

네가 왜 이걸 나한테 비밀로 했는지 모르겠어. **I don't see why you kept this a secret from me.**

난 이게 우리하고 무슨 상관이 있는지 모르겠어. **I don't see what this has to do with us.**

A have something to do with B A가 B와 관계 있다

STEP 2 리얼 회화 연습

A So *what if I took a peek at your diary? We're friends.

B It's an invasion of my privacy.
Friends should still *respect each other's boundaries.

A Honestly, 그게 뭐가 그렇게 큰일인지 모르겠어.

B Why can't you just admit that it's your fault and say sorry?

A 그래서 내가 네 일기 좀 봤다고 뭐가 어쨌다는 거야? 우린 친구잖아.

B 내 사생활 침해잖아.
친구라 해도 지킬 건 지켜야지.

A 솔직히 말해서, I don't see what the big deal is.

B 왜 그냥 잘못했다고 인정하고 사과하지를 않는 거야?

take a peek at... ~을 엿보다, 몰래 보다 big deal 대단한 일, 큰일

요건덤

- what if...?는 '~이라면 어쩌지?' 하고 걱정할 때 많이 쓰지만, '~이 어쨌다고 그래?'라고 뻔뻔하거나 당당하게 말할 때도 씁니다.
- respect (one's) boundaries라고 하면 '(어떤 사람의) 영역을 존중해 주다'라는 뜻이에요. 그러니까 인간관계에 있어서 상식적으로 침범하면 안 되는 개인적인 선을 넘지 않고 지킬 건 지켜 준다는 의미이죠.

pattern 053

I can see (that)...

~이라는 걸 알 수 있어

눈치를 보니까 상대방의 기분이 안 좋아 보일 때, '네 표정만 봐도 너 화난 거 알 수 있어' 같은 말을 할 수 있겠죠? I can see (that)... 패턴은 이렇게 상대방에 대한 이해심, 공감을 표현할 때 쓰면 좋은 패턴이에요. that 뒤에는 '주어+동사'를 쓰면 되고요.

유사패턴 I can tell (that)...

STEP 1 패턴 집중 훈련

뭔가 잘못됐다는 걸 알 수 있어. **I can see something's wrong.**

네가 울고 있었다는 걸 알 수 있어. **I can see that you've been crying.**

너희 둘이 서로 안 좋아한다는 걸 알 수 있어. **I can see you two don't like each other.**

사랑의 분위기가 감도는 걸 알 수 있는걸. **I can see that love is in the air.**

네가 재닛한테 완전 빠졌다는 걸 알 수 있어. **I can see that you're head over heels in love with Janet.**

be head over heels in love with... ~에게 완전히 사랑에 푹 빠지다

STEP 2 리얼 회화 연습

A 네가 무언가 때문에 속상해 하고 있다는 걸 알 수 있어. **What is it?**

B **Oh, it's nothing.**

A **It's not nothing if you look so down like this.**

B **Well... it's about my fiancé.**
I'm *having second thoughts about marrying him.

A I can see that you're upset about something. 무슨 일이야?

B 아, 아무것도 아니야.

A 네가 이렇게까지 우울해 보이는 걸 보면 아무것도 아닌 게 아니지.

B 저기…… 내 약혼자 때문이야.
그 사람과의 결혼이 망설여져.

down 우울한

요건덤

- have second thoughts about …은 '~에 대해서 재고하다'라는 뜻이에요. 그러니까 뭔가에 대해서 확신이 안 서서 망설여진다거나 마음을 바꿀까 생각 중이라고 말할 때 쓰면 좋은 표현이죠.

Can't you see...?

너 ~을 모르겠단 말이야?

나한테는 너무 뻔히 보이는데 상대방만 모르고 있을 때, 그 답답함을 표현하기 아주 좋은 패턴이에요. Can't you see 뒤에는 that절이 올 수도 있고, 의문사가 이끄는 절이 오기도 합니다.

유사패턴 Don't you know...? ‖ Can't you tell...?

STEP 1 패턴 집중 훈련

너 내가 왜 이렇게 속상해 하는지를 모르겠단 말이야? **Can't you see why I'm so frustrated?**

그 남자가 그냥 널 갖고 놀고 있다는 걸 모르겠단 말이야? **Can't you see that he's just playing with you?**

걔가 너한테 무슨 짓을 하고 있는지 모르겠단 말이야? **Can't you see what he's doing to you?**

네가 네 자신에게 솔직하지 못하다는 걸 모르겠단 말이야? **Can't you see that you're not honest with yourself?**

frustrated 속상하고 답답해 하는

STEP 2 리얼 회화 연습

A You *don't know the first thing about women. She doesn't *like you that way.

B But she's so nice to me.

A 그 여자가 널 좋아하는 척 착각하게 만든다는 걸 모르겠단 말이야? It's so obvious!

B Are you sure? I was certain she liked me too.

A 넌 여자에 대해 너무 몰라. 그 여자는 널 연애 대상으로 안 본다니까.
B 하지만 그 여자가 나한테 정말 잘해 준단 말이야.
A Can't you see that she's just *leading you on? 너무 뻔하잖아!
B 확실해? 난 그 여자도 날 좋아한다고 확신하고 있었는데 말이야.

obvious 명백한, 분명한, 뻔한

- don't know the first thing about…은 '~에 대해 아는 게 아무것도 없다'라는 뜻입니다.
- like … that way는 여기에서 '~를 연애 대상으로서 좋아하다'라는 뜻으로 쓰였어요.
- lead … on은 '~에게 관심 있는 척하다', 그러니까 실제로 좋아하지도 않는데 어떤 사람으로 하여금 그 사람에게 관심 있다고 착각하게 만든다고 할 때 써요. 흔히 말하는 '어장관리'와 조금 통하는 개념이죠?

I'll see...

내가 ~인지 볼게/알아볼게

I'll see...는 상대방을 위해 무언가를 알아봐 주거나 지켜보겠다고 얘기할 때 쓰는 패턴이에요. I'll see 뒤에는 what, if, how를 특히 많이 쓰는데요, 이 뒤에는 '주어+동사'를 쓰면 됩니다.

유사패턴 I'll figure out...

STEP 1 패턴 집중 훈련

내가 그 일이 어떻게 되는지 지켜볼게.	**I'll see how** it goes.
내가 널 돕기 위해 뭘 할 수 있을지 알아볼게. (도와줄 방법이 있나 알아볼게)	**I'll see what** I can do to help you.
내가 뭔가 아이디어를 생각해 낼 수 있는지 볼게. (내가 뭔가 생각해 볼게)	**I'll see if** I can think of something.
내가 뭔가 알아낼 수 있는지 알아볼게.	**I'll see what** I can find out.
내가 뭔가 마실 게 있는지 찾아볼게.	**I'll see if** I can find something to drink.

STEP 2 리얼 회화 연습

A **Did you hear? Jay was in a car accident.**
He sustained only minor injuries, thankfully.

B ***That's awful! I hope he's doing all right.**

A 내가 걔 병문안 가서 어떤지 볼게.

B **That's a great idea.**
I can't come with you, but be sure to *give him my regards.

A 너 들었어? 제이 차 사고 났대. 다행히도 가벼운 부상이라네.
B 세상에 이럴 수가! 괜찮으면 좋을 텐데.
A I'll visit him at the hospital and see how he's doing.
B 좋은 생각이야. 난 같이 갈 수 없지만, 걔한테 꼭 안부 전해 줘.

sustain injuries[an injury] 부상을 입다 **minor** 가벼운(minor injuries는 경상, 가벼운 부상)

- That's awful!은 안 좋은 소식을 듣고 놀라움을 표현할 때 쓰면 좋은 표현이에요. awful 대신 horrible, terrible을 써도 좋습니다.
- give ··· my regards 또는 give my regards to···는 '~에게 안부를 전해 주다'라는 말이에요. 여기서 regards가 good wishes라는 뜻이니까, '~가 잘 지내길[되길] 바란다고 전해 줘'라고 말할 때 쓰면 특히 좋겠죠?

The way I see it,...

내가 보기엔 말이야, ~

The way I see it으로 문장을 시작하면 '내가 보기엔 말이야', '내 관점에선 말이야'라는 뜻이 됩니다. 이 뒤에는 그냥 하고 싶은 말을 하면 되고요.

유사패턴 In my opinion,... ‖ From my perspective,... ‖ From my point of view,...

STEP 1 패턴 집중 훈련

내가 보기엔 말이야, 이미 늦었어.	**The way I see it,** it's too late.
내가 보기엔 말이야, 걔가 널 이용하고 있는 거야.	**The way I see it,** he's taking advantage of you.
내가 보기엔 말이야, 그 여자는 너한테 안 맞아.	**The way I see it,** she's not the right girl for you.
내가 보기엔 말이야, 이건 네가 혼자 해결할 수 있는 문제가 아니야.	**The way I see it,** you can't fix this on your own.

STEP 2 리얼 회화 연습

A I can't take it anymore!
I'm going to tell my husband about my affair.

B Don't do it. He won't be able to take it.

A You know how hard it is to keep a secret like this?

B Yeah, but 내가 보기엔 양심의 가책을 더는 것뿐이라고 생각해.
Think of your children.

A 더 이상 못 참겠어!
나 바람피웠다고 남편한테 말할 거야.

B 말하지 마. 네 남편은 받아들이지 못할 거야.

A 이런 걸 비밀로 하는 게 얼마나 어려운지 알아?

B 응, 하지만 the way I see it, you'll only be *clearing your conscience.
애들을 생각해.

take 감당하다, 견디다, 참다 **affair** 바람, 불륜(남녀 둘 중 한쪽이 기혼이거나 둘 다 기혼일 때)

- clear one's conscience는 '~의 양심의 가책을 덜다', '찔리는 감정을 해소하다'라는 뜻이에요. 보통 잘못한 일을 고백할 때 쓰죠. clear 대신 ease를 써도 좋아요.

I can't see + 사람...

난 (누가) ~을 한다는 게 상상이 안 돼

누군가가 어떤 행동을 한다는 게 상상이 안 될 때 있죠? 그걸 표현할 때 I can't see... 패턴을 쓰면 좋습니다. I can't see 뒤에는 행동의 주체가 되는 사람을 쓰는데, 이 뒤에는 보통 '동사+ing'를 많이 쓰고, in이나 as 같은 전치사가 오기도 해요.

유사패턴 I can't imagine... ‖ I can't picture...

STEP 1 패턴 집중 훈련

난 걔가 누군가를 때린다는 게 상상이 안 돼.	**I can't see** him hitting someone.
난 대호가 여자한테 전화번호 물어보는 게 상상이 안 돼.	**I can't see** Daeho asking a girl for her number.
난 걔네 둘이 사귄다는 게 상상이 안 돼.	**I can't see** the two of them going out.
난 내가 이런 고급 레스토랑에 있는 게 상상이 안 돼.	**I can't see** myself in a fancy restaurant like this.
난 네 형이 목사인 게 상상이 안 돼.	**I can't see** your brother as a pastor.

STEP 2 리얼 회화 연습

A I need the perfect dress for the New Year's Eve party.

B How about this one? This will definitely *turn heads.

A 내가 그렇게 화려한 걸 입은 건 상상이 안 되는데.

B But it'll look so great on you!
You need to take risks in fashion sometimes.

A 송년의 밤 파티에 입고 갈 완벽한 드레스가 필요해.

B 이건 어때? 이거 입으면 분명히 사람들이 다 돌아볼 걸.

A I can't see myself wearing something so flashy.

B 그치만 너한테 너무 잘 어울릴 거야!
때로는 패션에서 모험을 할 필요가 있다고.

flashy 요란한, 현란한

- turn heads는 '지나가는 사람들이 모두 고개를 돌려서 한 번 더 보게 만들다', 즉 '관심의 대상이 되게 하다', '시선을 끌다'라는 뜻이에요. 정말 멋지거나 화려한 것에 대해 얘기할 때 쓰면 좋은 표현이죠.

I'm looking to...

나 ~하려고 해 / ~할 예정이야 / ~할 생각이야

I'm looking to...는 뭔가를 할 계획이거나 예정이라고 할 때 쓰는 패턴이에요. I'm looking to 뒤에는 동사원형이 옵니다.

유사패턴 I'm planning to... ‖ I'm thinking of... ‖ I'm considering...

STEP 1 패턴 집중 훈련

나 다음 달에 새 차를 사려고 해. — **I'm looking to** buy a new car next month.

나 대전으로 이사 갈 예정이야. — **I'm looking to** move to Daejeon.

난 35살이 되기 전에 결혼할 생각이야. — **I'm looking to** get married before I turn 35.

나 새 웹사이트를 개설하려고 해. — **I'm looking to** launch a new website.

나 태블릿 PC를 사려고 해. — **I'm looking to** buy a tablet computer.

launch 시작하다, 착수하다

STEP 2 리얼 회화 연습

A 나 노트북 하나 장만하려고 해. Any suggestions?

B Depends on what you're looking for.

A I'll be honest. I know nothing about computers.
My brother bought the one I use at home.

B In that case, I'll *walk you through some of the popular models.

A I'm looking to buy a new laptop. 어떤 게 좋을까?

B 네가 뭘 원하는지에 따라 다르지.

A 솔직히 말할게. 난 컴퓨터에 대해 아는 게 아무것도 없어.
내가 집에서 쓰고 있는 것도 남동생이 산 거야.

B 그러면, 내가 인기 있는 모델들 몇 가지를 하나하나 설명해 줄게.

- walk+사람+through…라고 하면 '누군가가 어떤 것을 배우거나 익힐 수 있도록 단계별로 차례차례 보여주다[가르쳐 주다]'라는 뜻이에요.

Unit

09 guess&suppose

Q 다음 말을 영어로 만들어 볼까요?

- 내가 다시 한번 시도해 볼 수는 있겠지, 뭐.

  ________ I can try it again.

- 나 여기 오는 길에 누구 만났는지 맞혀 봐.

  ________ who I saw on my way here.

- 너 5시까지는 돌아오기로 되어 있잖아.

  ________ be back by 5.

- 네가 오늘 나한테 전화한다고 그랬잖아.

  ________ call me today.

- 그 다음엔 내가 뭘 해야 하는 거야?

  ________ do next?

- 네가 무슨 생각하는지 내가 어떻게 알아?

  ________ know what you're thinking?

정답 _ I guess | You'll never guess | You're supposed to | You were supposed to | What am I supposed to | How am I supposed to

I guess (that)...

~인 것 같아 / ~이겠지, 뭐

I guess (that)... 패턴은 회화에서 '~인 것 같아'라는 뜻으로 확실하진 않지만 뭔가가 맞는 것 같다는 말을 할 때 많이 씁니다. 또는 '그런 거겠지, 뭐' 같은 뉘앙스로도 쓰고요. that은 흔히 생략하고 이 뒤에는 '주어+동사'를 쓰면 됩니다.

유사패턴 I suppose (that)...

STEP 1 패턴 집중 훈련

난 운이 좋았던 것 같아. **I guess I got lucky.**

네 충고 듣는 게 좋을 것 같아. **I guess I should listen to your advice.**

우리 스케줄을 바꿔야겠네. **I guess we'll have to change our schedule.**

내가 다시 한번 시도해 볼 수는 있겠지, 뭐. **I guess I can try it again.**

삶이란 게 원래 그런 거겠지, 뭐. **I guess that's just the way life is.**

STEP 2 리얼 회화 연습

A **I'm not talking to Ted again!**
He really *pissed me off this time.

B **I'm sure you don't mean that. You guys have been friends for years.**

A **He's the one who betrayed our friendship!**

B **Well,** 네 말이 맞긴 해.
I just hope he *comes to his senses and apologizes to you.

A 난 이제 테드하고 말 안 해! (테드하고는 절교야)
걔 이번엔 정말로 나 열받게 했다고.

B 정말로 그렇게 생각하는 건 아니잖아. 너희 둘이 몇 년이나 친구였는데.

A 우리의 우정을 배신한 건 걔라고!

B 뭐, I guess you're right.
걔가 정신 차리고 너한테 사과하기를 바랄 뿐이야.

요건덤

- piss … off는 '~를 열받게 하다'라는 뜻의 속어예요. 조금 거친 표현이라 상황을 가려가면서 써야 해요. 순화된 표현으로는 tick … off가 있답니다.
- come to one's senses는 '정신 차리다'라는 뜻인데, 기절했다가 깨어날 때도 쓰고 여기서처럼 자신이 잘못했다는 것을 깨닫고 정신 차린다고 할 때도 써요.

You'll never guess...

넌 ~ 못 맞힐 거야 / ~인지 맞혀 봐

친구들에게 깜짝 놀랄 소식을 들려줄 때 관심을 끌기 위해서 쓰는 패턴이에요. '내가 무슨 말 하려는 건지 절대 못 맞힐 걸!'이라는 뜻으로요. 뒤에는 흔히 의문사절이 옵니다.

유사패턴 Guess + 의문사...

STEP 1 패턴 집중 훈련

나 여기 오는 길에 누구 만났**는지 맞혀 봐**.	**You'll never guess** who I saw on my way here.
나 오늘 점심 먹으러 어디로 갔**는지 못 맞힐걸**.	**You'll never guess** where I went for lunch.
우리 부모님이 나한테 뭘 사 주셨**는지 못 맞힐걸**.	**You'll never guess** what my parents got me.
올 여름에 내가 어디서 휴가를 보낼 **건지 못 맞힐걸**.	**You'll never guess** where I'm vacationing this summer.
내 남자 친구가 우리 1주년 기념일에 뭘 해 줬**는지 못 맞힐걸**.	**You'll never guess** what my boyfriend did for our one-year anniversary.

vacation 휴가, 휴가를 보내다 **anniversary** 기념일

STEP 2 리얼 회화 연습

A 내가 방금 누구랑 만났는지 못 맞힐걸.

B **Who?**

A **Mijung! Remember her? She was in our Economics class.**

B **Nope. That name doesn't *ring a bell. Wait, do you mean that girl who always sat in the corner and never talked to anyone?**

A You'll never guess who I just ran into.
B 누구?
A 미정이! 기억나지? 우리 경제학 클래스에 있었던 애잖아.
B 아니, 기억 안 나는데.
잠깐, 맨날 구석 자리에 앉아서 아무하고도 말 안 하던 여자애 말하는 거야?

run into... ~를 우연히 만나다, ~와 우연히 마주치다

- * ring a bell이라고 하면 '~을 들어 본 적이 있다', '들어 보니 낯이 익다'라는 뜻이에요.

061 You're supposed to...

네가 ~해야 하는 거잖아 / ~하기로 되어 있잖아

You're supposed to… 패턴은 회화에서 정말 많이 씁니다. 너무나도 당연한 일, 약속했거나 예정된 일에 대해 '당연히 네가 ~해야지', '네가 ~하기로 되어 있잖아'라는 뜻으로 쓰이죠.

유사패턴 You have to…

STEP 1 패턴 집중 훈련

너 5시까지는 돌아오기로 되어 있잖아.	**You're supposed to** be back by 5.
네가 나 이거 하는 거 도와주기로 되어 있잖아.	**You're supposed to** help me with this.
넌 내 친구여야 하는 거잖아. (내 친구면 내 편을 들어줘야 하는 거 아니야?)	**You're supposed to** be my friend.
도서관에서는 조용히 해야지.	**You're supposed to** be quiet in a library.
네가 오늘 빨래하기로 되어 있잖아. (오늘 빨래는 네 담당이잖아 / 너 오늘 빨래해야지)	**You're supposed to** do the laundry today.

STEP 2 리얼 회화 연습

A *What's your problem? 넌 내 친형제나 다름없는 친구여야 하잖아! (친구인 거 아니었어?)
We can't be fighting over the same girl.

B I'm sorry.

A *You're damn right you're sorry. That was low.

B I know. It won't happen again.

A 너 대체 왜 그래? You're supposed to be my bro!
우리가 한 여자를 놓고 싸우면 안 되지.

B 미안해.

A 당연히 미안해 해야지! 그건 용납할 수 없는 행동이었다고.

B 나도 알아. 다시는 안 그럴게.

bro 친형제처럼 친한 친구들끼리 서로를 부를 때 쓰는 말(우리말의 '불알친구'와 비슷함) **low** (도덕적으로) 질 낮은, 저질스러운, 비열한

- What's your problem?은 "너 대체 왜 그래?", "너 미쳤어?"라는 뜻으로, 상대가 납득하기 힘든 행동을 했을 때 많이 쓰는 표현이에요.
- 'You're damn right+주어+동사'는 상대방이 한 말에 대해 '당연히 ~지!'라고 강한 반응을 보일 때 쓰는 표현이에요. 예를 들어서 상대방이 '너 화 났나보다'라고 했을 때 '당연히 화났지!'라는 말을 You're damn right I'm angry!라고 할 수 있는 거죠.

062 You were supposed to...

네가 ~하기로 되어 있었잖아 / 네가 ~한다고 그랬잖아

You were supposed to...는 '네가 ~한다고 했었잖아', '네가 ~한다며?'라는 뜻으로 따지거나 핀잔을 줄 때 많이 쓰는 패턴입니다. 약속을 어기거나 계획에 차질을 빚게 만든 상대방에게 화가 날 때 쓸 수 있겠죠.

유사패턴 You said (that) you would... ‖ It was your responsibility to...

STEP 1 패턴 집중 훈련

네가 오늘 나한테 전화한다고 그랬잖아.	**You were supposed to** call me today.
너 밖에서 나 기다리기로 되어 있었잖아.	**You were supposed to** be waiting for me outside.
당신이 은지를 픽업한다고 그랬잖아.	**You were supposed to** pick up Eunji.
오늘은 네가 저녁 준비하기로 되어 있었잖아.	**You were supposed to** cook dinner today.
너 한 시간 전에 여기서 나랑 만나기로 되어 있었잖아.	**You were supposed to** meet me here an hour ago.

STEP 2 리얼 회화 연습

A Where *the hell are you?

B I'm on the bus. I'm almost there. I just have 2 more stops.

A 너 여기에 한 시간 전에 도착했어야 하는 거잖아!

B I'm really sorry. The lecture ended a little later than I expected.

A 너 도대체 어디 있는 거야?

B 지금 버스에 있어. 거의 다 도착했어. 두 정거장만 더 가면 돼.

A You were supposed to be here an hour ago!

B 정말 미안해. 강의가 내가 예상했던 것보다 조금 늦게 끝났어.

stop (버스나 전철의) 정류장, 정거장

- the hell은 회화에서 보통 의문사 뒤에 많이 쓰는데요, 이때 뜻은 '도대체'입니다. Where the hell ..., What the hell ..., Why the hell ... 등과 같이 쓸 수 있어요. the hell을 욕으로 생각하는 사람도 있으니 조심해서 써야겠죠? the hell 대신 the heck을 써도 좋아요.

pattern 063 What am I supposed to...?

내가 뭘 ~해야 하는 거야? / 어떻게 ~해야 하지?

이 패턴은 그냥 뭘 해야 하는 건지 물어볼 때, 도무지 어떻게 해야 할지 감이 안 잡혀서 막막할 때, 또는 '이제 와서 나더러 뭘 어쩌라는 거야?' 같은 말을 하면서 답답함을 표현할 때 쓰면 좋아요.

유사패턴 What should I...? ‖ What am I going to...? ‖ What do I...?

STEP 1 패턴 집중 훈련

그 다음엔 내가 뭘 해야 하는 거야? **What am I supposed to do next?**

나 파티에 뭘 입고 가야 하는 거지? (뭘 입고 가지?) **What am I supposed to wear to the party?**

내가 어떻게 생각해야 하는 거야? (내가 그걸 보고 어떤 생각이 들겠어?) **What am I supposed to think?**

나 캐롤한테 뭐라고 말하지? **What am I supposed to say to Carol?**

내가 이걸 갖고 뭘 해야 하는 거야? (이걸 갖고 뭘 어쩌라는 거야?) **What am I supposed to do with this?**

STEP 2 리얼 회화 연습

A **Ah, there he is.** 내가 쟤한테 뭐 물어봐야 되는 거더라?

B **Ask him if he would like to join us for a drink after class.**

A **Oh, right. Why can't you ask him yourself?**

B **I'll get really nervous and say something stupid. Then he'll know I like him.**

A 아, 쟤 저기 있다. What am I supposed to ask him *again?

B 수업 끝난 다음에 우리랑 같이 술 한잔 할 생각 있는지 물어보라고.

A 아, 맞다. 근데 왜 네가 직접 물어볼 수 없는 거야?

B 정말 긴장해서 바보 같은 말 할 거란 말이야. 그러면 쟤가 내가 자기 좋아하는 거 알 거라고.

요건덤

- 여기서처럼 문장 끝에 again을 써서 물어보면 기억이 안 나거나 제대로 못 들은 것을 다시 말해 달라는 뜻이 돼요. 예를 들어서 어떤 사람의 이름을 들었는데 기억이 안 날 때 '그 사람 이름이 뭐였더라?'라는 말을 영어로 What was his name again?이라고 할 수 있는 것이죠.

pattern 064 How am I supposed to...?

내가 어떻게 ~해? / 나더러 어떻게 ~하라는 거야?

어떻게 해야 할지 몰라서 난감할 때, 어떤 일이 힘들어서 나한테는 무리라는 의미로 살짝 짜증 내며 말할 때 How am I supposed to...? 패턴을 씁니다.

유사패턴 How should I...? ‖ How am I going to...? ‖ How do I...?

STEP 1 패턴 집중 훈련

내가 어떻게 네 말을 믿어?	**How am I supposed to believe you?**
내가 어떻게 모든 걸 오늘 안에 끝내?	**How am I supposed to get everything done today?**
네가 무슨 생각하는지 내가 어떻게 알아?	**How am I supposed to know what you're thinking?**
나 만날 배고픈데 어떻게 살을 빼지?	**How am I supposed to lose weight when I'm always starving?**
나 어떻게 그녀를 잊고 계속 살아가지?	**How am I supposed to move on without her?**

move on (변화에 적응하거나 상처를 극복하고) 앞으로 나아가다, 계속 살아가다

STEP 2 리얼 회화 연습

A **You've been *sulking for the past half hour. What is it?**

B **You mean you don't know?**

A 네가 왜 화가 났는지를 내가 어떻게 알아?
I'm not a mind reader.

B **If you really cared about me, you would know.**

A 지난 30분 동안 계속 그렇게 삐쳐 있었는데 말이야. 뭐 때문에 그래?

B 자기 지금 모른다고 말하는 거야?

A How am I supposed to know why you're angry?
내가 무슨 독심술사도 아니고.

B 자기가 정말로 날 사랑한다면 알 거야.

mind reader 독심술사, 남의 마음을 꿰뚫어 보는 사람

• sulk는 '부루퉁하다', '샐쭉하다'라는 뜻이에요. 삐쳤다고 얘기할 때 쓰면 좋겠죠?

마음에 있는 말을 자유자재로 한다!

감정 표현 패턴

미안함&고마움 표현하기

Q 다음 말을 영어로 만들어 볼까요?

- 죄송하지만, 전 동의하지 않습니다.
  ______ I disagree.
- 네 덕분에 우리 집 냉장고가 텅텅 비었잖아!
  ______, there's nothing to eat in the house!
- 내가 아까 한 말에 대해 사과하고 싶었어.
  ______ what I said earlier.
- 내 대신 캐런한테 얘기해 주면 정말 고맙겠어.
  ______ talk to Karen for me.
- 내 스스로가 불쌍해.
  ______ myself.
- 너 그 말 한 거 후회할 거야.
  ______ you said that.

정답 _ I'm sorry, but | Thanks to you | I wanted to apologize for | I'd appreciate it if you could | I feel sorry for | You'll be sorry (that)

065 I'm sorry, but...

미안하지만, ~ / 실례지만, ~

상대방과 다른 의견이나 생각을 갖고 있을 때, 상대방에게 듣기 좋지 않은 얘기를 해야 할 때가 생기죠? 이때 I'm sorry, but이라고 하고 그 뒤에 말을 이어가면 조금 부드럽게 표현할 수 있어요.

유사패턴 Excuse me, but... ‖ I'm sorry to say, but...

STEP 1 패턴 집중 훈련

죄송하지만, 전 동의하지 않습니다.	**I'm sorry, but I disagree.**
미안하지만, 이게 사실이야.	**I'm sorry, but it's the truth.**
미안하지만, 이건 네 알 바 아니야.	**I'm sorry, but this is none of your business.**
미안하지만, 그건 내가 의도한 바가 전혀 아니었어.	**I'm sorry, but that's not what I meant at all.**
미안하지만, 너 이거 완전히 잘못했어. (오해했어)	**I'm sorry, but you got this all wrong.**

get ... wrong ~을 틀리다, 오해하다 **all** 완전히, 온통

STEP 2 리얼 회화 연습

A **Do you think Minji will like my date plan?**

B 미안하지만, 아니라고 해야겠는걸.
It *screams out desperation.

A **Why? I thought it was a great idea.**

B **You're *trying too hard. Just make the date light and casual.**

A 민지가 내 데이트 계획 좋아할까?

B I'm sorry, but I'm gonna have to say no.
절박한 티가(민지하고 사귀고 싶어서 안달난 티가) 너무 나잖아.

A 왜? 난 아주 좋은 아이디어 같았는데.

B 너무 무리하는 거야. 데이트는 그냥 가볍고 캐주얼하게 해.

desperation 절망, 절박

- scream (out)은 '큰 소리로 외치다'라는 뜻이죠. 그런데 회화에서는 scream (out)이 무언가가 '굉장히 눈에 띄다', '티가 많이 나다'라는 뜻으로 쓰기도 해요.
- try too hard는 '다른 사람(들)에게 인정받으려고 너무 애쓰다'라는 뜻이에요.

pattern 066 Thanks to...,

~ 덕분에

Thanks to...는 '~ 덕분에'라는 뜻인데, 영어에서도 우리말과 마찬가지로 고마움을 표현할 때도 쓸 수 있고 비꼴 때도 쓸 수 있습니다.

유사패턴 Owing to..., ‖ Because of...,

STEP 1 패턴 집중 훈련

이 과목 **덕분에** 내 평균 점수가 올라갈 거야.	**Thanks to this course, my GPA will go up.**
네 **덕분에** 컴퓨터 공짜로 고치네.	**Thanks to you, I can get my computer fixed for free.**
네 **덕분에** 우리 집 냉장고가 텅텅 비었잖아!	**Thanks to you, our fridge is empty!**
엄마 **때문에** 나 청소나 하면서 집에 처박혀 있어.	**Thanks to my mom, I'm stuck at home cleaning.**
너 **때문에** 헤일리가 나 완전 싫어하잖아!	**Thanks to you, Hailey hates me now!**

be stuck at... ~에 틀어박혀 있다, ~에 갇혀 있다

STEP 2 리얼 회화 연습

A **Let's go! We're going out for a celebratory dinner tonight!**
B **What are we celebrating?**
A 네가 도와준 덕분에, **the boss *gave my idea the green light.**
B **That's great news! *I'm so happy for you!**

A 나가자! 오늘 축하하는 의미로 저녁 식사 하자고!
B 우리 뭘 축하하는 거야?
A **Thanks to your help,** 사장님이 내 아이디어 통과시켜 주셨어.
B 아주 좋은 소식이구나! 정말 잘됐다!

celebratory (파티, 식사, 술자리 등 앞에 써서) 축하하는, 기념하는

- give ... the green light 또는 give the green light to...는 '~을 할 허가[승인]을 해 주다', '통과시켜 주다'라는 뜻이에요.
- be happy for...는 어떤 사람한테 좋은 일이 있어서 '잘됐다'라고 얘기해 줄 때 쓰면 좋은 말입니다.

pattern 067 I wanted to apologize for...

~에 대해 사과하고 싶었어

상대방에게 진심으로 사과할 때 쓰면 좋은 패턴입니다. 그냥 가벼운 Sorry나 Sorry for...보다 더 진심이 담긴 진지한 사과를 할 때 쓰면 좋아요.

유사패턴 I wanted to say sorry for...

STEP 1 패턴 집중 훈련

내가 아까 한 말에 대해 사과하고 싶었어. **I wanted to apologize for what I said earlier.**

제 부적절한 행동에 대해 사과드리고 싶었습니다. **I wanted to apologize for my inappropriate behavior.**

오해에 대해 사과하고 싶었어. **I wanted to apologize for the misunderstanding.**

내가 너한테 화풀이한 것에 대해 사과하고 싶었어. **I wanted to apologize for taking it out on you.**

과민반응 보인 것에 대해 사과하고 싶었어. **I wanted to apologize for overreacting.**

inappropriate 부적절한 take it/something out on... ~에게 화풀이하다 overreact 과민 반응을 보이다

STEP 2 리얼 회화 연습

A 네 전시회에 못 가서 미안해.

B *Don't sweat it. *It's no big deal.

A What do you mean it's not a big deal?
This exhibit means you've made it as an artist!

B Well, it did feel like all my hard work finally paid off.

A I wanted to apologize for missing your exhibit.

B 걱정 마. 별거 아니야.

A 별 게 아니라니 무슨 소리야?
이 전시회는 네가 화가로서 성공했다는 걸 의미하잖아!

B 뭐, 그동안 고생한 것에 대해 보상을 받은 것 같긴 했어.

make it (자신의 분야에서) 성공하다, 목표를 달성하다 pay off ~을 모두 갚다, 결실을 맺다

요건덤

- Don't sweat it.은 상대방에게 '걱정 마'라고 말할 때 써요. Don't worry about it.과 같은 뜻인 것이죠.
- big deal은 '대단한 일'이라는 뜻이죠. 그래서 It's no big deal.이나 It's not a big deal.이라고 하면 "별거 아니야."라는 뜻이 돼요.

pattern 068 I'd appreciate it if you could...

~해 주신다면 정말 감사하겠습니다

상대방에게 어떤 것을 공손하게 부탁할 때 쓰면 좋은 패턴입니다. 이때 appreciate 뒤의 it을 깜빡하기 쉬운데 잊지 말고 꼭 써야 합니다.

유사패턴 I'd be grateful if you could... ‖ I'd like you to..., if you could ‖ Please...

STEP 1 패턴 집중 훈련

가능한 한 빨리 답장해 주시면 정말 감사하겠습니다. **I'd appreciate it if you could get back to me as soon as possible.**

내 대신 캐런한테 얘기해 주면 정말 고맙겠어. **I'd appreciate it if you could talk to Karen for me.**

언제 시간이 되실지 알려 주시면 정말 감사하겠습니다. **I'd appreciate it if you could let me know when you'll be available.**

나 보러 내 사무실로 와 주면 정말 고맙겠는데. **I'd appreciate it if you could come see me at my office.**

STEP 2 리얼 회화 연습

A 나에 대해 말 좀 잘 해 주면 정말 고맙겠어.
I really need this job.

B **No problem.**
I'll be sure to let my boss know what a responsible guy you are.

A **Thanks a lot. You're the best.**

B **Hey, *what are friends for, right?**

A I'd appreciate it if you could *put in a good word for me.
이 직장이 꼭 필요하거든. (여기에 꼭 취직해야 하거든)

B 물론이지. 내가 우리 사장님한테 네가 얼마나 책임감 있는 사람인지 꼭 말씀드릴게.

A 정말 고마워. 네가 최고야.

B 야, 친구 좋다는 게 뭐야. 안 그래?

- What are friends for?는 "친구 좋다는 게 뭐야?", "친구 사이에 뭘 ~"이라는 뜻으로 쓰이는 말이에요.
- put in a good word for...는 '~를 위해서 좋게 말해 주다', '칭찬해 주다'라는 뜻이에요.

I feel sorry for...

~가 안됐어 / ~가 불쌍해

sorry 하면 미안하다는 뜻이 떠오르죠? I feel sorry for...는 누군가가 안됐다고 여겨질 때나 불쌍하다는 생각이 들 때 써요. 동정심을 느낄 때뿐만 아니라 누군가를 경멸하는 의미로 불쌍하다고 할 때에도 많이 씁니다.

유사패턴 I pity...

STEP 1 패턴 집중 훈련

네가 **불쌍해.** (안됐구나) — **I feel sorry for** you.

내 스스로가 **불쌍해.** — **I feel sorry for** myself.

너희 부모님**이 안되셨어.** 넌 무슨 아들이 그래? — **I feel sorry for** your parents. What kind of son are you?

섀런의 남자 친구**가 안됐어.** 걔 정말 무신경하잖아. — **I feel sorry for** Sharon's boyfriend. She's so insensitive.

왠지 도나**가 불쌍해.** — **I feel sorry for** Donna for some reason.

insensitive 무신경한, (남의 기분에) 둔감한

STEP 2 리얼 회화 연습

A 네 여자 친구가 불쌍하다.
What kind of boyfriend forgets his girlfriend's birthday?

B It was an *honest mistake. I've just been so busy at work lately.

A That's such a *lame excuse.

B I know, I know. I'll make up for it somehow.

A I feel sorry for your girlfriend.
어떤 남자 친구가 자기 여자 친구 생일을 잊어버리냐?

B 일부러 그런 거 아니야. 요즘 회사 일이 바빠서 그랬어.

A 그건 말도 안 되는 변명이잖아.

B 나도 알아, 안다고. 어떻게든 만회할 거야.

make up for... ~을 만회하다, 보상하다

- honest mistake 또는 honest error는 '의도치 않은 실수', '고의가 아닌 실수'라는 뜻이에요. 그래서 일부러 그런 거 아니니까 실수한 것 갖고 너무 뭐라고 하지 말라고 할 때 It was an honest mistake.라는 말을 많이 합니다.
- 변명이나 해명, 농담에 대해 lame이라고 하면 '설득력 없는', '시원찮은'이라는 뜻이 돼요.

You'll be sorry...

너 ~ 후회할걸 / 너 ~ 후회할 거야

You'll be sorry... 패턴은 상대방에게 '너 그러면 나중에 후회할 거야'라고 충고하거나 으름장을 놓을 때 쓰면 좋습니다. sorry 뒤에는 when, if, that이 오는 경우가 많습니다. 이 뒤에는 '주어+동사'를 쓰면 되고요.

유사패턴 You'll regret...

STEP 1 패턴 집중 훈련

너 이 영화 놓치면(안 보면) 후회할 거야.	**You'll be sorry** if you miss this movie.
너 내 충고 무시하면 후회할 거야.	**You'll be sorry** if you ignore my advice.
너 그 말 한 거 후회할 거야.	**You'll be sorry** that you said that.
아빠가 이것에 대해 아시게 되면 너 후회할걸.	**You'll be sorry** when Dad finds out about this.
그 남자가 너 버리고 다른 여자한테 가면 너 후회할걸.	**You'll be sorry** when he leaves you for another girl.

STEP 2 리얼 회화 연습

A All you do is play computer games. You're such a *bum.

B Hey! Take that back! I'm going to make it big someday.

A Hah! *We'll see about that.

B Just watch me.
너 그 말 한 거 후회할걸.

A 넌 맨날 집에서 컴퓨터 게임만 하는구나. 넌 참 게으름뱅이야.

B 야! 그 말 취소해! 난 언젠가 크게 성공할 거라고.

A 하! 어디 한번 보자고.

B 날 잘 지켜보라고. (두고 봐)
You'll be sorry you said that.

take ... back (한 말을) 취소하다 make it big 크게 성공하다

- bum은 '부랑자', '건달', '실업자'라는 뜻도 있는데요, 이 대화에서처럼 '게으름뱅이'라는 뜻으로도 많이 쓰여요.
- I'll see about that.이나 We'll see about that.이라고 하면 "어디 한번 두고 보자."라는 뜻이에요. 상대방의 말이 설득력이 없을 때 쓰면 좋겠죠?

Unit 11

불만&서운함 표현하기

Q 다음 말을 영어로 만들어 볼까요?

- 네가 날 가르치려 드는 태도가 마음에 안 들어.
  __________ you patronize me.

- 난 걔 핑계가 지긋지긋해.
  __________ his excuses.

- 우리를 여기로 데려온 건 너잖아.
  __________ brought us here.

- 사람들한테 그냥 개인적인 질문하면 어떡해!
  __________ ask people personal questions!

- 최소한 사과 정도는 할 수 있잖아.
  __________ apologize.

- 내가 너한테 한 짓에 대해선 변명의 여지가 없어.
  __________ what I did to you.

- 다른 사람도 아니고 너라면 그를 이해해 줘야지.
  __________ should understand him.

- 나도 이런 말 하긴 싫지만, 이번엔 네가 틀렸어.
  __________ you're wrong this time.

정답 _ I don't like the way | I've had it with | You're the one who | You can't just | You could at least | There's no excuse for | You of all people | I hate to say this, but

I don't like the way...

나 ~이 마음에 들지 않아

어떤 느낌이나 방식, 태도, 행동 등이 마음이 안 들 때 I don't like the way… 패턴을 쓸 수 있어요. 이때 the way 뒤에는 '주어+동사'를 쓰면 되고요.

유사패턴 I don't like how…

STEP 1 패턴 집중 훈련

네가 날 가르치려 드는 태도가 마음에 안 들어.	**I don't like the way** you patronize me.
난 걔가 항상 하이톤으로 말하는 게 마음에 안 들어.	**I don't like the way** she talks in such a high-pitched voice.
이 바지 입었을 때 내 다리가 마음에 안 들어. (이 바지 입으면 다리가 안 예뻐 보여)	**I don't like the way** my legs look in these pants.
그 남자가 날 쳐다보는 시선이 마음에 안 들어. 섬뜩해.	**I don't like the way** he looks at me. It's creepy.
난 네가 항상 내 감정을 무시하는 게 마음에 안 들어.	**I don't like the way** you always ignore my feelings.

patronize (윗사람 행세를 하며) 가르치려 들다, 아랫사람 대하듯 하다, 깔보는 태도로 대하다 **creepy** 오싹하게 하는, 소름 끼치는

STEP 2 리얼 회화 연습

A No! I don't wanna do it. I'm not gonna do it!

B *Okay. 네가 하는 행동이 마음에 안 들어. (네 태도가 마음에 안 들어)

A What's wrong with the way I'm acting?

B For one thing, you're acting like a *spoiled brat. And you're also being incredibly selfish.

A 싫어! 하기 싫단 말이야. 안 할 거야!
B 그만 좀 해. I don't like the way you're acting.
A 내 태도가 뭐 어때서?
B 우선, 넌 버릇없는 애같이 행동하고 있어. 또 넌 완전 이기적으로 굴고 있어.

for one thing, 우선, 첫째로 **incredibly** 믿을 수 없을 정도로, 엄청나게 **selfish** 이기적인

- Okay.(OK.)는 상대방이 자꾸 신경을 건드려서 강한 어조로 "그만 좀 해.", "이제 됐어."라고 말할 때에도 쓰여요.
- spoiled brat은 '응석받이', '버릇없는 아이'라는 뜻이에요. spoil에 '부모가 아이의 응석을 다 받아 주며 키우다'라는 뜻이 있거든요.

pattern 072 I've had it with...

나 ~이 지긋지긋해

뭔가가 지긋지긋해서 못 참겠을 때 I've had it with... 패턴을 써서 말하면 정말 좋아요.

유사패턴 I'm sick of... ‖ I'm sick and tired of...

STEP 1 패턴 집중 훈련

난 걔 핑계가 지긋지긋해.	**I've had it with** his excuses.
난 네 비난이 지긋지긋해. 난 잘못한 게 하나도 없다고.	**I've had it with** your criticisms. I did nothing wrong.
나 애런이 지긋지긋해. 걔를 못 참겠어!	**I've had it with** Aaron. I can't stand him!
난 네 부정적인 태도가 지긋지긋해.	**I've had it with** your negative attitude.
난 태민이의 거만함이 지긋지긋해.	**I've had it with** Taemin's arrogance.

STEP 2 리얼 회화 연습

A **I quit.** 이 일 이제 지긋지긋해! 부장님도 지긋지긋하고!

B **Calm down. I know he can be hard to please, but....**

A **I *hate his guts!**
Do you know how many places I could be working at instead?

B **All right. Let's go for a drink.**

A 그만둘래. I've had it with this job! I've had it with him!

B 진정해. 우리 부장님이 비위 맞추기 힘들긴 하지만…….

A 부장님이 너무 싫어!
내가 여기 말고 일할 수 있는 곳이 얼마나 많은 줄 알아?

B 그래 알았어. 술 한잔하러 가자.

hard to please 만족시키기 어려운, 비위 맞추기 힘든

- hate someone's guts라고 하면 '어떤 사람이 너무너무 싫다'라는 뜻이에요.

pattern 073 You're the one who...

~한 건 너잖아

You're the one who... 패턴은 상대방이 자신이 한 일을 기억 못 할 때나 책임을 회피하려고 할 때 씁니다. '그거 네가 한 거잖아'라고 핀잔을 주는 뉘앙스죠.

유사패턴 It was you who...

STEP 1 패턴 집중 훈련

이 난장판을 만든 **건 너잖아**. 네가 청소해. — **You're the one who** made this mess. You clean it up.

회의에 늦게 나타난 **건 너잖아**. — **You're the one who** showed up at the meeting late.

그걸 하겠다고 말**한 건 너잖아**. — **You're the one who** said you would do it.

우리를 여기로 데려온 **건 너잖아**. — **You're the one who** brought us here.

현아한테 깜빡하고 말 안 **한 건 너잖아**. — **You're the one who** forgot to tell Hyunah.

STEP 2 리얼 회화 연습

A Come on. Get up. We have to go to Hansoo's house.

B What? It's only 9 in the morning!

A Did you forget?
일요일 아침에 한수네 이사 가는 거 도와주겠다고 한 건 당신이잖아!

B *Damn it! I should've kept my mouth shut.

A 자, 빨리 일어나. 한수네 집에 가야지.

B 뭐? 아침 9시밖에 안 됐잖아!

A 자기 잊어버린 거야?
You're the one who offered to help Hansoo with his move on a Sunday morning!

B 제기랄! 그냥 입 다물고 있을 걸 그랬네. (괜히 도와주겠다고 말했네)

move 이사, 이사하다

요건덤

- Damn!이나 Damn it!은 짜증날 때 "제기랄!", "빌어먹을!"이란 뜻으로 쓰는 가벼운 욕이에요. 약하게는 Darn!이나 Darn it!이라고 해요.

pattern 074

You can't (just)...

(그냥) ~하면 안 되지 / ~하면 어떡해

상대방이 뭔가를 잘못했을 때나 마음에 안 드는 일을 했을 때, 또는 상대방이 혼자서 마음대로 일을 저질렀을 때, You can't…나 You can't just… 패턴을 써서 핀잔을 줄 수 있어요.

유사패턴 You shouldn't (just)...

STEP 1 패턴 집중 훈련

그걸 그냥 거기에 놓으면 안 되지!	**You can't just** put it there!
막판에 우리 계획을 취소하면 어떡해!	**You can't** cancel our plans at the last minute!
네가 나한테 뭘 하라고 말하면 안 되지. (네가 뭔데 나한테 이래라 저래라 해?)	**You can't** tell me what to do.
사람들한테 그냥 개인적인 질문하면 어떡해!	**You can't just** ask people personal questions!
프로젝트 중간에 그만두면 안 되지.	**You can't** quit halfway through the project.

at the last minute 마지막 순간에, 막판에 **halfway** 중도에, (거리 · 시간상으로) 중간에

STEP 2 리얼 회화 연습

A So, are we still going to the movies this Saturday?

B I don't know yet.

A Make up your mind soon.
그냥 이렇게 날 기다리게 하면 안 되지.

B I know. I'm sorry. *Actually, can we just go next weekend?

A 그래서, 이번 토요일에 우리 영화 보러 가는 거 맞지?
B 아직 모르겠어.
A 빨리 결정해.
You can't just *leave me hanging like this.
B 나도 알아. 미안해. 저기 말이야, 그냥 다음 주말에 가면 안 될까?

요건덤

- actually를 문장 맨 앞에 쓰면 '저기 말이야' 하는 뜻이에요. 새로운 화제를 꺼낼 때, 상대방이 불쾌하지 않도록 조심스럽게 말을 꺼낼 때, 또는 말을 덧붙일 때 많이 씁니다.
- leave … hanging은 계속 매달린 상대로 두는 것이니까 '~에게 답변을 안 주고 계속 기다리게 만들다'라는 뜻이죠.

You could at least...

최소한 ~ 정도는 할 수 있잖아

at least는 '적어도'라는 뜻이죠? You could at least... 패턴은 '적어도 ~ 정도는 할 수 있는 거 아니야?'라며 상대방에게 서운함을 표현할 때 많이 씁니다. 여기서 could는 과거가 아니라 현재의 의미로 쓰였어요.

유사패턴 The least you could do is/was...

STEP 1 패턴 집중 훈련

최소한 사과 정도는 할 수 있잖아. **You could at least apologize.**

떠나기 전에 최소한 작별 인사 정도는 할 수 있잖아. **You could at least say bye before leaving.**

최소한 무슨 말이라도 할 수 있잖아. **You could at least say something.**

최소한 관심 있는 척 정도는 할 수 있잖아. **You could at least pretend that you're interested.**

최소한 미리 경고 정도는 할 수 있잖아. **You could at least give me a heads-up.**

give ... a heads-up ~에게 미리 알려주다, ~에게 경고하다

STEP 2 리얼 회화 연습

A **What do you want from me?**

B **I don't know.** 적어도 네가 한 일에 대해 해명이라도 할 수 있잖아. **Make an excuse or something.**

A **You're not going to believe me anyway.**

B ***Try me.**

A 나한테 뭘 바라는 거야?

B 몰라. You could at least try to *explain yourself. 핑계를 대든가 뭐든 해 보라고.

A 어차피 내 말 믿지도 않을 거잖아.

B 어디 한번 해 봐.

- Try me.는 "어디 한번 해 봐."라는 뜻이에요. try에 '테스트 해 보다'라는 뜻이 있거든요. 상대방이 어떤 말 하는 것을 꺼려할 때 "한번 말해 봐."라고 할 때써도 좋고, 상대방이 도전적으로 나올 때 쓰기도 합니다.
- explain oneself는 '자신이 한 말이나 행동에 대해 해명하다'라는 뜻이에요.

pattern 076 There's no excuse for...

~에 대해선 변명의 여지가 없어 / ~은 용납할 수 없어

누군가의 행동에 대해 용납이 안 된다는 말을 할 때 There's no excuse for... 패턴을 쓰면 좋아요. 변명의 여지가 없다는 말은 용납할 수 없다는 뜻이니까요.

유사패턴 There's no justification for... ‖ ...is inexcusable ‖ ...is unforgivable

STEP 1 패턴 집중 훈련

내가 너한테 한 짓에 **대해선 변명의 여지가 없어.**	**There's no excuse for** what I did to you.
너의 프로답지 않은 매너는 **용납할 수 없어.**	**There's no excuse for** your unprofessional manner.
너 툭 하면 잊어버리는 것에 **대해선 변명의 여지가 없어.** (네 건망증에 대해선 변명의 여지가 없어)	**There's no excuse for** your being forgetful all the time.
배우자 학대는 **용납할 수 없어.**	**There's no excuse for** spousal abuse.
자네의 계속되는 지각에 **대해선 변명의 여지가 없어.**	**There's no excuse for** your constant tardiness.

spousal abuse 배우자 학대 tardiness 지각

STEP 2 리얼 회화 연습

A How could you do such a thing? I don't even know where to begin.

B You're absolutely right. 내가 한 행동에 대해서는 변명의 여지가 없어.
I just hope you *find it in your heart to forgive me.

A All right. If you really mean it...

B I mean it! I swear I won't let it happen again.

A 어떻게 그런 짓을 할 수가 있어? 도대체 어디서부터 시작해야 할지 모르겠어.

B 네 말이 전적으로 맞아. There's no excuse for my behavior.
네가 날 용서해 주길 바랄 뿐이야.

A 알았어. 네가 정말 진심으로 그러는 거라면…….

B 진심이야! 맹세코 다시는 그런 일이 일어나지 않도록 할게.

- find it in one's heart to forgive…는 '용서할 마음이 안 들지만 마음 한구석에서 조금이라도 용서할 마음을 찾아서 관용을 베풀다'라는 뜻이에요. 정말 큰 잘못을 저지른 경우 용서를 간절히 바랄때 쓸 수 있는 표현이죠.
Please find it in your heart to forgive me.(용서할 마음이 안 들겠지만 제발 날 용서해 줘.)

You of all people...

다른 사람도 아니고 네가 ~ / 다른 사람이라면 몰라도 너는 ~

you of all people은 직역하면 '모든 사람들 중에서 너'란 뜻이죠. 그래서 이 패턴은 '다른 사람이라면 몰라도 적어도 넌 안 그럴 줄 알았다' 같은 말을 할 때 쓰면 좋아요. You를 강조해서 '어떻게 네가! (그럴 수 있어?)' 하는 뉘앙스가 되는 것이죠.

STEP 1 패턴 집중 훈련

다른 사람도 아니고 너라면 그를 이해해 줘야지.	**You of all people** should understand him.
다른 사람이라면 몰라도 너라면 날 이해해 줄 거라고 생각했어.	I thought **you of all people** would understand me.
다른 사람도 아니고 어떻게 **네가** 그런 말을 할 수 있어?	How can **you of all people** say that?
다른 사람이라면 몰라도 적어도 너는 내 편을 들어 줄 줄 알았어.	I thought **you of all people** would take my side.

take one's side ~의 편을 들(어 주)다

STEP 2 리얼 회화 연습

A 다른 사람이라면 몰라도 넌 내 편을 들어 줄 줄 알았어.
You're my best friend!

B I am on your side. But this is different.

A How can you say that after you've hurt my feelings like this?

B Do you think it was easy for me to tell you this?
It's *for your own good.

A I thought you of all people would be on my side!
넌 내 베스트 프렌드잖아!

B 나 네 편인 거 맞아. 하지만 이건 다른 문제야.

A 어떻게 나한테 이렇게 상처를 주고 그렇게 말할 수 있어?

B 그럼 난 너한테 이런 말을 하는 게 쉬웠는 줄 알아? 이건 다 너 좋으라고 한 말이야.

be on one's side ~의 편을 들(어 주)다, ~의 편이다

- for one's own good은 '~ 자신을 위해서', '~ 좋으라고'라는 뜻이에요. 하고 싶지 않지만 누군가를 위해서 뭔가를 한다고 말할 때 쓰면 좋은 표현이죠.

pattern 078 I hate to say this, but...

나도 이런 말 하긴 싫지만, ~ / 이런 말 하긴 미안하지만, ~

상대방에게 하기 어려운 말을 꺼낼 때, 특히 상대방이 불쾌해 할 가능성이 높은 말을 꺼낼 때 쓰면 좋은 패턴입니다. 하고 싶은 말을 하기 전에 이 패턴을 앞에 덧붙이면 부드럽게 얘기를 시작할 수 있게 되는 것이죠.

유사패턴 I don't want to say this, but... ‖ No offense, but...

STEP 1 패턴 집중 훈련

나도 이런 말 하긴 싫지만, 이번엔 네가 틀렸어. **I hate to say this, but** you're wrong this time.

나도 이런 말 하긴 싫지만, 누군가는 이 말을 해야 해. **I hate to say this, but** it has to be said.

이런 말 하긴 미안하지만, 난 너 별로 안 좋아해. **I hate to say this, but** I don't really like you.

이런 말 하긴 미안하지만, 나 이제 가야 돼. **I hate to say this, but** I've got to go now.

나도 이런 말 하긴 싫지만, 네가 이걸 자초했어. (이건 네가 자초한 일이야) **I hate to say this, but** you brought this on yourself.

bring ... on oneself ~을 스스로 자초하다

STEP 2 리얼 회화 연습

A I had a great time tonight. When can I see you again?

B Well... Robin, 이런 말 하기 미안하지만, 우리 잘 안 될 것 같아요.

A What do you mean?
I like you, and I thought *the feeling was mutual.

B I do, but I like you as a friend.
There's just no *chemistry between us.

A 오늘 데이트 정말 즐거웠습니다. 또 언제 볼 수 있을까요?
B 저기 말이에요…… 로빈, I hate to say this, but I don't think this is going to work.
A 무슨 말입니까? 난 당신을 좋아하고, 당신도 마찬가지인 줄 알았는데요.
B 좋아하는 건 맞아요, 하지만 친구로서 좋아하는 거예요. 우리 사이엔 이성 간의 끌림이 없어요.

요건덤

- mutual은 '상호적인'이라는 뜻이기 때문에 The feeling is mutual이라고 하면 '그 감정은 나도 마찬가지이다', '피차 마찬가지이다'라는 뜻이 됩니다.
- chemistry는 사람 간의 '끌림'을 뜻합니다. 주로 이성 간의 관계에서 많이 써요.

Unit 12 확신&의심 표현하기

Q 다음 말을 영어로 만들어 볼까요?

- 걘 분명히 이미 알고 있을 거야.
  ______ she knows already.

- 너 정말 걔 말 제대로 들은 거 맞아?
  ______ you heard him right?

- 난 그녀가 아직도 날 사랑한다고 확신해.
  ______ she still loves me.

- 난 이 게임의 규칙이 확실하게 이해가 안 돼.
  ______ on the rules of the game.

- 그건 내 잘못이 아니야, 그건 확실해.
  It's not my fault, ______ .

- 그들한테 꼭 네 안부를 전하도록 할게.
  ______ give them your regards.

- 오늘 저녁에 비가 올 가능성이 높아.
  ______ it's going to rain tonight.

정답 _ I bet (that) | Are you positive (that) | I'm convinced (that) | I'm not clear | That's for sure | I'll be sure to | There's a good chance (that)

I bet (that)...

분명히 ~일 거야

bet은 '내기하다'라는 뜻이죠? 그래서 I bet... 패턴을 써서 말하면 내기를 걸 수 있을 정도로 확실하다는 뜻이 돼요. 이때 that은 흔히 생략하고 뒤에 '주어+동사'를 씁니다.

유사패턴 I'm sure (that)...

STEP 1 패턴 집중 훈련

넌 **분명히** 네가 엄청 똑똑하다고 생각하겠지. **I bet** you think you're so smart.

걔 **분명히** 아직도 나한테 화나 있을 **거야**. **I bet** he's still mad at me.

걔 **분명히** 또 늦을 **거야**. 걘 항상 늦잖아. **I bet** he'll be late again. He always is.

걘 **분명히** 이미 알고 있을 **거야**. **I bet** she knows already.

재스민도 **분명히** 널 좋아할 **거야**. **I bet** Jasmine likes you too.

STEP 2 리얼 회화 연습

A **No! This can't be happening!**

B **Yes! A *come-from-behind win!**
넌 이렇게 될 줄 몰랐을 게 분명해. (몰랐지?)

A **Damn! I was sure my team was going to win.**

B **All right. Pay up. You owe me $10.**

A 안 돼! 이럴 수가!
B 아싸! 역전승이다!
I bet you didn't *see that coming.
A 젠장! 우리 팀이 이길 거라고 확신했는데.
B 자, 돈 내. 10달러 줘야지.

요건덤

- come-from-behind win은 '역전승'을 뜻해요. win 대신 victory라고 해도 되고요. 다른 말로 comeback win이라고도 해요.
- see ... coming은 '(어떤 일이 일어날 걸) 미리 예상하다'라는 뜻이에요. 예를 들어, '나 그런 일이 일어날 줄 알았어'를 영어로 I saw that coming.이라고 할 수 있는 것이죠.

Are you positive (that)...?

너 정말 ~에 대해 확신해?

positive 하면 '긍정적인'이라는 뜻이 먼저 떠오르죠? 하지만 회화에서는 '전적으로 확신하는'이라는 뜻으로도 많이 쓰입니다. 그래서 Are you positive...?라고 물어보면 정말 확신하냐는 뜻이 되는 것이죠.

유사패턴 Are you completely sure (that)...? ‖ Are you certain (that)...?

STEP 1 패턴 집중 훈련

너 정말 걔 말 제대로 들은 거 맞아? **Are you positive that** you heard him right?

너 정말 그게 해결책이라는 것 확신해? **Are you positive** that's the solution?

너 정말 걔가 나한테 화 안 났다고 확신해? **Are you positive** he's not angry at me?

너 정말 그게 네가 원하는 거라고 확신해? (너 정말 그거 원하는 거 맞아?) **Are you positive that** that's what you want?

너 정말 네가 이길 거라고 확신해? **Are you positive** you're going to win?

STEP 2 리얼 회화 연습

A Jesse's going to hit the gym?
너 걔 말 제대로 들은 거 맞아?

B That's what I thought when he told me.

A I can't even picture him running on a treadmill.

B Me neither.
*I mean, this is a guy who *is on his ass all day in front of the computer.

A 제시가 헬스장에 다닐 거란 말이야?
Are you positive you heard him right?

B 걔가 나한테 말했을 때 나도 그 생각했어.

A 난 걔가 런닝머신에서 뛰는 건 상상도 안 되는데.

B 나도 그래. 아니 그러니까, 걔는 하루 종일 컴퓨터 앞에 죽치고 앉아 있는 놈이잖아.

hit the gym 헬스장에 가다[다니다] hear ... right ~의 말을 제대로 듣다

- I mean은 이런 식으로 문장에서 별 의미 없이 '아니, 그러니까', '저기 말이야', '그게' 같은 뜻으로 회화에서 많이 쓰여요.
- be on one's ass 또는 sit on one's ass라고 하면 '앉아 있다'라는 뜻으로, 보통 활동적이지 않고 게으르다는 의미가 내포되어 있습니다.

I'm convinced (that)...

난 ~을 확신해

I'm convinced… 패턴은 무언가에 대한 확신이나 자신감, 신념을 표현할 때 쓰면 좋아요. 특히 그럴 만한 근거가 있거나 설득력이 있어서 확신을 갖고 있다고 얘기할 때 쓰면 좋겠죠?

유사패턴 I'm confident (that)… ‖ I'm positive (that)… ‖ I'm certain (that)… ‖ I'm sure (that)…

STEP 1 패턴 집중 훈련

난 그녀가 무죄라고 **확신해.** — **I'm convinced that** she's innocent.

난 내가 옳은 일을 하고 있다고 **확신해.** — **I'm convinced** I'm doing the right thing.

난 그녀가 아직도 날 사랑한다고 **확신해.** — **I'm convinced** she still loves me.

난 네가 해낼 거라고 **확신해.** 믿음을 잃지 마. — **I'm convinced** you can do it. Don't lose faith.

난 네가 네 가치를 증명해 낼 거라고 **확신해.** — **I'm convinced that** you will prove your worth.

prove one's worth ~의 진가를 발휘하다, 가치를 증명하다

STEP 2 리얼 회화 연습

A I don't know why you're staying with him. What do you see in him?

B I love him. He has a good heart.

A But a good heart won't *put food on the table.

B He's doing all that he can. Plus, 난 그가 작가로서 성공할 거라고 확신해.

A 난 네가 왜 그 남자랑 계속 사귀는지 이해가 안 돼. 그 남자한테서 뭘 보는 거야? (그 남자의 어디가 좋은 거야)

B 그를 사랑하니까. 그는 착해.

A 하지만 착한 게 밥 먹여 주는 건 아니잖아.

B 그는 최선을 다하고 있어. 게다가 I'm convinced he'll succeed as a writer.

stay with… ~와 계속 교제하다, ~와 사귀다

- put food on the table은 식탁 위에 음식을 놓는다는 말이니 의역하면 '먹고 살 만큼 돈을 벌다'라는 뜻이 돼요. 비슷하게 put a roof over one's head라고도 해요. 머리 위에 지붕을 둔다는 말이니까, 결국 살 집이 있을 만큼 돈을 번다는 뜻인 거죠.

I'm not clear...

난 ~을 잘 모르겠어 / 난 ~이 확실치 않아

어떤 것이 확실하게 파악이 안 될 때, 이해가 잘 안 돼서 헷갈릴 때 I'm not clear... 패턴을 많이 씁니다. clear 뒤에는 about, on 같은 전치사를 쓰기도 하고, 명사절이 오기도 합니다.

유사패턴 I'm unclear... ‖ I'm not sure...

STEP 1 패턴 집중 훈련

난 그 둘 사이의 차이점을 **잘 모르겠어**. — **I'm not clear** about the difference between the two.

난 이 게임의 규칙이 **확실하게 이해가 안 돼**. — **I'm not clear** on the rules of this game.

난 내가 뭘 해야 할지 **확실치 않아**. — **I'm not clear** about what I'm supposed to do.

난 네가 무슨 말을 하려는 건지 **잘 모르겠어**.
(네 말의 요지가 뭔지 파악이 안 돼) — **I'm not clear** about what point you're trying to make.

난 조가 그걸 어떻게 해냈는지 아직도 **모르겠어**. — **I'm** still **not clear** how Joe pulled it off.

pull ... off (힘든 것을) 해내다, 성사시키다

STEP 2 리얼 회화 연습

A Can I ask you a question, professor?

B *Shoot.

A 이 과제에서 저희한테 요구하시는 게 뭔지 정확하게 모르겠습니다.

B That's a bit vague.
Would you be more specific as to what you're having trouble with?

A 교수님, 질문 하나 드려도 될까요?

B 해 보게나.

A I'm not exactly clear about what you're asking us to do in this assignment.

B 좀 애매하군.
어떤 부분이 어려운지 좀 더 구체적으로 말해 줄 수 있겠나?

as to ~에 관해

- Shoot은 '말해 봐'라는 뜻으로 구어체 표현이에요. 상대방이 무슨 말을 하고 싶어 할 때 '응, 말해도 돼', '그래, 말해 봐'라는 뜻으로 쓰이는 것이죠.

083 ..., that's for sure.

~, 그건 확실해.

하고 싶은 말을 하고 나서 문장 끝에 that's for sure를 쓰면, 앞에 한 말에 대해 '다른 건 몰라도 이건 확실해'라고 덧붙이는 의미가 됩니다.

유사패턴 One thing's (for) sure,....

STEP 1 패턴 집중 훈련

그건 내 잘못이 아니야, 그건 확실해.
It's not my fault, that's for sure.

걔 얼굴만 봐도 다 알겠더라고, 그건 확실해.
(확실히 걔 표정에 다 써 있더라고)
His face said it all, that's for sure.

넌 네 마음 가는 대로 해야 해, 그건 확실해.
(네가 정말로 하고 싶은 걸 해야지)
You should follow your heart, that's for sure.

걘 자의식이 너무 강해(남을 너무 의식해), 그건 확실해.
He's too self-conscious, that's for sure.

존은 혼자 있는 걸 좋아해, 그건 확실해.
John likes to keep to himself, that's for sure.

self-conscious 자의식이 강한, 남을 지나치게 의식하는 **keep to oneself** 남과 어울리지 않다, 혼자 지내다

STEP 2 리얼 회화 연습

A **I'm afraid you can't get a refund on this dress. You have the receipt, but the tag is missing.**

B **What? But I didn't even wear it.**

A **I'm sorry, but that's what our return policy says.**

B **This is nonsense.**
여기에 다시는 안 와요, 그건 확실해요.

A 죄송하지만, 이 드레스를 환불해 드릴 수 없습니다. 영수증은 있으신데, 가격표가 없어서요.

B 뭐라고요? 하지만 전 이걸 한 번도 안 입었는데요.

A 죄송하지만 저희 환불 규정에 그렇게 되어 있거든요.

B 이건 말도 안 돼요.
I'm not coming here ever again, that's for sure!

tag (상품에 붙인) 꼬리표, 태그

I'll be sure to...

나 꼭 ~하도록 할게

I'll be sure to… 패턴은 무언가를 꼭 하겠다고 약속할 때 쓰면 아주 좋은 패턴이에요.

유사패턴 I'll make sure to...

STEP 1 패턴 집중 훈련

그들한테 꼭 네 안부를 전하도록 할게. **I'll be sure to** give them your regards.

부모님하고 이 문제를 꼭 상의해 보겠습니다. **I'll be sure to** discuss this with my folks.

나 꼭 계속 연락하고 지낼게. **I'll be sure to** keep in touch.

내가 그거 꼭 한번 시도해 볼게. **I'll be sure to** give it a try.

아는 대로 꼭 바로 알려 드리겠습니다. **I'll be sure to** let you know as soon as I find out.

give one's regards ~에게 …의 안부를 전하다 **my folks** 우리 부모님(그냥 folks는 '사람들'이라는 뜻임)

STEP 2 리얼 회화 연습

A It's a shame you can't stay longer.

B Thanks for having me. I had a wonderful time.

A Not at all. The pleasure was all mine.
내가 L.A.에 가게 되면 너네 집에 꼭 들를게.

B I look forward to it! You're always welcome in my home.

A 네가 더 오래 머물 수 있으면 좋을텐데 아쉽네.
B 집에 초대해 줘서 고마워. 정말 즐거웠어.
A 무슨 소리야. 내가 즐거웠지.
I'll be sure to *look you up when I visit L.A.
B 기대할게! 넌 우리 집에 얼마든지 환영이야.

It's a shame (that)... ~이라니 아쉽다, ~하다니 안타깝다

- look … up은 '~에게 연락하다' 또는 '~를 방문하다'라는 뜻으로 쓰이는데요, 주로 자주 만나지 못하는 사람에게 오랜만에 연락하거나 찾아갈 때 씁니다.

There's a good chance (that)...

~일 가능성이 높아

chance에는 '기회'라는 뜻 말고도 '가능성'이라는 뜻도 있죠. 그래서 There's a good chance… 패턴은 어떤 것이 가능성이 높다고 얘기할 때 많이 씁니다. 이때 that은 흔히 생략하고 뒤에 '주어+동사'를 쓰면 됩니다.

유사패턴 It's highly likely (that)...

STEP 1 패턴 집중 훈련

너 이번에 승진 못 할 가능성이 높아. **There's a good chance that you're not going to get promoted this time.**

오늘 저녁에 비가 올 가능성이 높아. **There's a good chance it's going to rain tonight.**

션이 학교에서 괴롭힘[왕따]을 당하고 있을 가능성이 높아. **There's a good chance Shawn is being bullied at school.**

걔가 오지 않을 가능성이 높아. **There's a good chance that he is not coming.**

bully (약자를) 괴롭히다, 왕따시키다; 괴롭히는 사람

STEP 2 리얼 회화 연습

A **I hear you're on a shortlist for promotion.**

B **Yeah. Everyone's saying it's a *toss-up between Jeff and me.**

A **I think** 네가 될 가능성이 매우 높아.
The idea you came up with last month was a hit.

B **Thanks. I really hope so.**

A 너 승진 대상 명단에 최종 후보자로 이름이 올랐다더라.

B 응. 다들 제프와 나 둘 중 한 명이 될 거라고 하더라고.

A 내 생각엔 there's a very good chance you'll get it.
네가 지난달에 생각해 낸 아이디어가 히트 쳤잖아.

B 고마워. 나도 그러면 정말 좋겠어.

shortlist 최종 후보자 명단 come up with... ~을 생각해 내다

- toss-up은 가능성이 반반일 때 쓰는 표현이에요. It's a toss-up between A and B라고 하면, A와 B가 각각 가능성이 반씩이라는 뜻이 되죠.
  여기서 toss는 동전 던지는 것을 가리킵니다. 동전 던지기에서 앞면 아니면 뒷면의 두 가지 가능성이 있기 때문에 둘 중 하나가 될 것이라고 얘기할 때 이 표현을 쓰는 것이죠.

Unit

13 부탁&제안 표현하기

Q 다음 말을 영어로 만들어 볼까요?

- 난 단지 조심하라고 하는 거야.

  ______________ be careful.

- 톰에게 네가 걔 찾았다고 알려 줄게.

  ______________ Tom ______________ you asked for him.

- 제가 도와드릴 게 있다면 알려 주십시오.

  ______________ I can help you with, please let me know.

- 요리하는 게 안 내키면 외식해도 괜찮아.

  We ______________ eat out tonight if you don't feel like cooking.

- 우리 같이 저녁 식사 했으면 하는데요.

  ______________ we could go out for dinner.

정답 _ I'm just asking you to | I'll let / know | If there's anything (that) | could | I was hoping (that)

pattern 086 I'm (just) asking you to...

난 (단지) ~하라고 하는 거야 / ~해 달라고 부탁하는 거야

I'm asking you to… 패턴은 상대방에게 간절하게 부탁할 때, 진심 어린 충고를 할 때 쓰면 좋습니다. 이때 just를 쓰면 간절한 의미가 더욱 살겠죠?

유사패턴 I'm only asking you to… ‖ All I want you to do is…

STEP 1 패턴 집중 훈련

난 단지 조심하라고 하는 거야. **I'm just asking you to be careful.**

난 단지 재고해 달라고 부탁하는 거야. **I'm just asking you to reconsider.**

난 단지 그거 한번 생각해 보라고 말하는 거야. **I'm just asking you to give it a thought.**

난 네 미래에 대해서 생각하라고 하는 거야. **I'm asking you to think about your future.**

난 도움을 필요로 하는 친구를 좀 도와 달라고 부탁하는 거야. (나 좀 도와 달라는 거야) **I'm asking you to help out a buddy in need.**

buddy 친구(남자들 사이에서 씀) **in need** 도움이 필요한, 도움을 필요로 하는

STEP 2 리얼 회화 연습

A **Why do you *insist on sticking your nose in my life?**

B ***Look,** 난 단지 네가 삶에서 뭐가 중요한지를 생각해 보라는 거야.

A **I'm not a child. I can take care of myself.**

B **From where I'm standing, you still have some growing up to do.**

A 넌 왜 자꾸 내 삶에 참견하려고 하는 거야?

B 봐 봐, I'm just asking you to think about what's important in life.

A 난 어린애가 아니야. 내 일은 내가 알아서 할 수 있다고.

B 내가 보기엔 넌 아직 철이 좀 더 들어야 돼.

stick one's nose in(to)… ~에 쓸데없이 참견하다, ~에 괜히 간섭하다 **from where I'm standing** 내가 보기엔, 내 관점에서는

요건덤

- insist on -ing은 여기서 '자꾸 ~을 하다'라는 뜻으로 쓰였는데요, 상대방이 난 원하지 않거나 짜증 내는데도 자꾸 어떤 일을 하려고 할 때 쓰면 좋아요.
- Look 하면서 말을 시작하면 '자, 봐 봐', '이봐'라는 뜻이 돼요. 보통 상대방에게 짜증 나거나 답답함을 느낄 때 '내 말 좀 들어봐'라는 뜻으로 많이 씁니다.

087 I'll let ~ know...

내가 ~에게 …을 알려 줄게

누구에게 뭔가를 알려 주겠다고 말하고 싶을 때 I'll let ~ know… 패턴을 쓰면 좋습니다. 이때 let 뒤에는 누구한테 알려 줄 건지를 쓰고, know 뒤에는 알려 줄 내용을 말하면 됩니다.

유사패턴 I'll tell ~ … || I'll inform ~ …

STEP 1 패턴 집중 훈련

톰에게 네가 걔 찾았다고 알려 줄게.	**I'll let** Tom **know** you asked for him.
제가 과장님께 들르셨다고 알려 드리겠습니다.	**I'll let** the manager **know** you stopped by.
내가 시간을 좀 낼 수 있게 되면 너한테 알려 줄게.	**I'll let** you **know** when I can free up some time.
네가 고맙다고 했다고 걔한테 알려 줄게.	**I'll let** him **know** you said thank you.
내가 이거 읽어 보고 어떤지 너한테 알려 줄게.	**I'll let** you **know** what I think after I read it.

ask for + 사람 ~를 만나기 위해 찾다, ~가 어디 있는지 물어보다 **free up (time)** 시간을 내다

STEP 2 리얼 회화 연습

A Is Mr. Scofield in his office?

B I'm afraid he's in a meeting.
He won't be out for another hour.

A In that case, could you tell him that Kim Taewoo from marketing was here?

B Certainly. 나오시자마자 바로 전해 드릴게요.

A 스코필드 씨 사무실에 계십니까?

B 죄송하지만 지금 회의 중이세요.
앞으로 한 시간 동안은 안 나오실 거예요.

A 그러면 마케팅 부의 김태우가 왔다 갔다고 전해 주시겠습니까?

B 네 알겠습니다. I'll let him know as soon as he comes out.

If there's anything (that)...,

~한 게 있다면,

'내가 도와줄 게 있다면', '모르는 게 있다면' 같은 말을 할 때 쓰면 아주 좋은 패턴이 바로 If there's anything (that)... 이에요.

STEP 1 패턴 집중 훈련

제가 도와드릴 **게 있다면** 알려 주십시오.
If there's anything that I can help you with, please let me know.

내가 알아야 할 **게 있다면** 지금 말해.
(지금 말할 기회를 줄테니 지금 말해)
If there's anything I should know, now is the time to tell me.

알고 싶은 **게 있다면** 망설이지 말고 나한테 물어봐.
If there's anything you want to know, don't hesitate to ask me.

확실치 않은 **게 있으시다면** 언제든지 제게 질문하세요.
If there's anything you're not sure about, feel free to ask me.

필요한 **게 있으시면** 제 비서에게 알려 주십시오.
If there's anything you need, let my secretary know.

STEP 2 리얼 회화 연습

A You should probably go.
Your husband must be expecting you home.

B Don't worry about it.
I want to be here for you at a time like this.

A Thanks. But if it's all right with you, I'd like to be alone for a bit.

B Of course. 필요한 게 있으면 내 연락처 아니까 나한테 연락하고.

A 너 가 봐야겠다.
남편이 너 집에 오길 기다리고 있을 텐데.

B 걱정 마.
이런 때에는 네 옆에 있어 주고 싶어.

A 고마워. 하지만 네가 괜찮다면, 나 잠시 혼자 있고 싶어.

B 그래. If there's anything you need, you know where to reach me.

주어+can/could...

~해 봐 / ~하자 / ~해도 돼

조동사 can과 could는 회화 시에 제안을 할 때도 많이 쓰여요. 이때는 '~해 봐', '~하자', '~해도 괜찮아'라는 뜻이 됩니다. 이때 could는 과거의 의미가 아니라 can과 같이 현재시제로 쓰인 것입니다.

유사패턴 It's not a bad idea to...

STEP 1 패턴 집중 훈련

걔한테 나중에 다시 전화해 보면 **되잖아.** (해 봐)
You can try calling him again later.

요리하는 게 안 내키면 외식**해도 괜찮아.**
We could eat out tonight if you don't feel like cooking.

멀리 가는 거면 내가 차 갖고 가면 **돼.**
I can take my car if we're going somewhere far.

여기가 마음에 안 들면 다른 곳으로 가도 **돼.** (가자)
We could go somewhere else if you don't like it here.

너 지금 바쁘면 내가 나중에 들르면 **돼.** (들를게)
I can come by later if you're busy now.

come by (누구를 보러) 잠깐 들르다

STEP 2 리얼 회화 연습

A Do you know anyone who's looking for a roommate?
B Why? Are you moving out of your parents' place?
A Yeah. *It's about time I lived on my own.
B 학교 게시판에 광고 올려 봐.

A 너 아는 사람 중에 룸메이트 찾는 사람 있어?
B 왜? 집에서 나오게? (독립하게?)
A 응. 이제 혼자 살 때도 됐지.
B You can try posting an ad on the school bulletin.

bulletin (board) 게시판

- It's about time (that)…은 '~을 해야 할 때다', '진작 ~했어야 했다'라는 뜻이에요. It's about time 대신 It's high time을 써도 좋아요. 이때 that절에는 현재시제나 과거시제를 쓰는데요, 과거시제를 쓰는 게 일반적이에요.

pattern 090 I was hoping (that)...

~했으면 하는데 / ~하면 좋겠는데

I was hoping (that)…은 내심 바라던 일이 있을 때 누군가에게 '해 줬으면 좋겠는데' 하면서 조심스럽게 부탁할 때 쓰면 좋은 패턴입니다. 시제는 과거진행이지만 부탁하는 의미로 쓰일 때는 현재의 의미가 될 수 있어요.

유사패턴 I was wondering if… ‖ I would like…

STEP 1 패턴 집중 훈련

우리 같이 저녁 식사 했으면 하는데요. **I was hoping** we could go out for dinner.

내 부탁 하나 들어줬으면 하는데. **I was hoping that** you could do me a favor.

너하고 잠깐 얘기하면 좋겠는데. **I was hoping** I could talk to you for a minute.

저한테 팁을 몇 가지 알려 주셨으면 하는데요. **I was hoping** you could give me some pointers.

이거 함께 검토했으면 하는데. **I was hoping** we could go over this together.

pointer (어떤 일을 하는 데에 도움이 되는) 충고, 조언, 팁 go over… ~을 검토하다, 훑어보다

STEP 2 리얼 회화 연습

A 내일 내 알바 시간 대신 뛰어 줬으면 하는데. Can you?

B What time?

A From 7 to 10 in the evening.

B Well, I was going to watch a movie at home, but okay.

A Thanks a lot. I owe you one.

A I was hoping you could *cover my shift at work tomorrow. 가능할까?

B 몇 시에?

A 저녁 7시부터 10시까지.

B 뭐, 집에서 영화 보려고 했지만 해 줄게.

A 정말 고마워. 너한테 하나 빚진 걸로 할게. (나중에 갚을게)

요건덤

- cover one's shift는 '~ 대신 일해 주다'라는 뜻이에요. 여기서 cover는 '(자리를 비운 사람의 일을) 대신하다'라는 뜻이에요. shift는 교대 시간이 있는 직장에서의 '근무 시간'을 뜻합니다.

Unit

14 좋고 싫음 표현하기

Q 다음 말을 영어로 만들어 볼까요?

- 모든 일이 잘 풀려서 너무 기뻤어.

  ______ everything turned out all right.

- 나 로맨틱 코미디 좋아해.

  ______ romantic comedies.

- 난 오늘 밖에 나갈 기운 없어.

  ______ going out tonight.

- 난 파스타를 엄청 좋아해.

  ______ pasta.

- 제니는 걔 몸무게에 집착해.

  Jenny ______ her weight.

- 난 네가 그 블라우스 입은 모습이 마음에 들어.

  ______ look in that blouse.

- 난 네가 나를 그렇게 쳐다보는 게 너무 싫어.

  ______ look at me like that.

- 난 문자 주고받는 거 별로 안 좋아해.

  Texting ______.

정답 _ I was thrilled (that) | I'm into | I don't feel up to | I'm a big fan of | is obsessed with | I like the way you | I hate the way you | is not my thing

pattern 091 I am/was thrilled...

~해서 너무 좋아/기뻐

thrilled는 어떤 일에 대해 굉장히 기쁠 때, 흥분될 때 쓰면 좋은 단어예요. thrilled 뒤에는 about이나 with 같은 전치사를 쓰기도 하고, 'to+동사원형'을 써도 되고, that절이 오기도 합니다.

유사패턴 I am/was excited...

STEP 1 패턴 집중 훈련

내 파티에 사람들이 많이 참석해서 너무 좋아. **I'm thrilled** with the turnout at my party.

난 이 과목의 최종 점수가 잘 나와서 정말 기뻐. **I'm thrilled** about my final grade for the course.

난 에리카를 아주 오랜만에 만나서 너무 좋았어. **I was thrilled** to see Erica after such a long time.

모든 일이 잘 풀려서 너무 기뻤어. **I was thrilled** that everything turned out all right.

turnout 참석한 사람의 수 **turn out...** (일 · 진행 · 결과가) ~하게 되다[되어 가다]

STEP 2 리얼 회화 연습

A How did your physical go?

B I got my results today. I got *a clean bill of health!

A 그걸 들으니 나도 너무 기뻐! (잘됐다)
It must be a load off your mind.
You were pretty anxious about the results.

B I was so happy that I shook the doctor's hand when he told me.
It was such a relief.

A 신체 검사 어떻게 됐어?
B 오늘 결과 나왔어. 아무 이상 없대!
A **I'm thrilled to hear that!**
한 짐 던 기분이겠다. 검사 결과에 대해 꽤 걱정했었잖아.
B 너무 좋아서 얘기 들었을 때 의사 선생님 손까지 잡았어. 정말 마음이 놓이더라고.

physical 신체 검사(=physical examination) **load** 짐, 걱정거리 **relief** 안도, 안심

* a clean bill of health는 '건강이 양호함을 보여 주는 증명서'를 뜻해요. 그래서 get[receive] a clean bill of health라고 하면 '건강에 아무 이상이 없다는 결과가 나오다'라는 뜻이 되는 것이죠.

I'm into...

나 ~에 관심 있어 / 나 ~ 좋아해

I'm into...는 뭔가를 좋아한다고 말할 때 쓰기 좋은 패턴이에요. 관심 분야, 취미에 대해서 얘기할 때 써도 좋고, 무언가나 어떤 사람이 마음에 든다고 할 때도 쓸 수 있습니다.

유사패턴 I like... ∥ I'm interested in...

STEP 1 패턴 집중 훈련

나 랩 음악에 관심 있어. — **I'm into rap music.**

나 제니퍼한테 관심 있어. — **I'm into Jennifer.**

나 로맨틱 코미디 좋아해. — **I'm into romantic comedies.**

나 소개팅 같은 거 안 좋아해. — **I'm not into blind dates.**

나 스노우보딩 엄청 좋아해. — **I'm into snowboarding big time.**

big time 엄청나게, 정말

STEP 2 리얼 회화 연습

A *So, what do you do in your spare time?

B I like to stay active. I'm always trying new things.
These days, 살사 댄스에 빠져 있어요.

A I'm the complete opposite. I'm a *homebody.

B Isn't it boring? What do you do at home all day?

A 그래, 시간이 날 때 뭐 하세요?

B 항상 활동적인 걸 좋아해요. 항상 새로운 걸 시도하면서 삽니다.
요즘엔 I'm into salsa dancing.

A 전 완전 반대예요. 전 집에 있는 걸 좋아하거든요.

B 그러면 지루하지 않나요? 하루 종일 집에서 뭐 해요?

spare time 여가 시간(=free time)

- So는 질문을 할 때 문장 맨 앞에 자주 써요. '자', '그래'처럼 별 의미 없이 말을 꺼내기 위해 쓰는 것이죠.
- homebody는 '집에 있는 걸 좋아하는 사람'을 뜻해요.

I don't feel up to...

난 ~할 기운이 없어 / ~이 별로 안 내켜

어떤 일을 할 기력이나 체력이 없다거나 별로 안 내킨다고 말할 때 I don't feel up to... 패턴을 쓰면 좋아요. 이때 to 뒤에는 (대)명사나 '동사+ing'를 씁니다.

유사패턴 I don't have the energy... ‖ I don't feel like+명사/동사-ing형

STEP 1 패턴 집중 훈련

난 오늘 밖에 나갈 기운 없어. **I don't feel up to going out tonight.**

난 아무것도 안 내켜. 그냥 잘래. **I don't feel up to anything. I'm just gonna hit the sack.**

난 밖에 늦게까지 나가 있을 기분이 아니야. **I don't feel up to a late night out.**

난 오늘 아침 조깅하러 갈 기운 없어. **I don't feel up to going jogging this morning.**

난 오늘 오후엔 테니스 칠 기력이 없어. **I don't feel up to playing tennis this afternoon.**

hit the sack 잠자리에 들다, 자다　a late night out 밖에서 늦게 까지 있는[노는] 것

STEP 2 리얼 회화 연습

A We're all going to *Alice's to hang out. You're coming, right?

B Not tonight. You guys go ahead without me.

A Come on! It's Friday night.
You can't stay home on a Friday night.

B 오늘은 진짜 파티 할 기력이 없어. I *had a long day at work.

A 우리 모두 앨리스네 집에 놀러 갈 건데. 너도 같이 갈 거지?

B 오늘 밤엔 안 갈래. 그냥 나 빼고 너희들끼리 가.

A 그러지 말고! 금요일 밤이잖아. 금요일 밤에 집에 있으면 안 되지.

B I really don't feel up to partying. 오늘 회사에서 하루 종일 바빴거든.

요건덤

- 여기서 Alice's는 Alice's house[home] 또는 Alice's place에서 뒤의 명사를 생략한 형태예요.
- have a long day라고 하면 '긴 하루를 보내다'라는 뜻입니다. 잠을 별로 못 자고 오랫동안 계속 깨어 있었거나, 하루 종일 바쁘게 일을 했다고 얘기할 때 쓰면 좋아요.

I'm a big fan of...

난 ~의 열렬한 팬이야 / ~을 엄청 좋아해

I'm a big fan of... 패턴은 단순히 누군가나 어떤 것의 팬일 때에도 쓸 수 있고, 그냥 어떤 것을 정말 좋아한다고 말할 때도 쓸 수 있어요.

유사패턴 I'm a huge fan of... ‖ I love... ‖ I really like...

STEP 1 패턴 집중 훈련

난 비틀즈를 엄청 좋아해.	**I'm a big fan of the Beatles.**
난 피카소 작품의 열렬한 팬이야.	**I'm a big fan of Picasso's works.**
난 파스타를 엄청 좋아해.	**I'm a big fan of pasta.**
난 점술을 좋아하지 않아.	**I'm not a big fan of fortune-telling.**
난 해변에서 오랫동안 산책하는 것을 정말 좋아해.	**I'm a big fan of taking long walks on the beach.**

fortune-telling 점(술), 운세, 점 보기

STEP 2 리얼 회화 연습

A **Let me tell you something.** 난 솔직한 걸 정말 좋아해.
I'm also a big fan of acting like a mature, responsible adult.

B **I can see where this is going.**

A **Don't interrupt. I'm not done yet.**

B **Look, I know you're angry. I'm sorry.**
You don't have to lecture me.

A 내가 한마디 할게. **I'm a big fan of honesty.**
그리고 난 성숙하고 책임감 있고 어른답게 행동하는 것도 정말 좋아하고.

B 이 대화가 어디로 가고 있는 건지 알겠어. (네가 무슨 말 하려는 건지 알겠어)

A 말 자르지 마. 아직 안 끝났어.

B 저기 말이야, 네가 화난 거 알겠어. 미안해.
나한테 설교 안 해도 돼.

주어+is obsessed with...

~에 집착해 / ~을 완전 좋아해

be obsessed는 '집착하다'라는 뜻이죠. 이때 뒤에 전치사 with를 써서 어떤 것에 집착하는지를 표현할 수 있습니다. 누군가가 어떤 것에 집착해서 그것만 생각한다고 말할 때, 또는 어떤 것을 정말 좋아한다고 할 때 이 패턴을 씁니다.

유사패턴 주어+is crazy about...

STEP 1 패턴 집중 훈련

제니는 걔 몸무게에 집착해.	Jenny **is obsessed with** her weight.
애비는 이 프로젝트에 완전 목숨 걸었어.	Abby **is** absolutely **obsessed with** this project.
나 막 개점한 식당 엄청 좋아해. 맨날 거기서 먹어.	**I'm obsessed with** the new restaurant that just opened. I eat there every day.
앤젤라는 사람들이 걔를 어떻게 보는지에 집착해.	Angela **is obsessed with** how people view her.
캐리는 완벽한 남자를 찾는 데에 집착하고 있어.	Carrie **is obsessed with** finding the perfect man.

STEP 2 리얼 회화 연습

A 넌 항상 네 말이 맞는 것에 집착하더라. (넌 항상 네 말이 맞아야 속이 풀리더라)
That's all you ever think about.

B That's not true.

A Name one time you willingly admitted you were wrong.

B All right. *You've made your point.

A You're obsessed with being right all the time.
넌 그 생각밖에 안 해.

B 그렇지 않아.

A 네가 자진해서 틀렸다고 인정했던 때를 한번 대 봐.

B 알았어. 그래, 네 말이 맞아, 됐지?

name (정확히) 말하다, 지정하다 **willingly** 자진해서, 기꺼이, 쾌히

- make a point나 make one's point는 '~의 말이 맞다는 것을 증명하다'라는 뜻이에요. You('ve) made your point.라고 하면 "그래, 네 말이 맞아. 됐지?"라는 뜻이 됩니다. 상대방의 말을 인정하기는 싫지만 어쩔 수 없이 인정할 때 많이 씁니다. make 대신 prove를 써도 좋아요.

pattern 096 I like the way you...

난 네가 ~하는 방식이 마음에 들어

I like the way you... 패턴은 상대방의 무언가가 마음에 든다고 말할 때 쓰는 패턴이에요. 상대방의 외모나 성격, 행동, 습관 같은 것에 대해 칭찬할 때 쓰면 좋겠죠?

유사패턴 I like how you...

STEP 1 패턴 집중 훈련

난 네 사고 방식이 마음에 들어. **I like the way you think.**

난 네가 그 블라우스 입은 모습이 마음에 들어. **I like the way you look in that blouse.**

난 네 헤어스타일이 마음에 들어. **I like the way you styled your hair.**

난 네가 열린 사고를 하는 게 마음에 들어. **I like the way you keep an open mind.**

난 네 예전 모습이 마음에 들어. 넌 변했어. **I like the way you were before. You've changed.**

style (머리나 옷 등의) 스타일을 만들다, 스타일링하다

STEP 2 리얼 회화 연습

A 네가 미소 지을 때 입꼬리가 올라가는 게 마음에 들어.

B **Really?**

A **Yeah, and you get that dimple on your right cheek. It's so cute.**

B **I always hated that I only have a dimple on one side.**
I didn't think anybody would find it cute.

A I like the way the corners of your lips *curl up when you smile.

B 정말?

A 응, 그리고 네 오른쪽 뺨에 보조개가 생기잖아. 그게 정말 귀여워.

B 난 한쪽에만 보조개가 생겨서 너무 싫었는데.
아무도 그걸 귀엽다고 생각할 줄은 몰랐어.

corners of one's lips 입꼬리 **dimple** 보조개

요건덤

- curl은 '동그랗게 말다', '곱슬곱슬하게 만들다'라는 뜻이에요. 그래서 입꼬리가 말려 올라가는 것을 curl up이라고 하고, 반대로 내려가는 것은 curl down이라고 하죠.

I hate the way you...

난 네가 ~하는 게 너무 싫어

I hate the way you…는 I like the way you…와 반대로 상대방의 말이나 행동이 너무 거슬리거나 마음에 안 들 때 쓸 수 있는 패턴입니다.

유사패턴 I hate how you…

STEP 1 패턴 집중 훈련

난 네가 나를 그렇게 쳐다보는 게 너무 싫어. **I hate the way you** look at me like that.

난 네가 아무 일도 없었다는 듯이 행동하는 게 너무 싫어. **I hate the way you** act like nothing happened.

난 네가 날 무시하듯 말하는 태도가 너무 싫어. **I hate the way you** talk down to me.

난 네가 항상 나를 비판하는 게 너무 싫어. **I hate the way you** always criticize me.

난 네가 날 배려하지 않는 게 너무 싫어. **I hate the way you** are so inconsiderate of me.

talk down to... ~를 깔보며[무시하듯] 말하다 **inconsiderate** 사려 깊지 못한, 배려 없는

STEP 2 리얼 회화 연습

A *Oh my gosh! Not again!

B What?

A 네가 큰 소리 내면서 껌 씹는 거 너무 싫어!
I can hear it all the way across the room.

B *Oops! Sorry. I try not to do it, but I keep forgetting.

A 거 참! 또야!

B 뭐가?

A I hate the way you chew your gum so loudly!
방 건너편에서도 다 들리잖아.

B 아차! 미안. 그러지 않으려고 하는데 자꾸 까먹네.

all the way 멀리서, 멀리까지

요건덤

- Oh my gosh!는 Oh my God! 대신 많이 쓰이는 표현이에요. Oh my goodness!라고도 할 수 있어요.
- Oops!는 사소한 실수를 했을 때 "아차!", "이런!"이란 뜻으로 말하는 감탄사예요.

pattern 098 ...is not my thing

~은 내 취향이 아니야 / ~은 나하고 안 맞아 / 난 ~은 잘 못해

뭔가가 not my thing이라고 하면 나하고는 잘 안 맞거나 내 취향이 아니라는 뜻이 됩니다. 아니면 뭔가를 잘 못한다고 할 때도 not my thing이라고 말할 수 있습니다.

유사패턴 I don't like... ‖ I'm not good at... ‖ ...is not my cup of tea

STEP 1 패턴 집중 훈련

남의 소문을 퍼뜨리거나 험담하는 건 **내 취향이 아니야.** Gossiping **is not my thing.**

난 문자 주고받는 거 **별로 안 좋아해.** Texting **is not my thing.**

나 이성하고 시시덕거리는 거 **잘 못해/별로 안 좋아해.** Flirting **is not my thing.**

난 뮤지컬은 보통 **좋아하지 않아.** Musicals **are** normally **not my thing.**

난 인내심**하고는 거리가 멀어.** Patience **is not my thing.**

gossip 남의 소문을 퍼뜨리거나 험담하다 **flirt** 이성과 시시덕거리다

STEP 2 리얼 회화 연습

A *What do you say we continue this at a noraebang?

B Count me out. 노래방은 별로 안 좋아해.

A Don't be a *party-pooper.

B I'm not. I can't carry a tune. At all.
I can come, but don't expect me to sing.

A 노래방에 가서 더 노는 거 어때?

B 난 빼 줘. Noraebang is not my thing.

A 분위기 깨지 마.

B 그런 거 아니야. 난 노래 못한다고, 전혀.
같이 갈 수는 있는데 노래할 걸 기대하지는 마.

count ... out ~을 빼다, ~을 제외시키다 **can't carry a tune** 음치다, 음정을 못 맞추다(=be tone-deaf)

요건덤

- What do you say+주어+동사?는 '~하는 게 어때?' 하면서 상대방에게 제안을 할 때 쓰면 좋은 표현이에요.
- party-pooper는 '흥을 깨는 사람'이라는 뜻이에요. 한창 분위기 좋고 즐거운데 분위기를 깨는 사람을 부를 때 쓰는 표현이죠.

Unit

15 의견 말하기&묻기

Q 다음 말을 영어로 만들어 볼까요?

- 나 머리 염색할까?
  ______ dye my hair?

- 너 새로 이사 간 아파트 어때?
  ______ your new apartment?

- 4시에 만나는 거 어때?
  ______ we meet at 4?

- 난 네가 좋은 사람이라는 말을 하고 싶어.
  ______ you are a good person.

- 왜 내가 걔를 안 좋아한다고 생각하는 거야?
  ______ I don't like him?

- 이게 더 낫다고 봐야 할 것 같아.
  ______ I like this one better.

정답 _ Do you think I should | How do you like | What do you say | I'd just like to say | What makes you think | I would have to say

Do you think I should...?

나 ~할까? / ~하는 게 좋을까?

Do you think I should...?는 '내가 ~하는 게 좋을까?'라면서 상대방의 의견을 물어볼 때 쓰는 패턴이에요. 상대방의 충고를 듣고 싶을 때 쓰면 좋겠죠?

유사패턴 Should I...?

나 머리 염색할까?	Do you think I should dye my hair?
나 로스쿨 가는 게 좋을까?	Do you think I should go to law school?
나 그 직장에 지원할까?	Do you think I should apply for the job?
의사 선생님을 찾아가는 게 좋을까?	Do you think I should go see a doctor?
내가 거기 혼자 가는 게 좋을까?	Do you think I should go there alone?

law school 로스쿨, 법대 대학원

STEP 2 리얼 회화 연습

A 나 코 성형하는 게 좋을까?

B What's wrong with your nose?

A I want a higher, narrower *bridge.

B So you can look like everyone else who's had a nose job?
Be happy with what you've got.

A Do you think I should get a nose job?

B 네 코가 어때서?

A 더 높고 좁은 콧대를 원해. (콧대가 더 높고 좁았으면 좋겠어)

B 그래서 코 성형한 다른 사람들하고 똑같아 보이고 싶어서?
네가 갖고 있는 것에 만족하도록 해. (네 있는 그대로의 모습에 만족해)

nose job 코성형

- '콧대'는 영어로 nose bridge 또는 bridge of the nose라고 해요. 콧대가 높을 때는 bridge가 high하다고 표현하고, 콧대가 낮다고 할 때는 low나 flat을 써서 표현하면 됩니다.

How do you like...?

~은 어때?

'~은 어때?'라면서 상대방의 의견을 물어볼 때 How do you like...? 패턴을 쓰면 좋아요. 특히 상대방이 무엇을 마음에 들어하는지, 괜찮게 생각하는지 궁금할 때 쓰면 좋답니다.

유사패턴 How's...?

STEP 1 패턴 집중 훈련

너 새로 이사 간 아파트 **어때?** — **How do you like** your new apartment?

여기 날씨 **어때?** — **How do you like** the weather here?

이번 학기에 네가 수강하는 과목들 **어때?** — **How do you like** your classes this semester?

신혼 생활 **어때?** — **How do you like** life as a newlywed?

프랑스에 사는 거 **어때?** — **How do you like** living in France?

a newlywed [형용사] 신혼의; [명사] 갓 결혼한 사람

STEP 2 리얼 회화 연습

A 지금까지 지내 온 걸로 봐서 서울 어때요?

B **I love the *hustle and bustle of the city.**
I feel alive in the city everywhere I go.

A **I'm glad you're enjoying your time here.**
How long are you staying in the country?

B **About a week. I have to get all my shopping done before I leave!**

A How do you like Seoul so far?

B 이 도시의 부산함이 정말 좋아요. 어딜 가든 살아 숨 쉬는 것 같이 느껴져요.

A 이곳에서의 시간이 즐거우시다니 다행이에요. 한국에는 얼마나 오래 계실 건가요?

B 일주일 정도요. 떠나기 전에 쇼핑을 다 마쳐야 해요!

get ... done ~을 끝마치다

• hustle and bustle은 '혼잡함', '북새통', '부산함'이라는 뜻의 표현이에요. 여기에서처럼 도시에 대해 얘기할 때 많이 씁니다.

pattern 101 What do you say...?

~에 대해 어떻게 생각해? / ~ 어때?

What do you say…?는 회화 시에 제안을 할 때 많이 씁니다. 그냥 What do you say?라고만 말하기도 하고, 아니면 say 뒤에 '주어+동사'를 쓰거나 'to+(동)명사'를 쓰기도 합니다.

유사패턴 How about...? ‖ Why don't we...?

STEP 1 패턴 집중 훈련

어떻게 생각해? **What do you say?**

내 아이디어에 대해 어떻게 생각해? **What do you say to my idea?**

나랑 저녁 식사 하는 것에 대해 어떻게 생각해? **What do you say to having dinner with me?**

점심으로 초밥 먹는 거 어때? **What do you say we have sushi for lunch?**

4시에 만나는 거 어때? **What do you say we meet at 4?**

STEP 2 리얼 회화 연습

A What do you want to do? Do you wanna go watch a movie?

B It feels like that's all we ever do when we go out together.
I want to do something different.

A Do you have something in mind?

B Hm... *Oh, I know!
지현이네 커플하고 더블데이트 하는 건 어때?

A 뭐 할까? 영화나 보러 갈까?
B 우리 데이트할 때마다 그거 하는 거 같아. 뭔가 다른 거 하고 싶어.
A 뭐 생각하고 있는 게 있어?
B 흠……. 아 생각났다!
What do you say we go on a double date with Jihyun and her boyfriend?

- Oh, I know!나 Wait, I know!는 뭔가를 생각하다가 아이디어가 떠올랐을 때 "아, 알겠다!", "아, 생각났다!"라는 뜻으로 하는 말이에요.

pattern 102 I'd just like to say (that)...

~이라는 말을 하고 싶어

I'd just like to say는 뭔가 하고 싶었던 중요한 이야기를 꺼낼 때 쓰면 좋은 패턴이에요. 또는 여럿이 모여 있는 상황에서 한마디 할 때에도 정말 많이 씁니다. '이 기회를 빌어 한마디 하고 싶습니다' 같은 느낌으로요.

유사패턴 I just wanna say (that)... ‖ I'd like to take this opportunity to say (that)...

STEP 1 패턴 집중 훈련

난 네 직업의식을 정말 존경한다는 말을 하고 싶어. **I'd just like to say I really admire your work ethic.**

여러분 모두가 정말 대단한 일을 해냈다는 말을 하고 싶습니다. **I'd just like to say that you all did a phenomenal job.**

난 네가 좋은 사람이라는 말을 하고 싶어. **I'd just like to say you are a good person.**

네 태도는 용납할 수 없었다는 말을 하고 싶어. **I'd just like to say your behavior was inexcusable.**

work ethic 직업윤리, 직업의식 **phenomenal** 경이로운, 감탄스러운 **inexcusable** 변명의 여지가 없는, 용납할 수 없는

STEP 2 리얼 회화 연습

A 우리는 정말 멋진 팀이라는 말을 하고 싶습니다.
Good job, everyone.

B ***Hear, hear!**

A **And I'd like to *propose a toast to our continued success. Cheers!**

B **Cheers!**

A I'd just like to say that we're a great team.
모두들 수고 많았어요.

B 옳소!

A 그리고 우리의 계속될 성공을 위해 건배하고 싶습니다. 건배!

B 건배!

요건덤

- Hear, hear!는 어떤 사람이 연설할 때 동의를 표시하는 의미로 쓰여요. 뜻은 "옳소!" 정도가 되겠네요.
- propose a toast to…는 '~을 위해 축배를 들자고 제안하다', '~을 위해 건배를 제안하다'라는 뜻이에요.

What makes you think (that)...?

뭐 때문에 ~이라고 생각하는 거야?

What makes you think (that)...?은 직역하면 '무엇이 널 ~이라고 생각하게 만드는 거야?'라는 뜻이죠. 그래서 상대방에게 왜 그렇게 생각하는지 물어볼 때 쓰면 좋습니다. 단순히 의견을 물어볼 때도 쓰지만, '네가 뭔데 그러는 거야?' 하면서 화를 낼 때도 많이 써요.

유사패턴 Why do you think (that)...?

STEP 1 패턴 집중 훈련

뭐 때문에 내가 틀렸다고 생각하는 거야?	What makes you think that I'm wrong?
왜 내가 걔를 안 좋아한다고 생각하는 거야?	What makes you think I don't like him?
뭐 때문에 네가 그렇게 특별하다고 생각하는 거야? (네가 뭔데 그렇게 대단하다는 거야?)	What makes you think that you're so special?
왜 네가 나보다 더 낫다고 생각하는 거야?	What makes you think you're better than me?
왜 당신이 이 일에 적임자라고 생각하십니까?	What makes you think you're qualified for the job?

qualified 자격이 있는, 적격인, 적임자인

STEP 2 리얼 회화 연습

A Do you think I should call Keith?

B Ditch him. He's just *playing you.

A 왜 걔가 날 갖고 논다고 생각하는 거야?

B He *has you wrapped around his finger.
But he doesn't even call you. Classic sign of a player.

A 키스한테 전화를 걸까?

B 그 남자는 차 버려. 그 남자는 그냥 널 갖고 노는 거야.

A What makes you think that he's playing with me?

B 걘 널 자기 마음대로 주무르고 있어.
근데 그 남자는 너한테 전화도 안 하잖아. 바람둥이의 전형적인 특징이야.

ditch (사귀는 사람을) 차 버리다 classic 전형적인, 대표적인 sign 징후, 조짐, 기색

- play (with)…는 '~을 가지고 놀다'라는 뜻이에요.
- have … wrapped around one's (little) finger는 '~을 자기 마음대로 주무르다'라는 뜻이에요. 그래서 남녀 관계에서 한쪽이 다른 한쪽에 푹 빠져 있어서 상대방이 원하는 대로 다 해 줄 때에도 이 표현을 씁니다.

I would have to say...

~이라고 볼 수 있을 것 같아 / (아무래도) ~이라고 해야 할 것 같아

자신의 의견을 이야기하거나 상대방의 질문에 답변할 때, 확답을 주는 대신 살짝 약하게 표현하고 싶을 때가 있죠? 그럴 때 쓰면 좋은 패턴이 I would have to say…입니다. 답변에 자신이 없을 때, 생각해 본 적이 없는 것에 대해 질문을 받아서 확답을 주기 힘들 때, 또는 일부러 애매하게 답변하고 싶을 때 쓰면 좋아요.

유사패턴 …probably ‖ I think…

STEP 1 패턴 집중 훈련

이게 더 낫다고 봐야 할 것 같아.	**I would have to say** I like this one better.
네 제안을 거절해야 할 것 같아.	**I would have to say** no to your proposal.
봄이 내가 제일 좋아하는 계절인 것 같아.	**I'd have to say** spring is my favorite season.
이 문제에 있어서는 클레어와 동의한다고 해야 할 것 같아.	**I'd have to say** I agree with Claire on this.
승산이 희박하다고 봐야 할 것 같아.	**I'd have to say** the odds are slim.

odds 가능성, 승산 **slim** 희박한, 빈약한, 보잘것없는

STEP 2 리얼 회화 연습

A **Can you believe the audacity? And he said it right to my face!**

B **I'm sorry, but** 난 이 점에 있어서는 걔하고 같은 의견이라고 해야 할 것 같아.

A **Are you serious?**

B **He *has a point. You sometimes don't watch what you're saying.**

A 넌 그 뻔뻔함이 믿어지냐? 게다가 걘 바로 내 얼굴에다 대고 그 말을 했다고!

B 미안하지만, I'd have to say *I'm with him on this one.

A 진심이야?

B 걔한테 일리가 있는걸. 넌 때때로 조심성 없이 말할 때가 있어.

audacity 뻔뻔함, 대담성 **watch** 조심하다

- have a point는 '일리가 있다', '주장이 지당하다', '좋은 얘기를 꺼냈다'라는 뜻입니다. 예를 들어 누군가가 생각지 못한 제안을 했거나 놓치기 쉬운 점을 지적했을 때, "그거 일리 있네.", "그거 말되네."라고 말하려면 You have a point. 또는 You've got a point.라고 하면 되는 것이죠.
- be with…는 '~와 함께 있다'라는 뜻 외에도 '~의 말을 지지하다', '~에 찬성하다'라는 뜻으로도 많이 쓰입니다.

궁금한 것을 마음껏 물어본다!

의문사 패턴

Unit 16 what

Q 다음 말을 영어로 만들어 볼까요?

- 너 왜 그래?
  ________ you?
- 다시 싱글이 되니까 기분 어때?
  ________ to be single again?
- 내 컴퓨터에다가 무슨 짓을 한 거야?
  ________ my computer?
- 뭐 그런 질문이 다 있어?
  ________ question is that?
- 걱정해 봐야 무슨 의미 있어?
  ________ worrying?
- 그러니까 넌 이게 내 잘못이라는 거구나.
  ________ it's my fault.
- 내가 이해 안 되는 게 바로 그거야.
  ________ I don't get.
- 내 말은 넌 좀 더 긍정적이어야 한다는 거야.
  ________ you should be more positive.
- 가장 중요한 것은 내면의 아름다움이야.
  ________ inner beauty.

정답 _ What's up with | What's it like | What did you do to | What kind of | What's the point of | So what you're saying is | That's exactly what | What I mean is | What matters (the) most is

pattern 105 What's up with...?

~이 왜 그러지? / ~이 어떻게 된 거야?

What's up with…? 패턴은 "쟤 왜 저래?"라고 사람에 대해 물어볼 때도 쓰고, "그거 어떻게 된 거야?"라고 어떤 사물이나 상황에 대해서 물어볼 때에도 많이 쓰입니다.

유사패턴 What's with…? ‖ What's wrong with…? ‖ What's gotten into…? ‖ What's the matter with…? ‖ What happened to…?

STEP 1 패턴 집중 훈련

너 왼쪽 눈이 왜 그래?	**What's up with your left eye?**
오늘 날씨가 왜 이러지?	**What's up with the weather today?**
젠이 왜 저러지?	**What's up with Jen?**
너 왜 그래? 오전 내내 한 마디도 안 했잖아.	**What's up with you? You haven't said a word all morning.**
닉 왜 저래? 오늘 엄청 기분 나빠 보여.	**What's up with Nick? He's so grumpy today.**

grumpy 심통 부리는, 쉽게 짜증 내는, 기분이 나쁜, 성격이 나쁜

STEP 2 리얼 회화 연습

A 요즘 날씨가 왜 이래?

B **It's wacky, right? *One minute it's over 30 degrees, and the next minute I have to wear long sleeves to work!**

A **And everyone's catching a cold nowadays.**

B **I guess that *comes with the change of season.**

A What's up with the weather these days?

B 완전 미쳤지? 언제는 30도가 넘더니,
금방 또 추워져서 출근할 때 긴팔 입고 가야 한다니까!

A 그리고 요즘 다들 감기에 걸리더라고.

B 환절기엔 원래 그런 거지, 뭐.

wacky 이상한, 미친 **catch a cold** 감기에 걸리다 **change of season** 환절기(=season change, changing seasons)

요건덤

- One minute ~, and the next (minute) …는 '금방 ~했다가 또 금방 …하게 되다', '한순간 ~했다가, 그 다음 순간에는 …하게 되다'라는 뜻이에요. 누군가나 무언가가 갑작스럽게 변했다는 얘기를 할 때 쓰면 좋겠죠?
- come with는 '어떠어떠한 게 보통이다', '일상적인 일이다'라는 뜻이에요. 여기서는 '환절기에 감기 걸리는 건 이상한 일이 아니다'라는 뜻으로 쓰인 것이죠.

pattern 106 What's it like...?

~은 어떤 기분이야? / ~하니까 어때?

어떤 일에 대해서 '그거 하니까 기분이 어때?', '그건 어떤 기분이야?'라고 물어볼 때 What's it like...? 패턴을 쓰면 좋아요. 이때 like 뒤에는 '동사+ing'나 'to+동사원형'을 써요. 아니면 장소를 나타내는 부사(구)를 써도 되고요. 이럴 땐 그 장소가 어떤지 물어보는 뜻이 되겠죠?

유사패턴 How does it feel to...? ‖ How is it (like)...? ‖ What does it feel like...?

STEP 1 패턴 집중 훈련

다시 싱글이 되니까 기분 어때? **What's it like to be single again?**

담배 피우는 건 어떤 기분이야? **What's it like to smoke?**

스타벅스에서 일해 보니까 어때? **What's it like working at Starbucks?**

거기는 어때? **What's it like over there?**

엄마가 되니까 기분이 어때? **What's it like to be a mom?**

STEP 2 리얼 회화 연습

A 술에 취하는 건 어떤 기분이야?

B ***You start slurring your words.**
You sometimes do things you regret later. Why do you ask?

A **Just curious. I have a low *tolerance for alcohol.**
So I don't drink more than one glass.

B **I gotta teach you, then!**

A What's it like to be drunk?
B 말이 꼬이기 시작하지. 때때로는 나중에 후회할 행동을 하기도 하고. 왜 물어봐?
A 그냥 궁금해서. 난 술이 안 받거든. 그래서 한 잔 넘게는 안 마셔.
B 그럼 내가 술을 가르쳐 줘야겠구나!

slur (one's words) (술 취하거나 피곤해서) 혀 꼬부라진 소리로 말하다

- You 는 여기서처럼 상대방을 가리키지 않고 그냥 일반적인 사람을 가리키는 뜻으로 정말 많이 쓰입니다.
- tolerance는 '관용', '아량'이라는 뜻도 있고, '내성', '저항력'이라는 뜻도 있어요. 그래서 alcohol tolerance가 낮다고 표현하면 '술이 안 받는다', '술을 못한다'라는 뜻이 되는 것이죠.

What did you do with/to...?

~ 가지고 뭘 한 거야? / ~한테 무슨 짓을 한 거야?

어떤 사물이나 사람에 대해 뭘 한 건지 물어볼 때 이 패턴을 쓰면 좋습니다. 보통 with는 '이걸 가지고 뭘 한 거야?' 같은 말을 할 때 함께 쓰고, to는 '여기에다 무슨 짓을 한 거야?' 같은 말을 할 때 씁니다.

유사패턴 What happened to...?

STEP 1 패턴 집중 훈련

너 전에 몰던 차는 어쨌어? **What did you do with your old car?**

내가 준 돈 가지고 뭘 한 거야? **What did you do with the money I gave you?**

내 컴퓨터에다가 무슨 짓을 한 거야? **What did you do to my computer?**

네 손톱에다가 무슨 짓을 한 거야? **What did you do to your fingernails?**

네 머리에다가 무슨 짓을 한 거야? **What did you do to your hair?**

STEP 2 리얼 회화 연습

A **Can you get the check here today?**
I'll get the next one when my paycheck comes out.

B 지난달 월급 가지고는 뭘 했는데?

A **Well...**

B **Don't tell me. You blew it all on your girlfriend.**
***She's got you whipped. What did you buy her this time?**

A 오늘 네가 계산 좀 해 줄래? 월급 나오면 다음 번에는 내가 낼게.
B What did you do with your last paycheck?
A 그게 말이야…….
B 말하지도 마. (말 안 해도 다 알아) 여자 친구한테 다 날렸구나.
너 완전 여자 친구한테 잡혀 사네. 이번에는 뭐 사 줬냐?

check 계산서(=bill) **get the check** (식당 등에서) 계산하다, 돈을 내다 **paycheck** 봉급, 월급 **blow** (돈을) 펑펑 쓰다, 날리다

요건덤

- 'have (got)+남자+whipped'는 '남자가 여자한테 꽉 잡혀 산다'는 뜻으로 쓰여요. 남녀 관계에서 칼자루를 여자가 쥐고 있다는 뜻인데, 칼자루 대신 채찍으로 표현한 것이죠.
비슷하게 '사슬/개 목걸이(leash)로 매어 놨다'는 표현을 쓰기도 해요. She has (got) you on a leash.라고요.

What kind of...?

무슨 ~이 그래? / 뭐 이런 ~이 다 있어?

What kind of...?는 직역하면 '무슨 종류의 ~?'라는 뜻이 되는데, 회화에서는 '뭐 이런 게 다 있어?' 같은 말을 할 때 많이 쓰여요. 비꼬거나 비난할 때 쓸 일이 많겠죠.

유사패턴 What sort of...?

STEP 1 패턴 집중 훈련

넌 무슨 친구가 그래? **What kind of friend are you?**

뭐 그런 질문이 다 있어? **What kind of question is that?**

무슨 선생님이 그래? **What kind of teacher is he?**

넌 무슨 여자 친구가 그러냐? **What kind of girlfriend are you?**

넌 무슨 사람이 그래? (넌 인간성이 왜 그러냐?) **What kind of person are you?**

STEP 2 리얼 회화 연습

A 넌 무슨 동생이 그러냐?

B **What did I do?**

A **You wore my dress without asking me. And look at this stain!**
Do you know how much I paid for this?
I was going to wear it tonight!

B **I didn't do it on purpose! My friend spilled coffee on it.**
Can't you just wear something else?

A What kind of sister are you?

B 내가 뭘 했길래?

A 나한테 물어보지도 않고 내 치마 입었잖아. 이 얼룩 좀 봐!
내가 이거 얼마 주고 샀는지 알아?
오늘 밤에 입으려고 했었단 말이야!

B 일부러 그런 거 아니야! 내 친구가 커피를 쏟은 거란 말이야.
그냥 다른 거 입으면 안 돼?

stain 얼룩 **on purpose** 일부러, 고의로(= intentionally)

What's the point of...?

~이 무슨 의미 있어? / ~이 무슨 소용이야?

point에는 '요점', '의미'라는 뜻이 있죠. 그래서 What's the point of…?라고 물어보면 요지나 목적이 뭔지를 물어보는 뜻이 돼요. 이것이 회화에서는 약간 의역돼서 "그래서 어쩌겠다는 거야?"라는 뉘앙스로 묻는 의미가 된답니다.

유사패턴 What's the use of…?

STEP 1 패턴 집중 훈련

걱정해 봐야 **무슨 의미 있어?** — **What's the point of** worrying?

그래 봐야 **무슨 소용이야?** — **What's the point of** doing that?

그거 사서 **뭐 하려고?** — **What's the point of** buying it?

차는 뒀다가 **어디에 쓰게?** (차는 사놓고 왜 안 써? / 차를 왜 사?) — **What's the point of** having a car?

이제 와서 잘잘못을 따진들 **무슨 소용 있어?** — **What's the point of** trying to place the blame at this point?

place the blame 잘잘못을 따지다 at this point 이 시점에서

STEP 2 리얼 회화 연습

A Look what I got!

B An iPad! Cool. Wait, didn't you buy a new MacBook last month?

A Yup! This completes my Apple collection.

B You *sure love Apple products.
근데 PC를 하나 넘게 갖고 있는 게 무슨 의미가 있어? (PC 하나만 있으면 되는 거 아니야?)

A 내가 뭐 샀는지 봐 봐!

B 아이패드네! 좋다. 잠깐, 너 지난달에 맥북 새로 사지 않았어?

A 응! 이걸로 내 애플 컬렉션이 완성됐다. (이제 애플에서 나온 제품들 다 샀다)

B 넌 참 애플 제품들 좋아하는구나.
But what's the point of owning more than one PC?

collection 수집품, 소장품, 모음

- sure를 여기서처럼 주어와 동사 사이에 쓰면 '너 참 ~하구나'라는 뜻이 돼요.
그냥 You like …(너 ~ 좋아하는 구나) 라고 하는 것보다 You sure like …라고 하면 '너 참 좋아하는 구나'라고 강조하는 의미가 됩니다.

pattern 110 So what you're saying is...

그러니까 ~이라는 거구나

So what you're saying is...는 '그러니까 넌 지금 ~이라고 말하는 거구나'라고 상대방이 한 말을 다시 확인하는 의미예요. 특히 상대방이 기분 상하게 하는 말을 했을 때, "그러니까 쉽게 말해서 넌 이런 말을 하는 거잖아."라는 뉘앙스로 상대방이 한 말을 짚고 넘어갈 때 쓰면 좋습니다.

유사패턴 So you're telling me (that)...

STEP 1 패턴 집중 훈련

그러니까 넌 이게 내 잘못이라는 거구나.	**So what you're saying is** it's my fault.
그러니까 우리 사이는 이제 끝이라는 거구나.	**So what you're saying is** we're through.
그러니까 내가 이 집에서 나가길 바란다는 거구나.	**So what you're saying is** you want me to move out.
그러니까 넌 아주 그만두겠다는 거구나.	**So what you're saying is** you wanna quit for good.

for good 영원히, 완전히

STEP 2 리얼 회화 연습

A 그러니까 넌 내가 너한테 부족하다고 (네가 나한테 과분하다고) 말하는 거구나.

B Don't *put words in my mouth. That's not what I meant.

A Yes, it is. You just said that
I don't make as much money as you
and that I went to some third-rate school.

B I don't care about that at all! But my parents....

A So what you're saying is I'm not good enough for you.
B 난 그렇게 말한 적 없어. 그런 뜻으로 말한 게 아니잖아.
A 맞잖아. 네가 방금 난 너만큼 돈도 못 벌고 무슨 3류 대학이나 나왔다고 했잖아.
B 난 그런 거 하나도 상관 안 해! 하지만 우리 부모님은…….

third-rate 3류의, 3류인

• put words in one's mouth는 직역하면 '~의 입에 말을 넣다'라는 뜻이니까, '~가 하지도 않은 말을 했다고 하다'라는 뜻이에요. 실제로 그렇게 말하지 않았는데 상대방이 확대해석하거나 왜곡해서 받아들일 때 "난 그렇게 말한 적 없어."라는 뜻으로, You're putting words in my mouth.나 Don't put words in my mouth.라고 하면 좋답니다.

That's exactly what...

그게 바로 ~이야 / ~이 바로 그거야

상대방이 어떤 말이나 행동을 했을 때 "바로 그거야!"라면서 공감을 표현하거나 "바로 그게 문제야!"와 같이 콕 집어서 지적하고 싶을 때 That's exactly what… 패턴을 써서 말하면 좋아요.

유사패턴 That's precisely what...

STEP 1 패턴 집중 훈련

내가 너한테 내내 한 말이 바로 그거잖아.	That's exactly what I've been telling you all along.
내가 이해 안 되는 게 바로 그거야.	That's exactly what I don't get.
그게 바로 내가 일어날 거라고 말했던 거잖아. (내가 그렇게 될 거라고 했잖아)	That's exactly what I said would happen.
그게 바로 네가 말하길 바라던 거였어. (바로 그 말을 듣고 싶었어)	That's exactly what I was hoping you'd say.

all along 내내, 여태까지 계속

STEP 2 리얼 회화 연습

A **Have you noticed something is different about Marilyn lately?**

B 내가 바로 그 생각 하던 참이었어.
And she started wearing make-up and dressing nicely.

A **Do you think she's got a man?**

B **That's obvious.**
I'm thinking that it's someone from the office.

A 요즘 매릴린이 조금 달라진 거 눈치 챘니?

B That's exactly what I was thinking.
그리고 걔가 안 하던 화장도 하고 옷도 잘 입고 다니기 시작했다니까.

A 걔한테 남자가 생긴 것 같아?

B 그건 너무 뻔하잖아.
내 생각엔 직장에 있는 누군가인 것 같아.

What I mean is...

내 말은 ~이야

What I mean is...는 '내가 의미[의도]하는 것은 ~이다'라는 뜻입니다. 그래서 회화에서는 '내 말은 ~이야'라는 뜻이 됩니다. 상대가 내 말을 오해해서 해명하고 싶을 때, 또는 내가 한 말에 덧붙여서 추가로 설명할 때 쓰면 좋은 패턴이죠.

유사패턴 What I'm trying to say is...

STEP 1 패턴 집중 훈련

내 말은 시간이 좀 더 필요하다는 거야. **What I mean is** I need more time.

내 말은 넌 좀 비현실적이라는 거야. **What I mean is** you're a bit unrealistic.

내 말은 네가 참견이 너무 심하다는 거야. **What I mean is** you are too nosy.

내 말은 넌 좀 더 긍정적이어야 한다는 거야. **What I mean is** you should be more positive.

내 말은 네가 과거에 연연하지 말아야 한다는 거야. **What I mean is** you shouldn't dwell on the past.

nosy 참견하기 좋아하는, 꼬치꼬치 캐묻는 **dwell on the past** 과거에 얽매이다, 연연하다

STEP 2 리얼 회화 연습

A I've been thinking lately... and I'm starting to wonder about my life.

B You don't like the way it is right now?

A It's not that.
내 말은 내가 때때로 나 자신에게 "이게 다야? (산다는 게 이런 거야)"라는 질문을 하게 된다는 거야.

B Yes, I get that feeling.
I *find myself wondering the same thing sometimes.

A 요즘 내가 계속 생각을 좀 하고 있는데...... 내 삶에 대해서 의문이 생기기 시작했어.

B 지금 이대로가 마음에 안 들어서 그래?

A 그건 아니야. What I mean is sometimes I ask myself, "*Is this it?"

B 응, 그 기분 나도 알아. 나도 때때로 같은 걸 궁금해하곤 해.

wonder 궁금해하다

- Is this it?이라고 물어보면 "이거면 돼?", "이게 다야?", "이게 끝이야?"라는 뜻이에요.
- find oneself -ing/형용사 는 '스스로가 ~하는/인 모습을 발견하게 되다', 즉 '~하게 되다'라는 뜻이에요.

What matters (the) most is...

가장 중요한 것은 ~이야

matter는 동사로 쓰이면 '중요하다'라는 뜻이죠. 그래서 '가장 중요한 건 ~이야'라고 할 때 What matters (the) most is…라고 말할 수 있어요. 이때 is 뒤에는 명사류를 쓰면 됩니다.

유사패턴 The most important thing is… ‖ What counts (the) most is… ‖ …matters (the) most

STEP 1 패턴 집중 훈련

가장 중요한 것은 내면의 아름다움이야.	**What matters most is** inner beauty.
가장 중요한 것은 네가 네 자신을 어떻게 보는지야.	**What matters most is** how you see yourself.
가장 중요한 것은 우리가 서로를 위해 곁에 있어 준다는 거야.	**What matters the most is** that we're there for each other.
가장 중요한 것은 네가 진정으로 뭘 하고 싶은지야.	**What matters most is** what you really want to do.

be there (for…) (~을 위해) 곁에 있어 주다

STEP 2 리얼 회화 연습

A What do you look for in a woman?

B Emotional maturity.

A What about her looks?

B I've dated plenty of pretty faces, but looks don't last.
나한테 가장 중요한 건 여자가 자신의 있는 그대로의 모습에 만족하는 거야.

A 넌 여자한테 뭘 원해? (넌 여자를 볼 때 어떤 면을 중요시 생각해?)

B 정신적인 성숙함.

A 외모는?

B 예쁜 여자들하고는 질릴 만큼 사귀어 봤는데, 외모는 오래 안 가더라고.
What matters most to me is that she *is comfortable in her own skin.

emotional 정신적인, 정서적인 maturity 성숙(함) last 오래가다, 지속되다

- be comfortable in one's own skin이라는 표현은 '자기 자신의 있는 그대로의 모습에 만족하고 편안해 하다'라는 뜻이에요. 몸에 배어 있는 자신감이 느껴지는 사람에 대해 얘기할 때 쓰면 되겠죠?

Unit 17 how

Q 다음 말을 영어로 만들어 볼까요?

- 너 오늘 왜 출근 안 했어?
  ______ you didn't go to work today?

- 나 그걸 어떻게 해?
  ______ do that?

- 너 어떻게 대니엘을 잊을 거야?
  ______ get over Danielle?

- 어째서 넌 항상 네가 맞다고 생각하는 거야?
  ______ you always think you're right?

- 우리가 같은 생각을 했다는 게 재밌네.
  ______ we were thinking the same thing.

- 우리 한 시간쯤 후에 만나면 어떨까?
  ______ I meet you in an hour or so?

정답 _ How come | How am I going to | How are you going to | How is it (that) | It's funny how | How about if

pattern 114 How come...?

왜 ~하는 거야? / 왜 ~했어?

How come...?은 '어째서 ~하는 거야?'라고 이유를 물어볼 때 쓰면 좋은 패턴입니다. How come 뒤에는 '주어+동사'가 옵니다.

유사패턴 Why+동사+주어?

STEP 1 패턴 집중 훈련

왜 점심 안 먹는 거야?	**How come** you're not eating lunch?
너 오늘 왜 출근 안 했어?	**How come** you didn't go to work today?
혜민이는 왜 항상 야근하는 거야?	**How come** Hyemin always works overtime?
넌 봉급이 올랐는데 나는 왜 안 오른 거지?	**How come** you got a pay raise and I didn't?
왜 넌 아무것도 아닌 일로 화내는 거야?	**How come** you're getting upset over nothing?

pay raise 봉급 인상

STEP 2 리얼 회화 연습

A You're calling me at 3 in the morning?
*This had better be important!

B I wouldn't be calling if it wasn't.
Can you come pick me up? I have no money for cab fare.

A 넌 왜 항상 이런 일이 생기면 나한테 전화하냐?

B Because you're the best friend anyone could ever ask for.

A 너 지금 새벽 3시에 나한테 전화한 거야?
이거 중요한 거 아니기만 해 봐라!

B 중요한 것 아니었으면 전화 안 하지.
나 좀 데리러 와 줘. 택시비가 없어.

A How come you always call me when something like this happens?

B 네가 더 이상 바랄 게 없을 정도로 최고의 친구니까 그렇지. (너만 한 친구가 없으니까 그렇지)

cab 택시 fare (교통) 요금

요건덤

- had better는 you 같은 사람만 주어로 오지 않고 this, it 같은 주어와도 함께 쓰여요.
This had better be important.는 "이거 중요한 것인 게 좋을걸."이라고 하면서 살짝 협박하는 뜻인데, 의역되어 "이거 중요한거 아니기만 해봐라."라는 뜻이 되는 것이죠.

How am I going to/gonna...?

나 어떻게 ~하지?

어떤 일을 어떻게 해야 할지 모르겠을 때, 대책이 안 서서 막막하거나 답답할 때 How am I going to...? 패턴을 써서 표현할 수 있습니다.

유사패턴 How will I...? ‖ How am I supposed to...? ‖ How would I...?

STEP 1 패턴 집중 훈련

나 빚을 어떻게 갚지?	**How am I going to** pay off my debt**?**
나 이 일에 대해 어떻게 낙관적일 수 있겠어?	**How am I gonna** be optimistic about this**?**
나 그걸 어떻게 해?	**How am I going to** do that**?**
나 어떻게 생활해 가지? (먹고 살 길이 막막해)	**How am I gonna** support myself**?**
나 어떻게 걔를 상대로 경쟁하지?	**How am I gonna** compete with him**?**

support oneself 생계를 유지하다

STEP 2 리얼 회화 연습

A **Are you done yet?**

B **No. I have to finish writing the last paragraph.**

A **Hurry up and finish.**
We have to leave by 7 if we want to get there on time.

B **That's what I'm trying to do.**
네가 자꾸 기웃기웃거리고 있는데 내가 어떻게 빨리 끝내냐?

A 아직 안 끝났어?

B 아니. 마지막 문단 마저 써야 돼.

A 서둘러서 빨리 끝내.
거기에 제시간에 도착하려면 7시까지는 출발해야 한다고.

B 나도 빨리 끝내려고 하잖아.
How am I gonna do that with you *hovering over me?

* hover over…는 '~의 근처에서 계속 맴돌다'라는 뜻이에요. 보통 기다리거나 참견하려고 대기하면서 기웃기웃거리고 있을 때 많이 씁니다. 부모가 아이 근처에서 감시하며 주위를 왔다갔다 할 때에도 많이 쓰이고요.

pattern 116 How are you going to/gonna...? 너 어떻게 ~할 거야?/~할 건데?

상대방에게 '너 그거 어떻게 할 거야?'라고 물어볼 때, 또는 상대방이 대책 없이 행동할 때 '너 그건 어쩌려고 그러는 거야?' 같은 말을 할 때 How are you going to…? 패턴을 써서 말하면 좋답니다.

유사패턴 How will you…? ‖ How do you plan to…?

STEP 1 패턴 집중 훈련

너 어떻게 대니엘을 잊을 거야? **How are you going to get over Danielle?**

너 어떻게 내일까지 리포트 끝마치려는 거야? **How are you gonna finish the paper by tomorrow?**

너 어떻게 부모님한테 허락을 받아 낼 거야? **How are you going to get your parents' permission?**

너 네가 한 일을 어떻게 걔한테 말할 건데? **How are you gonna tell him what you did?**

STEP 2 리얼 회화 연습

A I can't go on like this. I have to tell her.

B But 어떻게 말할 거야?
She's going to *throw a fit.

A She's going to find out eventually anyway.
I'd rather she heard it from me.

B Okay, but *break it to her gently.

A 이대로는 못 버티겠어. 그녀에게 말해야겠어.
B 그런데 how are you going to tell her? 난리를 칠 텐데.
A 어차피 언젠가 알게 될 텐데. 나한테 직접 듣는 게 나을 것 같아. (차라리 내가 말하는 게 나아)
B 알았어. 하지만 부드럽게 돌려서 얘기해.

eventually 결국(엔)

- throw a fit은 '성질을 부리다'라는 뜻으로, have a fit이라고 해도 돼요. fit 대신 tantrum을 써서 throw a tantrum이라고 표현할 수도 있습니다.
- break the news to…는 '~에게 어떤 소식을 처음으로 알려주다'라는 뜻으로, 주로 좋지 않은 소식에 대해 씁니다. 여기에서처럼 the news 대신 it을 써도 돼요.

How is it (that)...?

어째서/어떻게 ~이라는 거야?

How is it (that)…? 패턴은 이해나 납득이 안 되는 일, 신기해서 뭔지 궁금한 일, 불쾌하거나 어이없는 일에 대해 '어째서 그런 거야?'라고 물어볼 때 쓰는 패턴입니다.

유사패턴 Why + 동사 + 주어?

STEP 1 패턴 집중 훈련

어째서 넌 항상 네가 맞다고 생각하는 거야?	**How is it that** you always think you're right?
어째서 넌 그렇게 독선적인 거야?	**How is it that** you're so opinionated?
넌 어떻게 내가 무슨 생각하는지 항상 알고 있는 거야?	**How is it that** you always know what I'm thinking?
넌 어떻게 항상 기분이 좋은 거야?	**How is it** you're always in a good mood?
어째서 넌 계속 폴을 못살게 구는 거야?	**How is it** you keep picking on Paul?

opinionated 자신의 의견을 고집하는, 독선적인 **pick on...** ~를 못살게 굴다, 걸고넘어지다

STEP 2 리얼 회화 연습

A **Do you like my present?**

B **Like it? I absolutely love it!**

A **I *was torn between this one and another one, but I thought you'd like this one better.**

B **It's perfect!**
어떻게 넌 항상 내가 뭘 좋아하는지 아는 거지? (어쩜 그렇게 내 취향을 잘 아니?)

A 내가 준 선물 마음에 들어?
B 마음에 드냐고? 완전 너무 마음에 들어! (그냥 마음에 드는 정도가 아니야)
A 이거랑 또 다른 것 중에 어떤 걸 고를까 굉장히 고민했는데, 네가 이걸 더 좋아할 것 같더라고.
B 이건 완벽해! (너무 좋아)
How is it that you always know what I like?

• be torn between A and B는 'A와 B 사이에서 망설이다', '고민하다'라는 뜻이에요. 둘 중 하나 어떤 걸 골라야 할지 고민되는 상황에서 쓰면 좋겠죠?

118 It's + 형용사 + how + 주어 + 동사

~이라는/~하다는 게 …해

'~이라는 게 참 대단하네', '~이라는 게 참 웃기네' 같은 말을 할 때 쓰면 좋은 패턴입니다. 이때 how는 '어떻게'라는 뜻이 아니라 that과 같은 뜻으로 쓰인 거예요. 네이티브들은 대화를 할 때 이렇게 how를 that 대신 많이 쓴답니다.

유사패턴 It's + 형용사 + that + 주어 + 동사

STEP 1 패턴 집중 훈련

우리가 같은 생각을 했다는 게 재밌네. **It's funny how we were thinking the same thing.**

몇 시간 동안 계속 말하고도 아직 할 말이 있다는 게 대단해. **It's incredible how you can talk for hours and still have something to say.**

아이들이 말을 배우는 게 신기해. **It's amazing how kids pick up words.**

네가 그렇게 충동적일 수 있다는 게 믿어지지가 않아. **It's unbelievable how you can be so impulsive.**

pick up words 말을 주워듣다, 절로 언어를 습득하다 impulsive 충동적인

STEP 2 리얼 회화 연습

A **Look at this mess!**
I can't even walk through the room without tripping on something.

B **Don't step on that pile. There are some important files.**

A 네가 여기서 일을 한다는 게 참 대단하다.

B **I have my own system and know where everything is.**
Besides, I'm a total *pack rat.

A 이 난장판 좀 봐!
어디에 걸려서 넘어지지 않고는 이 방에서 걸어 다니지도 못하겠네.

B 거기 쌓아 놓은 건 밟지 마. 중요한 파일들이 있다고.

A It's amazing how you can work in here.

B 나만의 체계가 있어서 뭐가 어딨는지 다 알아.
게다가 난 물건을 버리지 않고 다 모아두는 성격이라서 말이야.

trip on/over... ~에 발이 걸려 헛디디다 step on... ~을 밟다 pile (쌓아놓은) 더미

요건덤

- pack rat 은 '산림쥐'라는 동물인데, 회화에서는 '필요 없는 물건들까지 모두 버리지 않고 모아 놓는 사람'을 뜻해요.

119 How about if...?

~하면 어떨까? / ~하면 어떻게 되는 거지?

How about if…? 패턴은 '이렇게 하면 어떨까?' 같이 제안할 때 쓸 수 있는 패턴입니다. 또는 '만약에 그렇게 되면 어떻게 되는 거지?'처럼 가정을 할 때에도 쓰고요. if 뒤에는 '주어+동사'가 옵니다.

유사패턴 Why don't…? (제안) ‖ What if…? (가정)

STEP 1 패턴 집중 훈련

어떻게 될지 시간을 두고 지켜보면 어떨까? **How about if we wait and see what happens?**

우리 한 시간쯤 후에 만나면 어떨까? **How about if I meet you in an hour or so?**

이번에는 내 방식으로 하면 어떨까? **How about if we do it my way this time?**

우리가 지금 그만두면 어떻게 되는 거지? **How about if we quit now?**

스텔라가 거절하면 어떻게 되는 거지? **How about if Stella refuses?**

wait and see (상황 · 결과 등을) 시간을 두고 지켜보다

STEP 2 리얼 회화 연습

A **We're *screwed.**

B 헬렌한테 우리를 도와달라고 부탁해 보면 어떨까?

A ***Over my dead body.**
I can imagine the smug look on her face when I ask her.

B **Set your pride aside just this once.**
You said so yourself. We're screwed.

A 우리 망했어.
B How about if we ask Helen to help us?
A 죽어도 안 돼. 내가 걔한테 부탁할 때 걔가 지을 우쭐해 하는 표정이 상상이 돼.
B 이번 한 번쯤은 자존심을 제쳐 둬. (자존심 좀 죽여)
네가 말했잖아. (네 입으로 말했잖아) 우리 망했다고.

smug 우쭐해 하는, 의기양양해 하는 **set … aside** (다른 더 중요한 일을 위해) ~을 제쳐 두다, 고려하지 않다

- screwed는 '망한', '큰일 난'이라는 뜻이에요. 참고로 f*cked도 같은 뜻으로 쓰이는데, 이건 욕이니까 조심해서 써야겠죠?
- over my dead body는 직역하면 '내 시체 위로'라는 뜻이니, 내가 살아있는 한 절대로 안 된다는 뜻이죠. 우리말의 "내 눈에 흙이 들어가기 전에는 절대 안돼."와 통하는 표현입니다.

Unit
18 who&which&why

Q 다음 말을 영어로 만들어 볼까요?

- 누가 먼저 싸움을 걸었다고 생각해?
  ________ started the fight?

- 네가 뭔데 나한테 설교하는 거야?
  ________ lecture me?

- 이 디자인들 중에서 어떤 걸 더 선호하세요?
  ________ designs do you prefer?

- 넌 왜 내가 널 사랑한다는 걸 모르는 거야?
  ________ see that I love you?

- 너 왜 그렇게 나한테 차갑게 구는 거야?
  ________ cold to me?

- 내가 왜 그걸 못 찾았는지 알겠다.
  ________ I couldn't find it.

정답 _ Who do you think | Who are you to | Which of these | Why can't you | Why are you being so | That explains why

pattern 120 Who do you think...?

누가 ~이라고 생각하니?

Who said that?이라고 물어보면 "누가 그 말 했어?"라는 뜻이죠. 여기서 who 뒤에 do you think를 붙이면 상대방의 의견을 물어보는 뜻이 돼요. 그래서 Who do you think said that?이라고 하면 "누가 그 말 한 것 같아?"라는 의미가 됩니다.

유사패턴 Who, in your opinion,...?

STEP 1 패턴 집중 훈련

누가 준결승에서 이길 것 같아? **Who do you think will win the semi-finals?**

누가 먼저 싸움을 걸었다고 생각해? **Who do you think started the fight?**

내가 누구라고 생각하는 거야? (날 뭘로 보는 거야?) **Who do you think I am?**

너 지금 누구를 속인다고 생각하는 거야? (너 지금 나를 바보 취급 하는 거야?) **Who do you think you're fooling?**

누가 이걸로 가장 이득을 본다고 생각하니? **Who do you think benefits from this the most?**

fool 속이다, 기만하다 **benefit** 혜택 · 이득(을 보다)

STEP 2 리얼 회화 연습

A **Did you hear?**
Sam got an F in Economics!

B **No way. For what?**

A **Plagiarizing on the paper.**
Apparently, someone reported him to the professor.

B **Oh my God.** 누가 한 것 같아?

A 너 들었어?
샘이 경제학에서 F 학점 받았대!

B 그럴 리가. 뭐 때문에?

A 리포트에서 표절한 걸로.
듣기로는 누가 교수님한테 말했대.

B 오 마이 갓. Who do you think did it?

apparently 듣자하니, 보아하니 **plagiarize** 표절하다 **report** 신고하다, 보고하다, 알리다

Who is/are ~ to...?

~가 뭔데 …하는 거야?

Who is/are ~ to…? 패턴은 '네가 뭔데 나한테 그러는 거야?', '쟤가 뭔데 날 무시하는 거야?' 같은 말을 하면서 따질 때 쓰면 참 좋은 패턴이에요. Who is나 Who are 뒤에는 사람을 써 주고, to 뒤에는 동사원형을 쓰면 됩니다.

유사패턴 What gives ~ the right to…?

STEP 1 패턴 집중 훈련

네가 뭔데 날 협박하는 거야? **Who are you to threaten me?**

네가 뭔데 나한테 설교하는 거야? **Who are you to lecture me?**

네가 뭔데 나한테 명령하는 거야? **Who are you to give me orders?**

걔가 뭔데 내가 이걸 못한다는 거야? **Who is he to say I can't do it?**

그 사람들이 뭔데 너한테 손가락질하는 거야? **Who are they to point fingers at you?**

lecture 강의하다, 설교하다, 잔소리하다 **point fingers (at…)** ~에게 손가락질하다, ~를 비난하다

STEP 2 리얼 회화 연습

A **Why is it so hard to make a relationship last? The longest relationship I've been in was 4 months.**

B **Maybe you're choosing the wrong guys.**

A **Are you questioning my taste in men?**
네가 뭔데 날 판단하는 거야? (네가 뭔데 내가 이렇다 저렇다 말하는 거야?)

B **You're *blowing this *way out of proportion.**

A 왜 이렇게 연애를 오래 지속하는 게 어려운 걸까? 가장 오래한 연애가 네 달이야.
B 네가 남자를 잘못 고르는 걸지도 모르지.
A 너 지금 내가 남자 보는 눈을 의심하는 거야? Who are you to judge me?
B 넌 지금 별거 아닌 걸로 엄청 오버하는 거야. (내 말을 너무 오버해서 받아들이는 거야)

question 의문을 갖다, 의심하다

- blow … out of proportion은 '별것 아닌 것을 부풀려서 확대시키다'라는 뜻이에요. 별것 아닌 것 갖고 오버한다고 말할 때 많이 씁니다.
- way는 여기서 '매우', '너무 많이'라는 뜻으로 쓰여서 out of proportion을 강조하는 의미로 쓰인 것입니다.

pattern 122 Which of the/these...?

이 …들 중에서 어떤 게 ~할까?

몇 가지 옵션을 놓고 '이것들 중에서 어떤 걸~?' 하면서 물어볼 때 Which of the…?나 Which of these…?를 쓰면 좋습니다.

유사패턴 Of the/these…, which ~?

STEP 1 패턴 집중 훈련

둘 중에서 어떤 게 더 합리적일까? **Which of the two is more reasonable?**

이 디자인들 중에서 어떤 걸 더 선호하세요? **Which of these designs do you prefer?**

이 TV 프로그램들 중에서 어떤 게 가장 인기 있어? **Which of these TV shows are most popular?**

이 노트북들 중에서 어떤 걸 추천하시겠어요? **Which of these laptops would you recommend?**

STEP 2 리얼 회화 연습

A **Okay, I've narrowed down the list of cars to these two.**

B **They're both nice cars.**

A 너라면 이 둘 중 어떤 걸 고를 거야?

B **Depends on what you're looking for.**
For me, it's *gas mileage. So I wouldn't buy either of them.

A 자, (내가 사고 싶은) 차 리스트를 이렇게 두 가지로 좁혀 봤어.

B 둘 다 좋은 차네.

A Which of these two would you choose?

B 그건 차 살 때 뭘 원하는지에 따라 다르지.
내가 가장 원하는 건 연비거든. 그러니까 나는 둘 다 안 살 거야.

narrow down ~ to … ~을 …으로 좁히다

요건덤

- gas mileage는 '연비'를 뜻해요. 그래서 차가 연비가 좋다고 표현하려면 have good gas mileage라고 하면 됩니다. 이때 have good gas mileage 대신 be fuel efficient라는 표현도 많이 써요. My car is fuel efficient.처럼요.

pattern 123 Why can't you...?

넌 왜 ~ 못하는 거야?

Why can't you...?는 상대방에게 무언가를 왜 못하는지 물어볼 때 쓰는 패턴이에요. 특히 상대방의 행동이나 말이 거슬리거나 못마땅할 때 '왜 못하겠다는 거야?'라고 물어보는 경우 많이 씁니다.

유사패턴 How come you can't...? ‖ Why is it that you can't...?

STEP 1 패턴 집중 훈련

너 왜 우리하고 같이 못 간다는 거야? **Why can't you come with us?**

넌 왜 거절을 받아들이지 못하는 거야? **Why can't you take no for an answer?**

넌 왜 시키는 대로 못 하는 거야? **Why can't you do as you're told?**

넌 왜 다른 사람들처럼 될 수 없는 거야? (좀 평범하게 굴 수 없어?) **Why can't you be like everyone else?**

넌 왜 내가 널 사랑한다는 걸 모르는 거야? **Why can't you see that I love you?**

take no for an answer 안 된다는 답을 받아들이다

STEP 2 리얼 회화 연습

A **Your curfew's 11 o'clock. All right?**

B **Mom! It's 7 already!**
That means I have to be back in 4 hours.

A ***My house, my rules.**

B 엄마는 왜 가끔씩 좀 봐줄 수 없는 거예요? (가끔씩 좀 봐줄 수 있는 거 아니에요?)

A 통금 시간은 11시야. (11시까지 집에 와) 알았지?

B 엄마! 지금 벌써 7시잖아요!
그 말은 내가 4시간 안에 집에 돌아와야 된다는 건데요.

A 내 집이니까, 내 규칙대로 해.

B Why can't you *go easy on me once in a while?

curfew 통금(시간) once in a while 때때로, 가끔

- My house, my rules.는 영미권 문화에서 자녀들이 말을 듣지 않을 때 부모님들이 '자녀가 독립해서 집을 나갈 때까지는 부모 규칙대로 따라야 한다'는 뜻으로 많이 하는 말이에요.
- go easy on…은 '~을 살살 다루다', '심하지 않게 대하다'라는 뜻이에요.
Go easy on me!라고 하면 "나한테 너무 빡빡하게 굴지 마!", 그러니까 쉽게 얘기해서 "좀 봐줘!"라는 뜻이 되는 것이죠.

pattern 124 Why are you being so...?

너 왜 그렇게 ~하게 구는 거야?

You are being so...라고 하면 '너 참 ~하게 군다', '너 참 ~하게 굴고 있다'라는 뜻이죠. 그래서 Why are you being so...?라고 말하면 '너 왜 그렇게 ~하게 구는 거야?'라고 물어보는 뜻이 됩니다. 상대방이 짜증 나게 만들 때, 또는 상대방의 태도가 이해가 안 될 때 쓰면 좋겠죠?

유사패턴 Why are you acting so...?

STEP 1 패턴 집중 훈련

너 왜 그렇게 나한테 차갑게 구는 거야? Why are you being so **cold to me?**

너 왜 그렇게 예민하게 구는 거야? Why are you being so **sensitive?**

너 요즘 왜 그렇게 비밀스럽게 구는 거야? Why are you being so **secretive these days?**

너 왜 그렇게 비겁하게 구는 거야? Why are you being so **cowardly?**

너 왜 그렇게 바보같이 구는 거야? Why are you being so **stupid?**

secretive 비밀스러운 **cowardly** 겁이 많은, 비겁한

STEP 2 리얼 회화 연습

A 왜 나한테 그렇게 퉁명스럽게 구는 거야?
I feel like I'm talking to a wall. Did I do something wrong?

B **Sorry. It's not you. It's me.**

A **What's wrong?**

B **I'm just having *a bad hair day.**

A Why are you *being so short with me?
난 마치 벽에 대고 말하는 것 같아. 내가 뭔가 잘못한 게 있는 거야?

B 미안해. 너 때문에 그런 게 아니라. 내가 괜히 그러는 거야.

A 무슨 일이야?

B 그냥 오늘 하는 일마다 안 풀려. (일진이 안 좋아)

요건덤

- be short with...는 '~에게 퉁명스럽게 말하다', '무뚝뚝하게 말하다'라는 뜻이에요. 질문을 해도 관심없는 듯이 무성의하게 답변할 때 쓰면 좋아요.
- a bad hair day는 '모든 일이 안 풀리는 날'이라는 뜻이에요.

That explains why...

왜 ~인지 알겠다

That explains why…는 '그게 왜 ~인지를 설명해 주네'라는 뜻이죠. 그래서 회화에서는 "아…… 왜 그런지 이제 알겠다."라는 말을 할 때 쓰면 정말 좋아요. why 뒤에는 '주어+동사'를 쓰면 됩니다.

유사패턴 Now I understand why…

STEP 1 패턴 집중 훈련

내가 왜 그걸 못 찾았는지 알겠다. **That explains why I couldn't find it.**

왜 너한테 연락이 안 됐는지 알겠다. **That explains why I couldn't reach you.**

왜 걔가 그렇게 징징거렸는지 알겠다. **That explains why he was whining so much.**

왜 여자들이 걔하고 안 사귀려는지 알겠다. **That explains why women won't date him.**

네가 왜 요전에 날 못 알아봤는지 알겠다. **That explains why you didn't recognize me the other day.**

whine 징징대다, 칭얼거리다, 우는소리 하다

STEP 2 리얼 회화 연습

A **Is he gone?**

B **Is who gone?**

A **Matt. He asked me for a favor, and I said yes.**
***Hopefully, he'll ask someone else if he can't find me.**

B 네가 왜 계속 걔를 피했는지 이제 알겠네.
Stop being a *pushover and learn to say no.

A 걔 갔어?

B 누가 갔냐고 물어보는 거야?

A 매트 말이야. 걔가 나한테 부탁한 게 있는데 내가 해 주겠다고 했거든.
부디 날 못 찾고 다른 사람한테 물어보면 좋겠는데 말이야.

B That explains why you've been avoiding him.
그렇게 호구처럼 굴지 말고 거절하는 법 좀 배워.

요건덤

- hopefully는 '희망하건대', '바라건대'라는 뜻으로, 대화 시에 참 많이 쓰이는 단어입니다. 문장 맨 앞에, 또는 동사 앞에, 또는 문장 맨 끝에 '~하면 좋겠는데'라는 뜻으로 써요.
- pushover는 '남이 부탁하면 쉽게 거절하지 못하는 사람', '유혹에 잘 넘어가는 사람'이라는 뜻이에요. 우리말의 '호구'나 '봉'과 통하는 말이라고나 할까요?

Unit 19 when&where

Q 다음 말을 영어로 만들어 볼까요?

- 너 언제 결정할 거야?

  ________ make up your mind?

- 너 언제 시간 날 것 같아?

  ________ you'll be free?

- 네 리포트 마감일이 언제야?

  ________ your paper ________?

- 그 점에서 네가 잘못 알고 있는 거야.

  ________ you're mistaken.

정답 _ When are you going to | When do you think | When is / due | That's where

pattern 126 When are you going to/gonna...? 너 언제 ~할 거야?

When are you going to…? 패턴은 상대방에게 어떤 일을 언제 할 건지 물어볼 때 쓰면 좋은 패턴으로, 진작 했어야 할 일을 안 하고 있을 때 답답하다는 듯이 물어볼 때도 많이 씁니다. are를 were로 바꿔서 '너 언제 ~할 생각이었어?' 라고 추궁하는 의미로 쓸 수도 있어요.

유사패턴 When will you…? ‖ When do you plan to…? ‖ When are you planning to…?

STEP 1 패턴 집중 훈련

너 언제 결정할 거야? **When are you going to make up your mind?**

너 신부 축하 파티 언제 할 거야? **When are you gonna have your bridal shower?**

너 그녀한테 언제 청혼할 거야? **When are you going to ask her to marry you?**

너 언제 네 나이답게 행동할 거야? **When are you going to start acting your age?**

너 언제 말할 생각이었어? (왜 이제 말하는 거야? / 왜 말을 안 한 거야?) **When were you going to tell me?**

bridal shower 예비 신부 축하 파티(여자들끼리 모여서 예비신부를 축하해 주는 파티)

STEP 2 리얼 회화 연습

A **Did you really turn down the job offer?**

B **I realized that's not what I want. I want to be a musician.**

A **It was a good-paying, stable job!**
넌 언제 철들려고 그러는 거야?

B **Do you always have to *put a damper on things?**

A 너 정말 일자리 제의 들어온 걸 거절한 거야?

B 내가 원하는 건 그게 아니라는 걸 깨달았거든. 난 뮤지션이 되고 싶어.

A 보수도 좋고 안정적인 자리였잖아!
When are you going to grow up?

B 넌 꼭 그렇게 항상 남 일에 찬물을 끼얹어야겠어?

good-paying 보수가 좋은 **stable** 안정된, 안정적인 **turn down** 거절하다 **grow up** 성장하다, 철들다

- put a damper on…는 '~의 흥을 깨다', '~를 위축시키다', '~의 열의를 꺾다'라는 뜻이에요. 우리말의 '찬물을 끼얹다', '김새게 만들다'와 같은 의미인 것이죠.

When do you think...?

언제 ~이라고 생각해?

언제 어떤 일이 일어날 것 같은지 상대방에게 물어볼 때 쓰면 좋은 패턴이 When do you think...입니다. '언제 가능할 것 같아?', '언제 끝날 것 같아?' 같은 말을 할 때 쓸 수 있겠죠?

STEP 1 패턴 집중 훈련

언제 걔가 여기 도착할 것 같아?	**When do you think** she's gonna get here?
언제 비가 그칠 것 같아?	**When do you think** the rain will let up?
걔가 언제 청혼할 것 같아?	**When do you think** he'll pop the question?
너 언제 시간 날 것 같아?	**When do you think** you'll be free?
너 언제 이 프로젝트 마칠 수 있을 것 같아?	**When do you think** you'll be able to wrap up this project?

let up 그치다, 누그러지다 **pop the question** 청혼하다 **wrap up** 마치다, 마무리하다

STEP 2 리얼 회화 연습

A **Have you seen Jason? He owes me $200.**

B **Um... You might want to *stay out of his hair for a bit. He's been barking at everyone these days.**

A **Again? He really needs *anger management.**
걔한테 언제 돈 돌려 달라고 하는 게 좋을 것 같아?

B **Give it a couple of days.**

A 너 제이슨 봤어? 걔 나한테 200달러 갚아야 돼.

B 저기……. 당분간 걔 피하는 게 좋을걸.
걔 요즘 누구를 보든 간에 계속 신경질 부리고 있거든.

A 또? 걘 분노 통제를 좀 할 필요가 있어.
When do you think I should ask for my money back?

B 2~3일 정도 기다려 봐.

bark (개가) 짖다, 큰 소리로 신경질 부리며 말하다

- stay out of one's hair는 '~를 방해하지 않다', '~의 가까이 가지 않다'라는 뜻이에요. stay 대신 keep도 많이 씁니다.
- 현지에서는 분노 통제를 잘 못하는 사람들을 위한 anger management program이 활성화되어 있고, 분노 통제라는 말이 일상적으로 자주 쓰여요. 그래서 화날 때 통제를 잘 못하는 사람이 있으면 "쟤는 anger management가 필요해."라는 말을 많이 합니다.

When is... due?

~의 마감일/예정일이 언제야?

due는 '예정된', '(돈을) 지불해야 하는'이라는 뜻으로 정말 많이 쓰입니다. 그래서 When is... due? 패턴은 예정일이 언제인지, 기한이 언제까지인지를 물어보고 싶을 때 쓰면 좋습니다.

유사패턴 What is the due date for...?

STEP 1 패턴 집중 훈련

네 리포트 **마감일이 언제야?** — **When is** your paper **due?**

집세 **언제까지 내야 하죠?** — **When is** the rent **due?**

이 책 **반납일이 언제죠?** — **When is** this book **due?**
(이 책 언제까지 반납해야 하죠?)

부인 출산 **예정일이 언제신가요?** — **When is** your wife **due?**

신용 카드 청구서 비용 **지불일이 언제야?** — **When is** the credit card bill **due?**

rent 집세, 방세, 임차료 **bill** 청구서

STEP 2 리얼 회화 연습

A **Long time no see, Erin.**
I didn't know you were expecting!

B **I guess my baby bump is showing now.**

A **You look radiant. It must be the *pregnancy glow.**
출산 예정일이 언제야? **Do you know if it's a boy or a girl?**

B **6 months. And no. We want it to be a surprise.**

A 오랜만에 본다, 에린. 임신 중인 줄 몰랐네!
B 이제 나 배부른 게 눈에 띄는가 보구나.
A 너 좋아 보인다. 임신해서 그런가 봐.
When are you due? 아들인지 딸인지는 알아?
B 6개월. 그리고 (아기 성별은) 몰라. 모르는 채로 있다가 나중에 알고 싶거든.

expecting 임신한 **baby bump** 임산부의 배가 부른 것 **radiant** 빛나는, 환한

- 영미권 문화에서는 임산부 특유의 아름다움에 대해 칭찬하는 의미로 pregnancy glow라는 표현을 많이 씁니다. 호르몬의 변화로 혈색이 좋아 보인다거나, 엄마가 된다는 기대감에 행복해 보이는 데에서 나오는 아름다움을 뜻해요. glow가 '은은한 불빛', '은은하게 빛나다'라는 뜻이거든요.

That's where...

~한 게 거기야 / 그 점에서 ~인 거야

where는 장소를 가리키는 뜻으로 쓰지만, 네이티브들은 where를 다양한 상황에서 써요. That's where...의 경우에도 '그 장소에서 ~한 거야'라는 뜻도 있지만, '그 점에서 ~인 거야'라는 뜻으로도 많이 쓰입니다.

유사패턴 That's the place... (장소) ‖ ...there. (그 점에서)

STEP 1 패턴 집중 훈련

내가 바로 **거기에 있었어.** — **That's** exactly **where** I was.

아하! 내가 그걸 **거기에 뒀구나.** — Aha! **That's where** I left it.

내가 가는 곳이 바로 **거기야.** (나도 바로 거기 가는데) — **That's** exactly **where** I am going.

그 점에서 네가 잘못 알고 있는 **거야.** — **That's where** you're mistaken.

그 점에서 우리의 관점이 갈라지는 **거야.** — **That's where** our views diverge.

diverge 갈라지다, 나뉘다

STEP 2 리얼 회화 연습

A There's nothing we can do. It's over.

B We don't know that.

A It's too late. I don't see how we can *turn this around.

B 그 점에서 우리가 다른 거야.
I refuse to sit and do nothing. I don't give up that easily.

A 우리가 할 수 있는 건 없어. 다 끝났다고.

B 그건 모르는 거야.

A 너무 늦었어. 어떻게 해 볼 방법이 없어 보이는걸.

B That's where we're different.
난 그냥 앉아서 아무것도 안 할 순 없어. 난 그렇게 쉽게 포기하지 않는다고.

- turn ... around는 '상황을 호전시키다', '회복시키다', '역전시키다'라는 뜻이에요. 경제나 회사의 재정 상태, 운동 경기, 사람의 삶 등이 더 좋아진다고 할때 쓰면 좋습니다.

네이티브처럼 여러 상황에서 써 보자!

조동사 패턴

should

Q 다음 말을 영어로 만들어 볼까요?

- 선불로 내야 하나요?

  ________ pay in advance?

- 나 그 남자 잊어버리는 게 좋을 것 같아.

  ________ forget about him.

- 너 커피를 줄이는 게 좋을 것 같아.

  ________ cut down on coffee.

- 걔가 지금쯤이면 여기 도착했어야 하는데.

  He ________ here by now.

- 네가 걔 표정을 봤어야 했다니까!

  ________ the look on his face!

정답 _ Should I | Maybe I should | Maybe you should | should be | You should've seen

Should I...?

나 ~할까? / ~하는 게 좋을까?

Should I...? 패턴은 '나 ~할까?', '내가 ~해 줄까?'라는 뜻으로 상대방에게 제안을 할 때 또는 '나 ~해야 할까?'라는 뜻으로 자신이 어떤 일을 해야 할지 말지에 대해 상대방의 의견을 물어볼 때 많이 씁니다. 아니면 '제가 ~해야 하나요?'라는 뜻으로 어떤 일을 해야 하는지 물어볼 때도 쓰고요.

유사패턴 Do you want me to...? ‖ Shall I...? (formal)

STEP 1 패턴 집중 훈련

내가 집까지 바래다줄까? **Should I walk you home?**

선불로 내야 하나요? **Should I pay in advance?**

나 좀 더 수수한 와이셔츠를 입는 게 좋을까? **Should I wear a more conservative dress shirt?**

전화 왔었다고만 전해 드리면 됩니까? **Should I just tell him you called?**

음악 소리 줄일까? **Should I turn the music down?**

walk... home ~를 집까지 걸어서 바래다주다 **conservative** 보수적인, 화려하지 않은 **dress shirt** 와이셔츠

STEP 2 리얼 회화 연습

A 육개장 먹을까, 아니면 비빔밥 먹을까?

B **Who cares? Just choose whatever.**

A **I really feel like some bibimbap, but I also want the soup in yukgaejang.**

B **How about this?**
I'll get yukgaejang, and you order bibimbap.
Then we'll share.

A Should I eat yukgaejang or bibimbap?

B 무슨 상관이야? 아무거나 골라.

A 비빔밥이 너무 땡기는데, 육개장 국물도 먹고 싶단 말이야.

B 그럼 이건 어때?
내가 육개장 먹을 테니까, 넌 비빔밥 주문해.
그리고 우리 같이 나눠 먹자.

Maybe I[we] should...

나[우리] ~하는 게 좋을 것 같아 / 나[우리] ~할까 봐

'~하는 게 좋을 것 같아'라는 말을 쓸 일이 많죠? 이때 쓰면 좋은 패턴이 바로 Maybe I should...나 Maybe we should...입니다.

유사패턴 I[We] should probably... ‖ Maybe I[we] ought to...

STEP 1 패턴 집중 훈련

나 그 남자 잊어버리는 게 좋을 것 같아. **Maybe I should** forget about him.

나 그냥 전업주부가 될까 봐. **Maybe I should** just be a stay-at-home mom.

나 한 사이즈 작은 걸로 입어 볼까 봐. **Maybe I should** wear one size down.

우리 그거 시도해 보는 것도 괜찮겠어. **Maybe we should** give it a try.

우리 그냥 친구로 있는 게 좋을 것 같아요. **Maybe we should** just be friends.

stay-at-home mom 전업주부 **wear one size down** 한 사이즈 작은 것으로 입(어 보)다

STEP 2 리얼 회화 연습

A Why do you keep *checking out other girls?

B What? I'm not! Where did you get that idea?

A *Save it. I'm sick of arguing about this.
I'm sick of us! I'm sick of everything!

B Oh yeah? Then 우리 그냥 헤어져야겠네!

A 자기는 왜 자꾸 다른 여자들을 쳐다보는 거야?

B 뭐? 아니야! 그런 생각은 어디서 난 거야? (왜 그렇게 생각하는 거야?)

A 됐어. 이거 갖고 싸우는 것도 지긋지긋해.
우리 사이도 지긋지긋하고! 모든 게 다 지긋지긋해!

B 아 그러셔? 그럼 maybe we should just call it quits!

call it quits 그만두다, 비긴 걸로 치다

요건덤

- check ... out은 '누군가 또는 무언가를 관심 있는 눈으로 훑어보다'라는 뜻이에요. 여기서는 다른 여자들을 자꾸 훑어본다는 뜻으로 쓰였으니, '한눈판다'는 의미가 되는 것이죠.
- Save it.은 회화에서 "그 얘기 그만해.", "이제 됐어."라는 뜻으로 쓰여요. 상대방의 말이 지긋지긋할 때, 더 이상 듣고 싶지 않을 때 쓰면 좋답니다.

Maybe you should...

너 ~하는 게 좋을 것 같아

Maybe you should…는 상대방에게 조심스럽게 충고할 때 쓰면 좋은 표현이에요. 그냥 You should…라고 하는 것보다 maybe를 넣어서 뜻이 조금 약해지는 것이죠. 단정 짓지는 못하겠지만 이렇게 하는 게 좋을 거라고 충고할 때 쓰면 좋겠죠?

유사패턴 You should probably… ‖ Maybe you ought to…

STEP 1 패턴 집중 훈련

너 커피를 줄이는 게 좋을 것 같아.	**Maybe you should** cut down on coffee.
너 안경 맞추는 게 좋을 것 같아.	**Maybe you should** get a pair of glasses.
네 생각을 그에게 말하는 게 좋을 것 같아.	**Maybe you should** tell him what you think.
너 그거 곰곰이 생각해 보는 게 좋을 것 같아.	**Maybe you should** think it over.
너 정신과 의사 찾아가 보는 게 좋을 것 같아.	**Maybe you should** go see a psychiatrist.

think… over ~에 대해 곰곰이 생각하다 **psychiatrist** 정신과 의사

STEP 2 리얼 회화 연습

A **My girlfriend and I seem to *be in a rut.**
It's getting kind of boring.

B 좀 떨어져서 시간을 보내는 게 좋을 것 같아. (잠시 거리를 두는 게 좋을 것 같아)

A **What do you mean?**

B **You guys do everything together.**
It's no wonder you're getting bored with each other.

A 내 여자 친구하고 나 권태기인 것 같아. 좀 재미없어지네.

B Maybe you should spend some time apart.

A 무슨 말이야?

B 너희 둘은 모든 걸 같이 하잖아. (너희 둘은 하루 종일 붙어 있잖아)
서로에게 싫증을 느끼는 게 당연하지.

(It's) no wonder (that)… ~하는 것이 당연하다 **apart** (거리 · 공간 · 시간상으로) 떨어져, 헤어져

- rut은 '판에 박힌[틀에 갇힌] 생활'이라는 뜻이에요. 그래서 be in a rut이라고 하면 '판에 박혀 있다'라는 뜻이 되는 것이죠. 그래서 연인끼리 in a rut이라고 표현하면 권태기를 느낀다는 말이 됩니다. '권태기'는 그냥 relationship rut이라고 하고, '권태기에 접어든 관계'라는 뜻으로 stale relationship이라는 말도 쓸 수 있어요.

주어+should be...

~할 거야 / ~일 거야 / ~했어야 하는데

should는 '해야 한다'는 뜻으로 많이 쓰이죠? 하지만 should는 이번 패턴에서처럼 예정된 일에 대해 얘기할 때도 많이 씁니다. '이제 금방 끝날 거야', '걔 지금쯤이면 도착했어야 하는데' 같은 말을 할 때 쓸 수 있는 것이죠.

유사패턴 주어+is/are supposed to be... ‖ 주어+is/are probably...

STEP 1 패턴 집중 훈련

샘한테 전화 걸어 봐. 집에 있을 거야. — Try calling Sam. He **should be** home.

걔가 지금쯤이면 여기 도착했어야 하는데. — He **should be** here by now.

이것만 고치면, 다 괜찮을 거야. — If you fix this, everything **should be** fine.

8시면 우리 퇴근할 수 있을 거야. — We **should be** able to get off work by 8.

금요일까지는 모든 걸 다 끝낼 수 있을 거야. — I **should be** able to get everything done by Friday.

STEP 2 리얼 회화 연습

A Where are Judy and Anna?

B 이제 금방 도착할 거야. Judy just texted me.

A Next time we go somewhere, we're not taking them with us. They're never on time!

B *Cut them some slack. They're only 10 minutes late this time.

A 주디하고 애나는 어디 있는 거야?
B They should be here *any minute. 주디가 방금 나한테 문자 보냈어.
A 다음번에 우리 어디 갈 때 얘들은 빼고 가자. 얘들은 맨날 늦잖아!
B 좀 봐줘라.
이번에는 10분밖에 안 늦었잖아.

- any minute은 '금방', '지금 당장에라도'라는 뜻이에요. very soon과 같은 뜻인 것이죠. minute 대신에 moment, second를 쓰기도 합니다.
- cut ... some slack은 '~를 덜 몰아붙이다', '~에게 기회를 주다'라는 뜻이에요. 즉, 봐준다는 뜻인 것이죠.

pattern 134 You should've seen/heard...

네가 ~을 봤어야/들었어야 했다니까!

'아~ 진짜 네가 그걸 봤어야 하는 건데 말이야' 같은 말 많이 하죠? 바로 이런 말을 할 때 쓸 수 있는 패턴이 You should have seen/heard...입니다. '넌 봤어야 했어'라고 의무를 말하는 것이 아니라, 못 본 것이 아깝다고 말하는 것이죠.

유사패턴 You had to see/hear...

STEP 1 패턴 집중 훈련

네가 걔 표정을 봤어야 했다니까!	**You should've seen** the look on his face!
네가 그 경기를 봤어야 했다니까!	**You should've seen** the game!
네가 걔가 얼마나 실망했는지를 봤어야 했다니까!	**You should've seen** how disappointed he was!
네가 걔 노래 부르는 걸 들었어야 했다니까!	**You should've heard** him sing!
네가 걔 핑계들을 들어봤어야 했다니까!	**You should've heard** his excuses!

STEP 2 리얼 회화 연습

A Did you hear what I did to Ryan last night?

B No. What did you do?

A I *prank called him at his house and pretended to be his boss. 걔가 패닉하는 걸 네가 들어봤어야 했다니까! It was *priceless!

B Hahaha! What did you say to him?

A 내가 어젯밤에 라이언한테 뭐 했는지 들었어?

B 아니. 뭘 했는데?

A 걔네 집에 전화 걸어서 걔 직장 상사인 척했어. **You should've heard him panic!** 완전 대박이었어!

B 하하하! 걔한테 뭐라고 했는데?

요건덤

- prank call은 '장난전화'라는 뜻인데, '장난전화를 걸다'는 보통 make a prank call이라고 합니다. 그런데 회화에서는 이렇게 prank call 자체를 동사로 쓰기도 해요.
- priceless는 '값을 매길 수 없는', '매우 소중한'이라는 뜻으로, 여기에서처럼 '매우 재미있는'이라는 뜻으로도 많이 쓰여요. 소위 '대박이다'라는 말을 할때 이 표현을 쓰면 좋겠죠?

Unit

21 can&could

Q 다음 말을 영어로 만들어 볼까요?

- 걔가 정말 짜증 나게 굴 때가 있어.
  He _______________ really annoying sometimes.

- 그게 내 잘못일 리가 없어!
  It _______________ my fault!

- 저한테 맞는 사이즈를 못 찾겠어요.
  _______________ find my size.

- 네가 날 안 믿는다면 나도 어쩔 수 없어.
  _______________ you don't believe me.

- 걷기는커녕 서 있지도 못 하겠어.
  _______________ stand, _______________ walk.

- 나 같으면 그런 짓은 절대 못해.
  _______________ do such a thing.

- 난 네 과거에 대해 전혀 상관 안 해.
  _______________ about your past.

정답 _ can be | can't be | I can't seem to | I can't help it if | I can't / let alone | I could never | I couldn't care less

주어+can be...

~할 때가 있어

누군가에 대해 '쟤가 그럴 때가 좀 있어' 같은 말을 하거나, 어떤 상황에 대해 '때때로 그럴 때가 있지'라는 말을 할 때 can을 써서 말할 수 있어요. '주어+can be' 뒤에 형용사나 명사를 써 주면 됩니다.

유사패턴 주어+is sometimes...

STEP 1 패턴 집중 훈련

걔가 정말 짜증 나게 굴 때가 있어. **He can be really annoying sometimes.**

이곳은 겨울에 정말 추워질 때가 있어. **It can be really cold here in the winter.**

이 일을 하다 보면 때때로 스트레스를 꽤 받게 될 때도 있어. **This job can be quite stressful at times.**

넌 때때로 정말 잘 속아 넘어갈 때가 있더라. **You can be so gullible from time to time.**

결혼하고도 외로울 때가 있어. **You can be married and still be lonely.**

gullible 남을 잘 믿는, 잘 속아 넘어가는

STEP 2 리얼 회화 연습

A Have you seen how Jay *kisses so many asses and then turns around and *talks crap about them?

B Yeah, 걔가 좀 이중인격적일 때가 있지.

A He's a complete phony! I can't stand him.

B It seems to be working well for him, though. He's really *moving up the corporate ladder.

A 너 제이가 여러 사람들한테 아부하다가 뒤돌아서는 그 사람들 욕하는 거 봤어?

B 응, he can be a little two-faced.

A 걘 완전 위선자야! 못 봐주겠어.

B 근데 그렇게 하는 게 걔한테는 좋은 것 같더라. 빨리 승진하고 있잖아.

two-faced 이중인격인, 위선적인 phony 사기꾼, 위선자

- kiss (one's) ass는 '아첨하다', '알랑거리다', '비비다'라는 뜻으로 정말 많이 쓰이는 표현입니다.
- talk crap about…은 '~에 대해 욕하다'라는 뜻이에요. 여기서 crap 대신 shit도 많이 쓰이는데, shit은 욕이니까 조심해서 써야겠죠?
- move up the corporate ladder는 '(기업체에서) 승진하다'라는 뜻이에요. 서열을 사다리(ladder)에 비유해서 corporate ladder라고 표현하는데, 사다리를 타고 올라간다는 말이니까 승진한다는 뜻인 거죠.

주어 + can't be...

~일 리가 없어

'주어+can't be' 패턴은 어떤 일이 믿어지지 않을 때, 또는 있어서는 안 되거나 대책이 안 서는 일이 생겼을 때 쓰면 좋은 패턴이에요. 뜻을 더 강조하려면 can't를 cannot으로 바꿔서 말하기도 합니다. 이때 not을 강하게 발음하면 믿어지지 않는다는 감정이 더 강하게 전달됩니다.

STEP 1 패턴 집중 훈련

그게 내 잘못일 리가 없어!	**It can't be** my fault!
그게 맞을 리가 없어.	**That can't be** right.
저게 웬디일 리가 없어. 너무 달라 보이는걸!	**That can't be** Wendy. She looks so different!
네가 진담일 리가 없어. (너 농담하는 거지?)	**You cannot be** serious!
그게 그렇게 찾기 힘들 리가 없잖아.	**It can't be** that hard to find.

STEP 2 리얼 회화 연습

A Run! You have 5 minutes to submit it to the professor!

B I know. I even took a cab here to make it on time.
Oh no! I can't find my paper.
I must've left it on the cab!
이 일이 일어날 순 없어! (어떻게 이런 일이)

A Did you save it on your computer?

B Yeah, but I can't go back home and get it!

A 빨리 뛰어! 그거 교수님께 제출하는 데까지 5분 남았어! (5분 안에 제출해야 되잖아)

B 알아. 시간 맞춰서 도착하려고 택시까지 타고 왔어.
아, 이런! 리포트를 못 찾겠어. 택시에다 두고 내렸나 봐!
This can't be happening!

A 컴퓨터에 저장했어?

B 응, 하지만 집에 도로 가서 갖고 올 수는 없잖아!

pattern 137 I (just) can't seem to...

나 (도저히) ~ 못하겠어

어떤 것을 계속 시도하는데 일이 자꾸 뜻대로 되지 않을 때 I (just) can't seem to... 패턴을 써서 말할 수 있어요. '아무래도 안 되겠어' 같은 느낌으로요.

유사패턴 I can't...

STEP 1 패턴 집중 훈련

나 오늘 **도저히** 생각을 똑바로 **못하겠어.** (머리가 잘 안 돌아가)
I just can't seem to think straight today.

나 어디에서도 차 키를 찾지 **못하겠어.**
I can't seem to find my car keys anywhere.

나 **도저히** 용기를 **못** 내겠어.
I just can't seem to work up the courage.

나 **도저히** 아무것도 **못하겠어.** (일이 손에 안 잡혀)
I just can't seem to get anything done.

저한테 맞는 사이즈를 **못** 찾겠어요.
I can't seem to find my size.

work up the courage 용기를 내다

STEP 2 리얼 회화 연습

A I feel like I've *hit rock bottom.
And 아무리 해도 그걸 극복하지 못하겠어. (도저히 못 벗어날 것 같아)

B *We've all been there. It'll pass.

A It feels like there's no end in sight.

B Why don't you try something new you've never done before?
It'll help you *take your mind off it.

A 바닥을 친 것 같은 기분이야. (완전 슬럼프에 빠진 것 같아)
그리고 I just can't seem to get over it.

B 누구나 다 겪는 일이야. 곧 지나갈 거야.

A 끝이 안 보이는 것 같아.

B 뭔가 해 본 적 없는 새로운 것을 시도해 보는 것은 어때?
잠시 그걸 잊는 데에 도움이 될 거야.

요건덤

- hit rock bottom은 '바닥을 치다', '완전 최악의 상태이다'라는 뜻입니다.
- have been there는 '가 본 적 있다'라는 뜻이 의역돼서 '겪어 본 적 있다', '경험해 본 적 있다'라는 뜻으로도 매우 많이 쓰입니다.
- take one's mind off...는 '~을 잠시 잊어버리다', '관심을 잠시 ~에서 다른 곳으로 돌리다'라는 뜻이에요.

I can't help it if...

~한다면/~한 건 나도 어쩔 수 없어

I can't help it.은 '나도 어쩔 수 없어'라는 뜻이죠. 이때 뒤에 if와 '주어+동사'를 써서 어떤 것을 어쩔 수 없는지에 대해 말할 수 있습니다. 대책이 없다고 얘기할 때나 내가 책임질 수 있는 게 아니라는 말을 할 때 쓰면 좋겠죠?

유사패턴 It's not my fault if... ‖ It's not my doing if...

STEP 1 패턴 집중 훈련

네가 날 안 믿는**다면 나도 어쩔 수 없어.**	**I can't help it if** you don't believe me.
내가 너무 잘생긴 (예쁜) **건 나도 어쩔 수 없다고.**	**I can't help it if** I'm so good-looking.
내가 이렇게 태어난 **건 나도 어쩔 수 없잖아.** (내가 원래 이렇게 생겨 먹은 걸 어떡해)	**I can't help it if** I was born this way.
내가 사람들하고 어울리는 게 안 맞는 **건 나도 어쩔 수 없어.**	**I can't help it if** I'm not a people person.
네가 그걸 이해하지 못한**다면 그건 나도 어쩔 수 없어.**	**I can't help it if** you don't get that.

people person 사람들과 어울리기를 좋아하는 사람

STEP 2 리얼 회화 연습

A **You need to *learn the ABCs of friendship.**

B **What did I do?**

A **Oh, don't *play innocent. You knew Lina liked Andrew. Yet you flirted with him, and now he's chasing after you.**

B **I was just being nice.** 남자들이 그걸 오해하는 건 나도 어쩔 수 없는 거라고.

A 넌 우정의 기초부터 배워야 돼. (넌 우정의 '우' 자도 모르는 애야)

B 내가 뭘 했는데?

A 시치미 떼지 마. 너 리나가 앤드루를 좋아한다는 거 알고 있었잖아.
그런데도 넌 앤드루하고 시시덕거리면서 놀더니 이젠 걔가 널 쫓아다니잖아.

B 난 그냥 걔한테 잘 대해 준 것뿐이야.
I can't help if it men *take it the wrong way.

chase after... ~를 뒤쫓다, ~를 쫓아다니다

- learn the ABCs of...는 '~의 기초부터 배우다', '~을 처음부터 배우다'라는 뜻이에요.
- play innocent는 '결백한 척하다', '시치미를 떼다'라는 뜻입니다.
- take ... the wrong way는 '~을 잘못 이해하다', '오해하다'라는 뜻이에요. 상대방이 내 의도와는 다르게 나쁜 뜻으로 받아들이거나, 아무 생각 없이 한 말이나 일에 의미를 부여해서 받아들일 때 쓰면 좋답니다.

I can't..., let alone ~

난 ~은커녕 …도 못하겠어

I can't..., let alone ~ 패턴은 '그렇게 어려운 건커녕 더 쉬운 것도 못하겠다'라는 말을 할 때 쓰면 좋은 패턴입니다. I can't 뒤에는 동사원형을 쓰는데, let alone 뒤에는 can't 뒤에 오는 내용에 맞춰 동사나 명사, 전치사구 등을 쓰면 됩니다.

유사패턴 I can't..., much less ~ ‖ I can't..., not to mention ~

STEP 1 패턴 집중 훈련

걷기는커녕 서 있지도 못하겠어.	**I can't stand, let alone walk.**
난 걔한테 얘기하기는커녕 쳐다보지도 못하겠어.	**I can't look at him, let alone talk to him.**
질문에 답변하기는커녕 질문이 뭔지도 이해를 못하겠어.	**I can't even understand the question, let alone answer it.**
난 그걸 두 번은커녕 한 번도 못하겠어.	**I can't even do it once, let alone twice.**
난 직장은커녕 면접 기회도 못 구하겠어.	**I can't even get an interview, let alone a job.**

STEP 2 리얼 회화 연습

A **Why is dating so difficult?**

B **What's so hard about it?**
You take her out to a nice restaurant, you talk, and have fun together.

A **You don't understand. I went to all-boys schools all my life.**
난 여자들하고 즐거운 시간을 보내긴커녕 말도 못 하겠다고!

B **Just *tough it out. You'll get used to it eventually.**

A 데이트하는 게 왜 이렇게 힘들지?

B 그게 뭐가 그렇게 힘들다고 그래?
여자를 좋은 레스토랑에 데리고 가서, 둘이 대화 나누고, 즐거운 시간을 보내면 되잖아.

A 네가 몰라서 그래. 난 남학교만 다녔단 말이야.
I can't even talk to girls, let alone have fun with them!

B 그냥 참고 견뎌 봐. 언젠가 익숙해질 거야.

all-boys school 남학교(남녀공학은 co-ed school)

- tough it out은 '어려운 일을 참고 견디다', '굳세게 견뎌내다'라는 뜻이에요. 여기선 tough가 동사로 쓰인 것이죠.

I could never...

나 같으면 절대 ~ 못해

'나 같으면 그런 건 절대 못해/못할 거야' 같은 말을 하고 싶을 때 바로 I could never… 패턴을 쓰면 좋아요. 여기에서도 could는 과거가 아니라 현재의 의미로 쓰인 것입니다

유사패턴 I would never be able to… ‖ I can never…

STEP 1 패턴 집중 훈련

나 같으면 그런 짓은 절대 못해.	**I could never** do such a thing.
나 같으면 절대 그렇게 쉽게 용서하는 성격은 못 돼.	**I could never** be so forgiving.
난 절대 짐한테 무슨 일이 생기게 할 수가 없어.	**I could never** let anything happen to Jim.
나 같으면 절대 필하고는 같이 비즈니스 못해.	**I could never** do business with Phil.
나 같으면 그렇게까지 자기중심적인 사람하고는 절대 못 사귀어.	**I could never** date someone so self-centered.

forgiving 너그러운, 쉽게 용서하는 **self-centered** 자기중심적인

STEP 2 리얼 회화 연습

A You look fabulous! Is that a new jacket?

B Yup! I *maxed out my credit card, but it was worth it.

A 난 그런 재킷은 절대로 소화해 내지 못할 거야.
I'm *bottom-heavy, so it'll just make me look fat.

B Don't be ridiculous! You have a very womanly figure.

A 너 너무 멋져 보인다! 그거 새로 산 재킷이야?

B 응! 신용 카드 한도액은 초과했지만 그래도 그럴 만한 가치가 있었어.

A I could never *pull off a jacket like that.
난 하체비만이라서, 그런 거 입으면 뚱뚱해 보이기만 할 거야.

B 말도 안 되는 소리 하지 마! 넌 정말 여성스러운 몸매를 갖고 있다고.

ridiculous 웃기는, 말도 안 되는, 터무니없는 **figure** 몸매

- max out one's credit card는 '신용 카드 한도액을 초과하다'라는 뜻이에요. max out이 '최대한도에 달하(게 하)다'라는 뜻이거든요.
- pull off…는 '~을 성공적으로 해내다'라는 뜻이에요. 여기서는 '어떤 옷을 잘 소화해내다'라는 뜻으로 쓰인 것이랍니다.
- bottom-heavy는 '하체 비만인', '하체가 튼실한 체형의'라는 뜻이에요. 반대로 상체에 살이 많다면 top-heavy라고 하면 됩니다.

I couldn't care less...

난 ~에 전혀 신경 안 써 / 난 ~에 대해 전혀 상관 안 해

이 패턴은 어떤 것에 대해 '난 전혀 상관 안 해'라고 말할 때 쓰면 좋아요. couldn't care less가 직역하면 '덜 상관할 수 없다'라는 뜻이니, '신경을 전혀 안 쓴다'라는 뜻이 되는 것이죠. 이 뒤에는 명사나 명사절을 써 주면 되는데, 이때 명사(절) 앞에 전치사 about을 쓰기도 하고 생략하기도 합니다.

유사패턴 I don't care... at all ‖ It doesn't matter at all...

STEP 1 패턴 집중 훈련

난 네 과거에 대해 전혀 상관 안 해. (네가 과거에 무슨 일을 했는지 상관 없어)	**I couldn't care less about your past.**
솔직히 말해서, 난 네가 어떻게 생각하는지에 전혀 신경 안 써.	**Honestly, I couldn't care less what you think.**
난 네가 화났는지에 전혀 상관 안 해.	**I couldn't care less if you're angry.**
난 걔가 학교 어디 나왔는지 전혀 신경 안 써.	**I couldn't care less where he went to school.**
난 네가 그걸 어떻게 보는지 전혀 신경 안 써.	**I couldn't care less how you see it.**

STEP 2 리얼 회화 연습

A **I don't even want to talk to you.**

B **I'm sorry I *stood you up, but I had a good reason.**

A 난 네 이유가 뭔지 전혀 상관없어. (알고 싶지도 않아)

I stood waiting in the cold. People were staring at me!

B **Again, I'm really sorry. But it was a *family emergency.**

A 난 너하고 말도 하고 싶지 않아.

B 바람맞혀서 미안한데, 그럴 만한 이유가 있었어.

A I couldn't care less what your reason is.
추운데 기다리면서 서 있었다고. 사람들이 날 쳐다봤단 말이야!

B 다시 한번 말하지만, 정말 미안해. 하지만 집안에 급한 일이 있어서 그랬어.

- stand ··· up은 '~를 바람맞히다'라는 뜻입니다. 흔히 데이트 상대를 바람맞혔을 때 쓰는데, 그냥 친구끼리 만나기로 약속했을 때나 비즈니스상으로 누군가를 만나기로 했을 때에도 씁니다.
- family emergency는 '집안에 생긴 급한 일'이라는 뜻이에요. 그래서 "집안에 급한 일이 생겼어요."라고 하려면 I have a family emergency. 또는 There's a family emergency.라고 하면 됩니다.

Unit 22 will&would

Q 다음 말을 영어로 만들어 볼까요?

- 넌 그들이 무슨 말을 했는지 믿지 못할 거야.
  ______________ what they said.
- 아무도 알아채지 못할 거야.
  ______________ notice.
- 내가 그것에 대해 생각해 보겠다고 말했잖아.
  ______________ think about it.
- 네가 그렇게 생각하지 않으면 좋겠어.
  ______________ think that way.
- 나는 정말 널 실망시키고 싶지 않아.
  ______________ let you down.
- 초콜릿 밀크셰이크가 너무 마시고 싶어.
  ______________ a chocolate milkshake.

정답 _ You won't believe | No one would | I said I'd | I wish you wouldn't | I would hate to | I'd kill for

pattern 142 You won't believe...

넌 ~을 믿지 못할 거야

상대방에게 정말로 놀라운 얘기, 또는 신기하거나 재미있는 얘기를 하려고 할 때 '너 이거 절대로 못 믿을 거야!'라는 말을 할 때가 있죠? 이걸 영어로는 You won't believe...를 써서 말하면 좋답니다.

유사패턴 You're not gonna believe...

STEP 1 패턴 집중 훈련

넌 네 눈을 믿지 못할 거야.
(넌 그거 보고도 못 믿을 거야) — **You won't believe your eyes.**

넌 그들이 무슨 말을 했는지 믿지 못할 거야. — **You won't believe what they said.**

너 밖에 누가 와 있는지 못 믿을걸. — **You won't believe who's at the door.**

넌 그 기분이 얼마나 끝내줬는지 믿지 못할 거야. — **You won't believe how awesome it felt.**

넌 내가 이걸 위해서 뭘 해야 했는지 못 믿을 거야.
(내가 이것 때문에 어떤 고생을 했는지 넌 모를 거야.) — **You won't believe what I had to do for this.**

STEP 2 리얼 회화 연습

A 너 지금 학교 식당에서 무슨 일이 일어나고 있는지 안 믿을 거야!

B **What?**

A **Carl and Brad are *duking it out!**
Carl *grabbed Brad by the collar, and Brad punched him in the face!

B **That's horrible! Why isn't anyone stopping them?**

A You won't believe what's going on in the school cafeteria!

B 무슨 일인데?

A 칼하고 브래드가 치고받으면서 싸우고 있어!
칼이 브래드의 멱살을 잡으니까 브래드가 걔 얼굴에 펀치를 날렸거든!

B 끔찍해라! 왜 아무도 걔들을 안 멈추는 거야? (왜 아무도 걔들을 안 말리는 거야?)

요건덤

- duke it out 은 '주먹질을 하며 싸우다'라는 뜻이에요. dukes에 '주먹'이라는 뜻이 있거든요. 예를 들어 Put up your dukes!라고 하면 "주먹을 들어 싸울 태세를 갖춰!", 즉 "자, 덤벼!"라는 뜻이 됩니다.
- grab ··· by the collar는 '~의 멱살을 움켜잡다'라는 뜻이에요. 누군가의 옷 칼라나 깃을 붙잡는다는 뜻이니까요.

pattern 143 No one would...

아무도 ~하지 않을 거야

'그런 건 아무도 안 할 거야'라는 말을 할 때 No one would... 패턴을 쓰면 좋습니다. 말도 안 되거나 있을 리가 없는 일에 대해 말할 때 많이 써요.

유사패턴 No one will...

STEP 1 패턴 집중 훈련

아무도 네가 하는 말 한 마디도 믿지 않을 거야. **No one would** believe a word you say.

아무도 네가 한 일에 대해 널 탓하지 않을 거야. **No one would** blame you for what you did.

아무도 알아채지 못할 거야. **No one would** notice.

아무도 그런 걸 할 꿈도 꾸지 못할 거야. **No one would** dream of doing that.

아무도 그걸 절대 의심하지 않을 거야. **No one would** doubt that for a second.

no(t) ... for a second 잠시도 ~하지 않다, 절대 ~하지 않다

STEP 2 리얼 회화 연습

A *What if I get caught?

B Don't worry. 아무도 의심하지 않을 거야.
*After all, you wouldn't normally do this sort of thing.

A I guess you're right.

B Just trust me on this.

A 나 걸리면 어쩌지?

B 걱정 마. No one would suspect a thing.
어차피 넌 평상시에 이런 일 안 할 타입이잖아.

A 네 말이 맞긴 해.

B 이 일에 있어서는 나만 믿어.

suspect 의심하다, 수상쩍어 하다 normally 보통, 평상시에

요건덤

- What if...?는 '만약에 ~하면 어쩌지?'라는 뜻으로, 앞으로 있을지 모르는 일에 대해 가정하며 걱정할 때 쓰면 좋은 표현이에요.
- after all은 '이러니 저러니 해도 결국은', '어차피'라는 뜻으로 씁니다.

I said I'd...

내가 ~하겠다고/~할 거라고 말했잖아

I said I'd...는 '내가 ~할 거라고 말했잖아'라는 뜻으로 쓰여요. 상대방에게 이미 말했는데도 불구하고 상대방이 자꾸 재촉하거나 또는 잊어버렸을 때 쓰면 좋겠죠? 여기서 I'd는 I would의 준말이에요.

유사패턴 I told you I'd...

STEP 1 패턴 집중 훈련

내가 그것에 대해 생각해 보겠다고 말했잖아.	**I said I'd think about it.**
내가 다시는 그거 안 할 거라고 말했잖아.	**I said I'd never do it again.**
내가 일어난 일에 대해 책임질 거라고 말했잖아.	**I said I'd take responsibility for what happened.**
내가 상황이 어떻게 되는지 너한테 계속 알려 주겠다고 말했잖아.	**I said I'd keep you posted.**
내가 원칙대로 일할 거라고 말했잖아.	**I said I'd play by the rules.**

keep... posted 새로운 정보가 들어오는 대로 ~에게 알려 주다 **play by the rules** 원칙대로 하다

STEP 2 리얼 회화 연습

A **Have you asked Sheldon yet?**

B **No. Relax.** 내가 걔한테 물어볼 거라고 했잖아. **And I will.**

A **I'm sorry I'm being so *pushy, but everything is *riding on his answer.**

B **It's a sensitive subject, but I will bring it up carefully.**

A 아직 셸든한테 안 물어봤어?
B 아니. 마음을 느긋하게 먹어. I said I'd ask him. 물어볼 거야.
A 너무 재촉하는 것 같아 미안한데, 그의 답변에 모든 게 걸려 있어서 그래.
B 민감한 토픽이긴 하지만 조심스럽게 얘기 꺼낼게.

sensitive 민감한 **bring... up** ~를 양육하다, (토픽에 대해) 얘기를 꺼내다

- pushy는 '지나치게 밀어붙이는', '강요하는'이라는 뜻이에요. 또는 여기서처럼 '너무 재촉하는'이라는 뜻도 있고요.
- ride on…는 '~을 타다'라는 뜻 외에도 '~에 달려 있다', '~에 걸려 있다'라는 뜻으로도 많이 쓰여요.

145 I wish you wouldn't...

네가 ~하지 않으면 좋겠어

상대방이 하는 말이나 행동이 짜증 나거나 신경에 거슬릴 때, 또는 불쾌하거나 상처가 될 때, I wish you wouldn't... 패턴을 써서 '너 안 그랬으면 좋겠어'라는 말을 하면 좋습니다.

유사패턴 Please don't...

STEP 1 패턴 집중 훈련

네가 그렇게 생각하지 않으면 좋겠어. **I wish you wouldn't think that way.**

내가 말하는데 자꾸 끼어들지 않으면 좋겠어. **I wish you wouldn't keep interrupting me.**

네가 바닥에 온통 옷을 널브러뜨리지 않으면 좋겠어. **I wish you wouldn't leave your clothes all over the floor.**

네가 F로 시작하는 욕을 쓰지 않으면 좋겠어. **I wish you wouldn't use the F word.**

네가 케이트의 문제를 가볍게 생각하지 않으면 좋겠어. **I wish you wouldn't make light of Kate's problem.**

interrupt 방해하다, 끼어들다 **F word** f*ck 을 부드럽게 돌려 표현하는 말 **make light of...** ~을 가볍게 여기다

STEP 2 리얼 회화 연습

A 날 네 친구들의 남자 친구들하고 비교하지 않으면 좋겠어.

B **I'm not comparing you to them.**
I'm just sharing what I heard from my friend.

A ***Oh, please. I can see how much you envy your friends.**

B ***Where is this coming from? Why are you so insecure?**

A I wish you wouldn't compare me to your friends' boyfriends.
B 자기를 그 남자들하고 비교하는 게 아니야.
그냥 친구한테 들은 얘기를 자기한테 하는 거지.
A 웃기시네. 네가 네 친구들을 얼마나 부러워하고 있는지 다 보이거든.
B 왜 그런 말을 하는 거야? 왜 그렇게 자신 없어 해?

share 나누다, 공유하다 **insecure** (자기 자신, 또는 타인과의 관계에 대해) 자신이 없는, 불안한

요건덤

- Oh, please.는 상대방이 한 말에 대해 비꼬듯 "웃기시네.", "놀고 있네."라고 하는 뜻으로, 또는 상대방의 말이 믿어지지 않는다는 듯 "에이 설마."라는 뜻으로 회화 시 많이 쓰이는 표현입니다.
- Where is this coming from?은 직역하면 "이게 어디에서 나오고 있는 거야?"라는 뜻이죠. 이것이 회화에서는 의역돼서 "그런 생각은 어디서 난거야?" 즉, "왜 그런 생각을 하는 거야?", "왜 그런 말을 해?"라는 뜻으로 쓰여요.

I would hate to...

나는 정말 ~을 하고 싶지 않아 / 나라면 ~하는 것이 정말 싫겠어

I'd love to...는 무언가를 무척 하고 싶다는 뜻이죠? 이 말을 반대로 해서 무언가를 정말 하기 싫다고 말하려면 I'd hate to... 패턴을 쓰면 됩니다. I'd hate to... 패턴은 또 어떤 상황에 대해 가정을 하며 '그렇게 되면 나라면 정말 싫겠어' 같은 말을 할 때도 참 많이 써요.

유사패턴 I really don't want to...

STEP 1 패턴 집중 훈련

나는 정말 그걸 다시 겪고 싶지 않아. **I'd hate to** go through it again.

나는 정말 그에게 상처 주고 싶지 않아. **I'd hate to** hurt his feelings.

나는 정말 널 실망시키고 싶지 않아. **I would hate to** let you down.

나라면 걔 남자 친구인 것이 정말 싫겠어. (나 같으면 그런 여자하고는 안 사귀어) **I'd hate to** be her boyfriend.

내가 네 입장에 처해 있다면 정말 싫겠어. (내가 네 처지가 아니어서 다행이야) **I'd hate to** be in your position.

go through... ~을 겪다, 경험하다 let ... down ~를 실망시키다

STEP 2 리얼 회화 연습

A Married life is tough.

B *Trouble in paradise?

A It's my mother and my wife.
I feel like they're playing tug of war with me.

B *That sucks. 나라면 그렇게 중간에 끼게 되는 거 정말 싫겠어.

A 결혼 생활이 참 힘드네.

B 잘 지내는 줄 알았더니 무슨 문제가 생긴 모양이네?

A 우리 어머니하고 집사람 때문에 그래. 둘이서 날 갖고 줄다리기 하고 있는 것 같아.

B 그거 참 안 됐다. I'd hate to be in the middle of something like that.

tug of war 줄다리기

요건덤

- (Is there) trouble in paradise?라는 말은 직역하면 "천국에 문제가 있는 거야?"라는 뜻이니까 상대방이 행복하거나 일이 잘 되고 있는 줄 알았는데 그게 아니란 걸 알았을 때 씁니다. 특히 연인이나 부부 사이가 굉장히 좋은 줄 알았는데 문제가 있을 때 많이 써요.
- That sucks.라는 말은 여기에서처럼 상대방에게 안 좋은 일이 있을 때 "그것 참 안 됐다."라고 동정심을 표현할 때 많이 씁니다.

I'd kill for/to...

~이 너무 하고 싶어

뭔가를 너무 갖고 싶거나 하고 싶을 때, 또는 뭔가가 정말 먹고 싶을 때 I'd kill for/to... 패턴을 써서 말할 수 있어요. 원하는 걸 갖기 위해서 죽일 수도 있을 정도로 간절하게 원한다는 것이죠. for 뒤에는 명사, to 뒤에는 동사원형을 쓰면 됩니다.

유사패턴 I'm dying to... ‖ I really want (to)... ‖ I have a strong craving for...

STEP 1 패턴 집중 훈련

지금 시원한 맥주가 너무 마시고 싶어. **I'd kill for some cold beer right now.**

담배 한 대가 너무 피우고 싶다. **I'd kill for a cigarette.**

초콜릿 밀크셰이크가 너무 마시고 싶어. **I'd kill for a chocolate milkshake.**

여자 친구가 너무 보고 싶다. **I'd kill to see my girlfriend.**

너무 낮잠이 자고 싶어. 정말 피곤해! **I'd kill for a nap. I'm exhausted!**

STEP 2 리얼 회화 연습

A 지금 후라이드 치킨이 너무 먹고 싶다.

B **And some beer.**

A **But we said we'd cut down on our *midnight snacks.**

B **One night is probably okay.**
Plus, we can work out extra hard tomorrow.

A I'd kill for some fried chicken right now.

B 그리고 맥주도.

A 근데 우리 야식 줄이기로 했잖아.

B 하룻밤 정도는 괜찮을 거야. 그리고 내일 보통 때보다 더 열심히 운동하면 되잖아.

extra [부사] 추가로, 보통 때나 예상치보다 더

요건덤

- midnight snack은 '자정에 먹는 간식'이라는 뜻이니, '야참', '야식'이라는 뜻이에요. '야식을 먹다'는 have a midnight snack이라고 하면 됩니다. 또는 have a late-night snack/meal이라고 해도 되고요.

Unit 23

may&might&must &etc.

Q 다음 말을 영어로 만들어 볼까요?

- 너 그냥 그 제안 받아들이는 게 좋겠어.
  ______ just accept the offer.

- 너 우리하고 같이 가는 게 좋을걸.
  ______ come with us.

- 그는 좋은 남자 친구일지는 몰라도, 남편감은 아니야.
  ______ a good boyfriend, ______ he's not husband material.

- 솔직히 난 수지의 말을 그다지 믿지 않았어.
  ______, I didn't really believe Sooji.

- 네가 꼭 해야겠다면, 걔한테 좋아한다고 말해.
  ______, tell her you like her.

- 너 그냥 걔가 하는 말 무시하는 게 좋겠어.
  ______ just ignore what she says.

- 너 전에 피아노 레슨 받지 않았어?
  ______ take piano lessons?

정답 _ You might as well | You might want to | He may be / but | I must admit | If you must | You'd better | Didn't you use to

148 You might as well...

너 ~하는 게 좋겠어/낫겠어

You might as well...은 상대방에게 제안이나 충고할 때 쓰면 좋은 패턴입니다. '안 하는 것보단 낫잖아?', '그냥 하지 그래?' 같은 뉘앙스로 상대방에게 말할 때 쓰면 좋답니다.

유사패턴 You may as well... ‖ You'd better... ‖ You should probably...

STEP 1 패턴 집중 훈련

너 그냥 그 제안 받아들이는 게 좋겠어. **You might as well just accept the offer.**

너 이거 그냥 인정하는 게 낫겠어. **You might as well admit it.**

너 담배 끊는 게 좋겠어. **You might as well quit smoking.**

너 그냥 내 충고를 받아들이는 게 좋겠어. (그냥 내 충고 받아들이지 그래?) **You might as well take my advice.**

너 이거 지금 시간 있을 때 끝내는 게 좋겠어. **You might as well finish it now when you have time.**

STEP 2 리얼 회화 연습

A **I'm thinking of giving myself a makeover.**

B **That's not a bad idea.**

A **I'm going to dye my hair and try a new hairstyle.**

B ***While you're at it,** 옷도 싹 바꾸는 게 좋겠어.
Add some color to your *look.

A 나 이미지 변신을 좀 해 볼까 해.

B 괜찮은 생각이야.

A 머리 염색하고 새로운 헤어스타일을 시도할 거야.

B 이왕 하는 김에 you might as well change your wardrobe.
네 스타일에 색도 좀 포함시키고. (모노톤만 입지 말고 색깔 있는 옷도 좀 입고 그래)

makeover 이미지 변신, (새로운 모습으로) 단장 **dye** 염색하다 **wardrobe** 옷장, 소유하고 있는 옷들

요건덤

- while you're at it은 '그거 하는 김에'라는 뜻이에요. 예를 들어서 상대방이 무언가를 가지러 갈 때 '가는 김에 ~도 갖다 줄래?' 같은 부탁을 할 때 While you're at it, can you get...?이라고 말할 때 쓰는 것이죠.
- look은 여기서 외형적인 '스타일'을 뜻합니다. 예를 들어서 '새로운 패션 스타일을 시도하다'는 try a new look이라고 할 수 있습니다.

You might want to/wanna...

너 ~하는 게 좋을 거야/좋을 것 같은데……

You might want to... 패턴은 상대방에게 조심하라고 얘기할 때 또는 앞으로 있을 일에 대해 '이렇게 하는 게 좋을 거야'라고 충고할 때 많이 씁니다.

유사패턴 You may want to/wanna... ‖ I think you'll want to/wanna... ‖ You should probably...

STEP 1 패턴 집중 훈련

너 우리하고 같이 가는 게 좋을걸. **You might want to** come with us.

너 이 과목 수강 취소 하는 게 좋을 거 같은데. **You might wanna** drop this course.

너 파티에 정장 입고 가는 게 좋을 거야. **You might wanna** wear a suit to the party.

너 네 결정을 재고하는 게 좋을 거야. **You might wanna** reconsider your decision.

너 더 좋은 가격을 위해 더 돌아다녀 보는 게 좋을 거야. **You might want to** shop around for a better price.

shop around (상품의 가격 · 품질 등을 비교하기 위해) 가게를 여기저기 돌아다니다

STEP 2 리얼 회화 연습

A Can we have some more soju over here?

B Hey, hey! 술 좀 적당히 하는 게 좋을 것 같은데.

A What are you talking about? We're having so much fun!

B You'll regret this tomorrow morning when your hangover *kicks in.

A 여기 소주 좀 더 갖다 주세요!

B 야, 야! You might wanna *take it easy on the alcohol.

A 무슨 소리야? 한창 즐기고 있는데 말이야!

B 너 내일 아침에 숙취가 시작되면 이거 후회할걸.

hangover 숙취

- take it easy on…은 '~을 적당히 하다', '쉬엄쉬엄하다', '자제하다'라는 뜻이에요.
- kick in은 '~의 효과가 나타나기 시작하다'라는 의미예요. 여기서는 '숙취가 시작되다'라는 뜻으로, hangover가 kick in 한다고 표현한 것입니다.

주어 + may be ~, but...

~일지 몰라도, (실은) …해

어떤 사람에 대해 "걔가 좀 차가울지는 몰라도 사실은 속이 깊은 애야." 같은 말을 할 때가 있죠? 이럴 때 쓰면 좋은 패턴이에요. may be 뒤에는 한 가지 면을 써 주고, but 뒤에는 앞에서 얘기한 것과 전혀 다른 면을 써 주면 됩니다.

유사패턴 it may be that+주어+is ~, but...

STEP 1 패턴 집중 훈련

그는 좋은 아빠일지는 몰라도, 남편으로는 형편없어. **He may be a good dad, but he's a terrible husband.**

그는 부자일지는 몰라도, 성격에 문제가 있어. **He may be rich, but he has a personality problem.**

그녀는 재능은 있을지는 몰라도, 믿을 만한 애가 아니야. **She may be talented, but she isn't trustworthy.**

그는 좋은 남자 친구일지는 몰라도, 남편감은 아니야. **He may be a good boyfriend, but he's not husband material.**

husband material 남편감, 남편으로 적합한 남자

STEP 2 리얼 회화 연습

A **What do you think of Kyle?**

B **I don't know him that well. Why do you ask?**

A **Well, he thinks you're *cool. He wants to *get to know you better.**
걔가 여자들에게 수줍음이 많을지는 몰라도, 좋은 애야.

B **All right. One date.**

A 너 카일에 대해 어떻게 생각해?

B 나 걔 잘 몰라. 왜 물어보는 건데?

A 저기, 걔가 너 괜찮은 애라고 생각하거든. 걔가 너에 대해 좀 더 알고 싶어 해.
He may be shy around women, but he's a good guy.

B 알았어. 데이트 한 번 할게.

요건덤

- cool이라는 단어는 사람을 묘사할 때 '쿨한', '차가운'이라는 뜻 외에도 '멋진'이라는 뜻으로도 쓰여요. 그리고 여기서처럼 '괜찮은', '호감 가는' 같은 뜻으로도 쓰입니다.
예를 들어, '저 여자애 괜찮은 것 같아'라는 말을 I think she's cool.이라고 표현할 수 있는 것이죠.
- get to know … better는 '~를 더 잘 알게 되다'라는 뜻으로, 회화에서 많이 쓰는 표현이에요. 잘 모르는 사람과 가까워진다고 얘기할 때 씁니다.

I must admit,...

솔직히 말하면 ~ / 인정하고 싶진 않지만 ~

인정하고 싶지 않은 일에 대해 솔직한 심정을 말하고 싶을 때, 하려는 말 앞에 I must admit을 붙여 주면 좋아요. I must admit이라고 한 다음 '주어+동사'를 써 주면 됩니다.

유사패턴 I have to admit,... ‖ I gotta admit,... ‖ I must confess,...

STEP 1 패턴 집중 훈련

솔직히 말하면, 난 이것에 대해 전문가가 아니야. (이것에 대해 별로 아는 게 없어) **I must admit,** I'm not an expert on this.

솔직히 말하면, 나 약간 헷갈려. (이해가 안 돼) **I must admit,** I'm slightly confused.

솔직히, 난 그것에 대해 엇갈린 견해를 갖고 있어. (난 이것에 대해 어떻게 생각해야 할지 모르겠어) **I must admit,** I have mixed views on that.

솔직히, 난 수지의 말을 그다지 믿지 않았어. **I must admit,** I didn't really believe Sooji.

솔직히 말하면, 나 무서워서 죽는 줄 알았어. **I must admit,** it scared the hell out of me.

scare the hell out of... ~를 무서워서 죽을 지경으로 만들다

STEP 2 리얼 회화 연습

A I'm sorry to hear that Byungsoo was promoted over you.

B So am I. I really wanted it.

A To be honest, it *took me by surprise.
I thought if anyone was going to be promoted, it would be you.

B Thanks. 솔직히 말하면, 나도 내가 승진할 거라고 확신했었어.

A 너 대신에 병수가 승진했다니 아쉽다.

B 나도 마찬가지야. 정말 승진하고 싶었거든.

A 솔직히 말해서 난 놀랐어. 난 누군가가 승진할 거라면 당연히 너일 거라고 생각했거든.

B 고마워. I must admit, I was sure I'd get it too.

- take ... by surprise는 '~를 깜짝 놀라게 하다'라는 뜻이에요. 뜻밖의 결과가 나와서 꽤 놀랐을 때 쓰면 좋답니다.

If you must,...

네가 정 해야겠다면 ~ / 네가 꼭 하고 싶으면 ~

내가 보기엔 하지 않는 게 좋을 것 같은데 상대방이 굳이 하겠다고 고집을 부릴 때, '네가 정 해야겠다면, ~'하면서 달갑지 않지만 상대방에게 동의를 해 주는 의미로 If you must,... 패턴을 씁니다. if you must는 문장 끝에 써도 됩니다.

유사패턴 If you have to,... ‖ If you gotta,...

STEP 1 패턴 집중 훈련

네가 정 해야겠다면, 걔한테 물어봐. — **If you must, ask him.**

네가 꼭 해야겠다면, 걔한테 좋아한다고 말해. — **If you must, tell her you like her.**

네가 정 하고 싶으면, 창문 열어 놓고 담배 피워. — **If you must, smoke with the window open.**

네가 정 그래야겠다면, 가. 이거 하나만 하고 나서. — **If you must, go, but after you do this one thing.**

네가 정 하고 싶으면, 오늘 하루 쉬어. — **Take the day off if you must.**

take the day off 오늘 하루 쉬다

STEP 2 리얼 회화 연습

A **I don't like the idea of you going into acting. It's unstable.**

B **But *the heart wants what the heart wants. Acting is my passion.**

A **All right.** 네가 정 해야겠다면, 학교 공부부터 마치도록 해.
That way, you'll have something to *fall back on.

B **If it makes you happy, I will.**

A 네가 연기 쪽으로 가는 게 마음에 안 들어. 불안정하잖아.

B 하지만 너무 좋은 걸 어떡해요. 연기는 내 열정이라고요.

A 알았어. If you must, finish your education first.
그래야 실패했을 때 차선책을 가질 수 있으니까. (연기에서 실패하면 전공을 살려서 취직할 수 있을 테니까)

B 그래야 엄마가 마음이 놓이면 그렇게 할게요.

unstable 불안정한

- The heart wants what the heart wants는 '마음이 원하는 건 어쩔 수 없다'라는 뜻이에요. 논리적이나 이성적으로 어떻게 할 수 있는 게 아니고, 이유 없이 그냥 원하는 것에 대해 '왠지 모르게 너무 좋은데 어떡해'라는 말을 할 때 쓰면 좋은 말이에요.
- fall back on…은 '~에 의지하다', '~에 기대다'라는 뜻인데, 플랜 A가 실패했을 때 차선책으로 기댈 수 있는 플랜 B에 대해 얘기할 때 쓰면 좋은 표현이에요.

pattern 153 주어 + had better...

~하는 게 좋겠어/좋을걸

had better 뒤에 동사원형을 써서 누군가가 뭔가를 하는 게 좋다는 말을 할 수 있습니다. 또는 상대방에게 충고나 경고를 할 때도 쓸 수 있고요. 이때 had better 뒤에 not을 쓰면 어떤 일을 하지 않는 게 좋겠다고 말하는 것이 됩니다.

유사패턴 주어 + should...

STEP 1 패턴 집중 훈련

너 그냥 걔가 하는 말 무시하는 게 좋겠어. **You'd better just ignore what she says.**

우리 주유소에 들르는 게 좋겠어. **We had better stop at a gas station.**

너 그의 달콤한 말에 주의하는 게 좋을걸. **You'd better watch out for his sweet talk.**

나 이제 슬슬 가는 게 좋겠어. (가 봐야겠어) **I'd better be on my way.**

나 그냥 아무 말도 하지 않는 게 좋을 것 같아. **I'd better not say anything.**

watch out for... ~을 조심하다 be on one's way 길을 떠나다

STEP 2 리얼 회화 연습

A 너 약속 어기지 않는 게 좋을걸! (너 약속 어기기만 해 봐라)

B **All right, all right! I know!**
How many times do you have to bug me about it?

A **With your *track record, 100 times isn't enough.**

B **Yeah, I guess I deserve that.**

A You'd better not *bail on me.

B 알았어, 알았어! 나도 알아!
도대체 몇 번이나 이것 갖고 날 이렇게 귀찮게 해야겠어?

A 너의 전적을 봤을 때, (네가 여태까지 한 짓을 봤을 때) 백 번이라도 부족해.

B 하기야 내가 그 말을 들어도 싸긴 하지.

bug 귀찮게 하다

요건덤

- bail on...은 '~와의 약속을 어기다'라는 뜻의 구어체 표현이에요. 약속 장소에 안 나타나고 바람맞히거나 계획대로 행동을 안 했을 때 씁니다.
- track record는 어떤 사람의 '실적', '전적'을 뜻하는데, 공적인 상황에서만 쓰는 것이 아니라 여기에서처럼 어떤 사람이 그 동안 쭉 해온 행동을 가리킬 때도 써요.

Didn't you use to...?

너 전에 ~하지 않았어?

'used to+동사원형'은 과거에 하곤 했던 일에 대해 말할 때 쓰죠? 이 used to를 회화에서 '너 전에 ~하지 않았어?'라고 물어볼 때도 쓸 수 있는데, 이때는 Didn't you use to...?라고 합니다.

유사패턴 You used to..., right?

STEP 1 패턴 집중 훈련

너 전에 피아노 레슨 받지 않았어? **Didn't you use to take piano lessons?**

너 전에 걔 좋아하지 않았어? **Didn't you use to like her?**

너 전에 학교 다닐 때 공부 꽤 잘하지 않았어? **Didn't you use to get pretty good grades in school?**

너희들 전에 가장 친한 친구이지 않았어? **Didn't you use to be best friends?**

너 전에 고등학교 다닐 때 여자들이나 쫓아다니지 않았어? **Didn't you use to chase after girls in high school?**

STEP 2 리얼 회화 연습

A **You look familiar. I think I've seen you before. I just can't *put my finger on where.**

B **Now that you mention it...**

A **Oh! I remember now!** 동산 중학교에 다니지 않았어요?

B **Yes! I lived here until my family moved in my third year.**

A 낯이 익은데요. 어디서 뵌 적 있는 것 같아요. 어디였는지 도무지 기억이 안 나네요.

B 말을 듣고 보니까……. (그러고 보니까)

A 아! 이제 기억났다! Didn't you use to go to Dongsan Middle School?

B 맞아요! 3학년 때 이사 가기 전까지 여기에 살았었어요.

now that... ~하니까 mention 언급하다, 말을 꺼내다

- put one's finger on…은 직역하면 '~에 손가락을 갖다 대다'라는 뜻으로, 회화에서는 '~을 정확히 파악하다', '~을 집어 내다'라는 뜻으로 쓰여요. 문제점이나 바뀐 점을 딱 집어서 말하거나 무언가를 기억해 낸다고 할 때도 씁니다.

레벨 업! 네이티브처럼 자연스럽게 말해보자!

네이티브식 리얼 패턴 1

Unit 24 부정어가 들어간 패턴

Q 다음 말을 영어로 만들어 볼까요?

- 모든 사람이 리더가 될 수 있는 건 아니잖아.
  ______ can be a leader.
- 너 그렇게 특별하지 않거든.
  ______ special.
- 날 화나게 하지 마.
  ______ angry.
- 모든 사람을 행복하게 만들 방법은 없어.
  ______ to make everyone happy.
- 모닝 커피의 향기만 한 건 없어.
  ______ the smell of morning coffee.
- 내가 그걸 하기 싫다거나 그런 건 아니야.
  ______ I don't want to do it.
- 내 생각엔 너 걔한테 강요하지 않는 게 좋겠어.
  ______ you ______ force him.
- 믿거나 말거나 로즈는 30대 중반이야.
  ______, Rose is in her mid 30s.

정답 _ Not everyone | You're not that | Don't make me | There's no way | There's nothing like | It's not that | I don't think / should | Believe it or not

Not everyone...

모든 사람이 ~인 건 아니야/아니잖아

'모든 사람들이 너와 같진 않아' 같은 말을 할 때 바로 Not everyone... 패턴을 써 주면 좋습니다. 모든 사람들이 같은 생각을 하거나 같은 행동을 하는 건 아니라는 말을 하고 싶을 때 쓰면 좋겠죠? 이때 everyone 뒤에 오는 동사는 항상 단수 형태로 쓴다는 것 잊지 마세요.

유사패턴 Not everybody...

STEP 1 패턴 집중 훈련

모든 사람이 그것에 대해 행복해 하는 **건 아니야.** (모두가 그걸 만족스러워 하는 건 아니야)	**Not everyone** is happy about that.
모든 사람이 유명 인사가 되고 싶어 하는 **건 아니잖아.**	**Not everyone** wants to be a celebrity.
모든 사람이 리더가 될 수 있는 **건 아니잖아.**	**Not everyone** can be a leader.
모든 사람이 대학교에 갈 형편이 되는 **건 아니야.**	**Not everyone** can afford to go to university.
모든 사람이 너와 같은 도덕적 기준을 갖고 있는 **건 아니야.**	**Not everyone** has the same moral standards as you do.

STEP 2 리얼 회화 연습

A What do you think of my idea for our project?

B *I'm totally on board with it.
Unfortunately, 모두가 그렇게 생각하지는 않더라고.

A It's so hard to *come to a consensus in group work.

B Mike is still undecided, but Hannah is the one *putting the brakes.

A 넌 우리 프로젝트를 위한 내 아이디어 어떻게 생각해?
B 난 완전 동의해. 그런데 유감스럽지만 not everyone feels the same way.
A 그룹 활동 할 때 합의점을 찾는 건 너무 어려워.
B 마이크는 아직 결정 못하고 있는데, 제동을 거는 건 해나야.

unfortunately 불행히도, 유감스럽게도

요건덤

- be on board는 '비행기나 배 같은 것을 타고 있다'라는 뜻 외에도 '어떤 결정이나 제안, 합의 같은 것을 지지하다'라는 뜻으로도 씁니다.
- come to a consensus는 '합의에 도달하다', '합의점을 찾다'라는 뜻이에요. consensus가 '의견일치', '합의'라는 뜻이거든요.
- put the brakes (on…)는 '(~에) 브레이크를 걸다', '(~에) 제동을 걸다'라는 뜻이에요.

You're not that...

넌 그렇게 ~하지 않아/않거든

You're not that... 패턴은 '넌 그렇게까지 ~한 건 아니야'라고 말할 때 쓰는데, 이때 that은 '그렇게'라는 뜻의 부사로 쓰인 것이랍니다. 그러니까 that 뒤에는 형용사가 오면 되겠죠?

유사패턴 You're not so... ‖ You're not very...

STEP 1 패턴 집중 훈련

넌 그렇게 배려심이 많지 않아. (넌 다른 사람들을 배려할 줄을 몰라) — **You're not that caring.**

너 그렇게 미안해 하는 거 아니잖아. — **You're not that sorry.**

너 그렇게 특별하지 않거든. — **You're not that special.**

너 그렇게 허영심이 많진 않잖아, 그치? (네가 그렇게 허영심 많은 사람인 건 아니겠지?) — **You're not that vain, are you?**

너 그렇게 믿을 만하지 않아. — **You're not that dependable.**

dependable 믿음직스러운, 믿을 만한, 듬직한

STEP 2 리얼 회화 연습

A **Watch my moves and copy them.**

B **I must *have two left feet. I keep messing it up.**

A **Don't *be so hard on yourself.** 너 그렇게 나쁘지 않아. (너 그렇게 못 추는 거 아니야)
Everyone makes mistakes in the beginning.

B **Let's do it again. I'll get it right this time.**

A 내가 춤추는 거 잘 보고 따라해 봐.

B 난 춤은 영 꽝인가 봐. 계속해서 엉망으로 하잖아. (자꾸 틀리잖아)

A 너무 그렇게 자책하지 마. You're not that bad.
처음엔 다들 실수하고 그러는 거지 뭐.

B 다시 해 보자. 이번에는 틀리지 않을 거야.

move 움직임, 동작 **copy** 따라하다, 모방하다 **mess ... up** ~을 망치다, 엉망으로 하다

- have two left feet은 '춤 출 때 발을 움직이는 것이 매우 어색하다'라는 뜻입니다. 발이 자꾸 엉키고 걸리니까 그걸 네이티브들은 왼발이 두 개 있다고 표현한 것이에요.
- be hard on...은 '~를 너무 심하게 대하다', '비판하다', '나무라다'라는 뜻이에요.

Don't make me...

내가 ~하게 하지 마

Don't make me... 패턴은 상대방에게 '나 화나게 하지 마'처럼 내가 무엇을 하게 하지 말라고 경고할 때 씁니다. 이 뒤에는 동사원형이나 형용사를 쓰면 됩니다.

STEP 1 패턴 집중 훈련

내가 그 말을 또 하게 하지 마. — **Don't make me** say it again.

내가 너무 오래 기다리게 하지 마. — **Don't make me** wait too long.

날 웃게 만들지 마. (웃기지 마) — **Don't make me** laugh.

날 화나게 하지 마. — **Don't make me** angry.

내가 싫다는데 억지로 하게 하지 마. (시키지 마) — **Don't make me** do it against my will.

against one's will ~의 의지에 반해서, 억지로

STEP 2 리얼 회화 연습

A **Thanks for *sticking your neck out for me.**

B 내가 후회하지 않게만 해 줘.

A **I won't. I can't ever thank you enough.**
You're a true friend.

B **If there's anything else you need, just ask.**

A 날 위해서 이렇게 발 벗고 나서 줘서 고마워.

B Just don't make me regret it.

A 알았어. 아무리 고맙다고 해도 모자랄 정도야.
넌 진정한 친구야.

B 필요한 거 또 있으면 나한테 말만 해.

- stick one's neck out for…는 '~을 위해 위험을 감수하다', '발 벗고 나서다'라는 뜻이에요.

There's no way...

~할 방법이 없어 / ~할 리가 없어

There's no way...는 '~할 방법이 없어'라는 뜻이죠? 그런데 There's no way...는 이 뜻 말고도 '~일 리가 없어'라는 말을 할 때도 정말 많이 씁니다. 이때 way 뒤에는 'to+동사원형'이나 that절이 많이 옵니다.

유사패턴 It's impossible to/that...

STEP 1 패턴 집중 훈련

그녀의 나이를 짐작할 방법이 없어. (도저히 그녀의 나이를 짐작할 수가 없어)	**There's no way to guess her age.**
모든 사람을 행복하게 만들 방법은 없어.	**There's no way to make everyone happy.**
무슨 일이 일어날지 알 방법이 없어.	**There's no way of knowing what will happen.**
그녀가 절대로 윌을 좋아할 리가 없어.	**There's no way that she could possibly like Will.**
걔가 술자리를 그냥 지나칠 리가 없어.	**There's no way he'll miss a drinking session.**

possibly (부정문에서 can/could를 강조하는 의미로) 도저히, 절대로 **session** (특정한 활동을 위한) 시간

STEP 2 리얼 회화 연습

A **Did you know that Ian *has his sights set on Kathy?**

B ***No kidding! Since when?**

A **I don't know.**
I just found out that he has a date with her tonight.

B **Hah!** 걔가 첫 데이트를 무사히 넘기게 될 리가 없어.

A 너 이안이 캐시한테 눈독 들이고 있다는 거 알고 있었어?
B 그럴 리가! 언제부터?
A 몰라. 오늘 밤에 이안이 캐시하고 데이트할 거라는 거 방금 알았어.
B 하! There's no way he'll *make it past the first date.

- have one's sights set on…는 '~을 목표로 삼고 있다', '~을 노리고 있다'라는 뜻이에요. 다르게 set one's sights on…이라고도 표현할 수 있답니다.
- No kidding!은 어떤 말이나 일에 대해 놀랐을 때 "설마!", "그럴 리가!"라는 뜻으로, 회화에서 많이 쓰입니다.
- make it past…는 '~을 무사히 넘기다', '~을 통과해서 다음 레벨로 올라가다'라는 뜻이에요.

159 There's nothing like...

~만 한 건 없어 / ~이 최고야

There's nothing like...는 '~ 같은 것은 없다'라는 뜻이죠. 그래서 이 패턴은 회화에서 '그거만한 게 없어', '그게 최고라니까'라는 뜻으로 쓰입니다. like 뒤에는 명사나 동명사를 쓰면 됩니다.

유사패턴 Nothing beats... ‖ ...is the best

STEP 1 패턴 집중 훈련

일이 끝난 후에 하는 샤워만 한 건 없어. **There's nothing like a shower after work.**

집에서 직접 해 먹는 요리가 최고야. **There's nothing like a home-cooked meal.**

모닝 커피의 향기만 한 건 없어. **There's nothing like the smell of morning coffee.**

친구들하고 술 한잔 하는 것만 한 건 없어. **There's nothing like having a drink with friends.**

시간 죽이는 데엔 비디오 게임 하는 게 최고야. **There's nothing like playing video games to kill time.**

kill time 시간 죽이다, 시간 때우다

STEP 2 리얼 회화 연습

A **On a rainy day like this,** 커피 마시면서 편안하게 뒹구는 것만 한 게 없어. **Oh, and a book.**

B **For me, *nothing beats buchimgae on a rainy day.**

A **Now you're making me want to eat some buchimgae.**

B **I have some leftover vegetables in the fridge. Let's make some.**

A 오늘같이 비 오는 날엔 there's nothing like *curling up with some coffee. 아, 그리고 책도 읽고.

B 난 말이지, 비오는 날엔 부침개만 한 게 없더라고.

A 지금 네가 나 부침개 먹고 싶게 만들잖아. (네가 그 말 하니까 부침개가 먹고 싶어지잖아)

B 나 냉장고에 야채 남은 거 있어. 우리 만들어 먹자.

leftover 남은, 남은 것 **fridge** 냉장고(=refrigerator)

요건덤

- curl up은 '몸을 둥글게 말다'라는 뜻으로, 여기에서처럼 '침대나 안락의자 같은 데에 편안하게 (앉아) 있다'라는 뜻으로도 씁니다.
- nothing beats...는 '아무것도 ~을 이기지 못한다'는 말이니까, '~이 최고야', '~ 만한 게 없어'라는 뜻이 됩니다.

It's not that...

~이라거나 그런 건 아니야

'그게 아니라……' 하면서 상대방에게 자신이 한 말에 대해 해명할 때 쓰면 아주 좋은 패턴이 바로 It's not that...이에요. It's not that 뒤에는 '주어+동사'를 쓰면 됩니다.

STEP 1 패턴 집중 훈련

내가 너를 안 믿는다거나 그런 건 아니야.	**It's not that I don't believe you.**
그 여자가 예쁘지 않다거나 그런 건 아니야.	**It's not that she isn't pretty.**
내가 그걸 하기 싫다거나 그런 건 아니야.	**It's not that I don't want to do it.**
내가 널 도와주기 싫다거나 그런 건 아니야.	**It's not that I don't want to help you.**
우리가 사이가 안 좋다거나 그런 건 아니야.	**It's not that we don't get along.**

get along 사이좋게 지내다

STEP 2 리얼 회화 연습

A **I don't think *we're a good match.**

B **Is it something I did?**

A **No, not at all.** 댁을 안 좋아한다거나 그런 건 아니에요.
In fact, it's the opposite.
I just feel that we want different things in life.

B **Is this because of what I said the other day?**
About wanting to have children?

A 우리 둘은 잘 안 맞는 것 같아요.

B 제가 한 뭔가 때문인가요? (제가 뭔가 잘못한 게 있나요?)

A 아니요, 전혀요. **It's not that I don't like you.**
사실을 말하자면, 그 반대예요.
그냥 우리가 삶에서 원하는 게 다르다는 생각이 들어서 그런 거예요.

B 제가 요전에 했던 말 때문에 그러시는 건가요?
아이를 갖고 싶다고 얘기했던 거?

- be a good match는 '서로 잘 어울리다'라는 뜻이에요. 남녀 관계뿐만 아니라 옷이나 음식이 서로 잘 맞는다는 말을 할 때도 씁니다.

pattern 161 I don't think + 주어 + should...

내 생각엔 ~하지 않는 게 좋겠어 / 내 생각엔 ~할 것 없어

'I don't think+주어+should...' 패턴은 정말 많이 쓰이는데, '내 생각엔 너 그 말 하지 않는 게 좋겠어'처럼 어떤 일을 하지 말라고 할 때, 또는 '내가 보기엔 그렇게까지 할 거 없어'처럼 무언가를 할 필요 없다고 말할 때 씁니다.

유사패턴 주어 + probably shouldn't...

STEP 1 패턴 집중 훈련

내 생각엔 너 걔한테 강요하지 않는 게 좋겠어. **I don't think you should force him.**

내 생각엔 나 이걸 그냥 무시하지 않는 게 좋겠어. **I don't think I should just dismiss it.**

내 생각엔 너 걱정하지 않는 게 좋겠어. (내가 보기엔 너 걱정할 필요 없어) **I don't think you should be worried.**

내 생각엔 너 너무 조마조마할 거 없어. **I don't think she should fret so much.**

내 생각엔 너 그거 하나도 바꾸지 않는 게 좋겠어. (내 생각엔 너 바꿀 거 하나도 없어) **I don't think you should change a thing.**

dismiss (고려할 가치가 없다고) 묵살[일축]하다 **fret** 조바심하다, 조마조마하다

STEP 2 리얼 회화 연습

A 너 스티브한테 너무 잘 대해 주지 않는 게 좋을 것 같아.

B **How come?**

A **The whole world can see he is totally in love with you! You'd just be *stringing him along. That's just cruel.**

B **He hasn't actually told me he loves me. It'll be so awkward if I bring it up first.**

A I don't think you should be too nice to Steve.

B 어째서?

A 온 세상이 걔가 너한테 푹 빠져 있는 걸 알 수 있을 정도라고!
(계속 잘 대해 주면) 네가 그냥 어장 관리하는 게 되잖아. 그건 너무 잔인하잖아.

B 스티브가 나한테 실제로 사랑한다고 고백을 한 것도 아니잖아.
내가 그 얘기를 먼저 꺼내면 참 어색할 텐데.

요건덤

- string ... along은 '~에게 거짓된 희망을 주거나 본심을 속임으로써 착각하게 만들다'라는 뜻이에요. 이 표현은 남녀 관계가 아닐 때에도 쓸 수 있지만, 남녀 관계에서 쓸 때는 흔히 말하는 '어장 관리하다'라는 뜻과 통하는 표현이라고 볼 수 있어요

Like/Believe it or not,...

맘에 들든 안 들든 간에 ~ / 믿거나 말거나 ~

Like it or not 또는 Believe it or not은 원래 Whether you like/believe it or not을 줄인 형태예요. 하고 싶은 말 앞에 '네 맘에 들든 안 들든 간에', '네가 믿거나 말거나'를 붙여 줄 때 이 패턴을 쓰면 딱 좋답니다.

유사패턴 Whether you like/believe it or not,...

STEP 1 패턴 집중 훈련

맘에 들든 안 들든 간에 그 일은 일어날 거야. **Like it or not, it's going to happen.**

맘에 들든 안 들든 간에 난 소파 여기에 놓을 거야. **Like it or not, I'm putting the sofa here.**

믿거나 말거나 로즈는 30대 중반이야. **Believe it or not, Rose is in her mid 30s.**

믿거나 말거나 그 일 진짜로 일어난 거 맞다니까. **Believe it or not, it happened for real.**

믿거나 말거나 그거 실화를 바탕으로 한 거야. **Believe it or not, it was based on a true story.**

for real 진짜로, 정말로

STEP 2 리얼 회화 연습

A **Why do you have so many male friends?**

B **You're being jealous. That's cute.**

A **I'm serious.**
I'm not comfortable with you hanging out with these guys.

B **Well,** 자기 맘에 들든 안 들든 간에, 걔네들은 다 내 좋은 친구들이야.
And I want you to trust me.

A 넌 남자 친구(이성 친구)들이 왜 그렇게 많은 거야?

B 자기 질투하는구나. 귀여워.

A 난 진지하게 말하는 거야.
네가 그 남자들하고 같이 만나서 노는 거 난 불편해.

B 저기, like it or not, they're all good friends to me.
그리고 자기가 날 믿어 줬으면 해.

Unit 25 that이 들어가는 패턴

Q 다음 말을 영어로 만들어 볼까요?

- 난 세차할 때마다 다음 날 비가 오더라.
  ______ I wash my car, it rains the next day.
- 내가 네 도움을 고마워하고 있다는 걸 네가 알아 줬으면 해.
  ______ I appreciate your help.
- 너 여기 데려오길 잘했다.
  ______ I brought you here.
- 너도 이제 풀타임 직장을 구할 때가 됐어.
  ______ you got a full-time job.
- 알고 보니 걔가 내 전 여자 친구하고 사귀고 있더라고.
  ______ he is dating my ex.
- 요점은 그건 네 책임이라는 거야.
  ______ you're responsible for it.
- 주차할 자리를 찾을 수 있기를 바라자.
  ______ we can find a parking space.
- 난 모든 일이 다 잘 될 거라고 생각했어.
  ______ everything would all work out.

정답 _ Every time (that) | I want you to know (that) | Good thing (that) | It's about time (that) | Turns out (that) | The bottom line is (that) | Let's hope (that) | I figured (that)

Every time (that)...

~할 때마다

Every time (that) 뒤에 '주어+동사'를 써 주면, '~할 때마다'라는 뜻이 돼요. '~할 때마다 이렇게 되더라' 같은 말을 할 때 쓰면 좋은 패턴이죠. 이때 'every time (that)+주어+동사'는 문장 앞에 써도 좋고 뒤에 써도 좋답니다.

유사패턴 Whenever...

STEP 1 패턴 집중 훈련

난 세차**할 때마다** 다음 날 비가 오더라. — **Every time** I wash my car, it rains the next day.

걘 숙취가 있을 **때마다** 술 끊을 거라고 말하더라. — **Every time** he gets a hangover, he says he'll quit drinking.

난 클라라를 볼 **때마다** 심장이 멎어. — **Every time** I see Clara, my heart stops beating.

걔네들은 서로 볼 **때마다** 아무것도 아닌 것 갖고 싸워. — They squabble over nothing **every time** they see each other.

squabble over... ~에 대해 말다툼하다, 티격태격 다투다

STEP 2 리얼 회화 연습

A Oh no! It's sold out!

B What is?

A This top. I've been *eyeing it for weeks. It just went on sale for 50% off, but it's already out of stock!

B 내가 온라인에서 뭘 사려고 할 때마다 그러더라고. I don't know how other people *get to it so fast.

A 안 돼! 다 팔렸어!

B 뭐가?

A 이 윗옷 말이야. 몇 주 동안 눈독 들이고 있었거든. 좀 전에 50% 할인 세일을 시작했는데, 벌써 품절됐어!

B That happens every time I try to buy something online. 다른 사람들은 어떻게들 그렇게 빨리 사는 건지 모르겠어.

sold out 매진된, 품절된 out of stock 품절되어 재고가 없는

- eye는 동사로 '눈여겨보다', '쳐다보다', '지켜보다'라는 뜻으로도 쓰여요. 주로 뭔가가 탐날 때나 의심스러울 때 쓰죠.
- get to...는 '~에 도착하다', '닿다'라는 뜻인데, 여기서는 어떤 물건에 손을 빨리 댄다는 뜻이니, 쉽게 말해서 빨리 산다는 말이 되는 것이죠.

pattern 164 I want you to know (that)...

~이라는 걸 네가 알았으면[알아 줬으면] 해

상대방에게 중요한 이야기를 하고 싶을 때 I want you to know (that)...이라는 패턴을 쓰면 좋아요. 특히 미안함, 고마움을 표현할 때나, 평소 하고 싶었던 말을 하려고 할 때, 또는 상대방이 꼭 알아 줬으면 하는 말을 하려고 할 때 쓰면 좋겠죠?

유사패턴 I'd like you to know (that)...

STEP 1 패턴 집중 훈련

이건 농담이 아니라는 걸 네가 알았으면 해. **I want you to know this is not a joke.**

내가 정말 미안해 한다는 걸 네가 알아 줬으면 해. **I want you to know I'm really sorry.**

내가 네 도움을 고마워하고 있다는 걸 네가 알아 줬으면 해. **I want you to know I appreciate your help.**

선생님께서 하고 계시는 일을 존경하고 있다는 말씀을 드리고 싶습니다. **I want you to know that I admire what you're doing.**

STEP 2 리얼 회화 연습

A 넌 나한테 정말 소중하다는 걸 네가 알았으면 해.

B *What's this about?

A Nothing. I read an inspiring post on someone's blog. I just wanted to say "I love you" to the people I care about.

B I'm so touched. I care about you a lot too.

A I want you to know that you mean a lot to me.

B 갑자기 왜 그래?

A 아무것도 아니야. 어떤 사람 블로그에서 감동적인 글을 읽었거든. 그냥 내가 소중히 여기는 사람들한테 "사랑해."라는 말을 하고 싶었어.

B 나 완전 감동 받았어. 나도 널 아주 소중히 여기고 있어.

mean a lot 많은 것을 의미하다, 소중하다 **inspiring** 고무적인, 감동적인 **touched** 감동 받은

- What's this about?은 '이것은 뭐에 대한 거야?'라는 뜻이죠. 회화에서는 이 말이 살짝 의역돼서 '무슨 일이야?', '갑자기 왜 그래?'라는 뜻으로도 쓰입니다.

Good thing (that)...

~이라서 다행이야 / ~하길 잘했다

Good thing (that)... 패턴은 '~인 게 다행이다'라는 말을 할 때 쓰는 패턴인데, 원래 It's a good thing (that)...이었던 것에서 It's a를 생략하고 말하는 것입니다.

유사패턴 I'm glad (that)... ‖ It's fortunate (that)... ‖ Thank God (that)...

STEP 1 패턴 집중 훈련

우리가 그거 하는 거 아무도 못 봐서 **다행이야.**
Good thing that nobody saw us doing that.

우리가 그 사람의 바보 같은 충고를 듣지 않**길 잘했다.**
Good thing we didn't listen to his stupid advice.

나 그거 안 해도 돼서 **다행이야.**
Good thing I don't have to do that.

너 여기 데려오**길 잘했다.**
Good thing I brought you here.

준비된 상태로 (준비해서) 오**길 잘했다.**
Good thing I came prepared.

STEP 2 리얼 회화 연습

A **I *missed you this morning. Where were you?**

B **I was doing some outside work in Bundang.**
Did I miss anything?

A **Not much.**
The general manager went crazy and *bit everyone's head off.

B **Then** 내가 여기 없었던 게 다행이네.

A 너 오늘 아침에 안 보이더라. 어디 있었어?
B 분당에서 외근하고 있었어. 내가 뭐 놓친 거 있어?
A 별로. 부장님이 맛이 가서 우리한테 막 화를 내시더라고.
B 그럼 good thing I wasn't here.

outside work 외근 **go crazy** 미치다, 정신이 나가다

- miss는 '그리워하다', '놓치다'라는 뜻으로 많이 쓰이는데, 여기서처럼 '~이 없다는 것을 눈치채다', '알게 되다'라는 뜻으로도 쓰입니다.
- bite one's head off는 '~에게 막 화를 내다'라는 뜻으로, 특히 별 이유 없이 괜히 성질부린다고 할 때 써요.

It's about time (that)...

진작에 ~을 했어야지 / ~할 때가 됐어

It's about time (that)... 패턴은 '진작에 ~을 했어야지', '~할 때가 됐잖아'라는 말을 할 때 쓰면 좋아요. 이때 that절에 오는 동사는 보통 과거 형태로 씁니다.

유사패턴 It's time to...

STEP 1 패턴 집중 훈련

네가 걔를 용서해 줄 **때가 됐잖아.**
(이제 용서해 줄 만하잖아)
It's about time that you forgave him.

너 여기 진작에 왔**어야지!**
(왜 아직 안 온 거야? / 왜 이제 온 거야?)
It's about time you got here!

걔가 빌려간 돈 **진작에** 갚았**어야 하는데.**
It's about time he paid me back.

너도 이제 풀타임 직장을 구**할 때가 됐어.**
It's about time you got a full-time job.

너도 이제 네 삶에 대해 진지해질 **때가 됐어.**
It's about time you got real about your life.

get real 진지해지다

STEP 2 리얼 회화 연습

A **I'm asking my girlfriend to marry me. Tonight.**

B **Finally! I was wondering when it was going to happen.**
하기야 너도 남자답고 책임감 있게 행동할 때가 됐지.

A **Hey, it's not easy to decide to live with someone all your life.**

B **Yeah, but you've been with her for 5 years now.**

A 나 여자 친구한테 청혼할 거야. 오늘 밤에.

B 드디어! 언제쯤에나 할 건가 궁금해 하고 있었어.
It's about time you *manned up.

A 야, 누군가와 함께 평생을 같이 살기로 결정하는 게 쉽지 않잖아.

B 그렇지, 하지만 넌 네 여자 친구하고 5년이나 사귀었잖아.

요건덤

- man up은 man이 동사로 쓰인 구어체 표현으로, '책임감 있게 행동하다', '남자답게 행동하다'라는 뜻이에요.

Turns out (that)...

알고 보니 ~이더라고

Turns out (that)... 패턴은 원래 It turns out (that)...에서 맨 앞의 It을 생략한 형태예요. '처음엔 몰랐는데 알고 보니까 그렇더라고' 같은 말을 할 때 쓰면 좋은 패턴입니다.

유사패턴 I found out later (that)...

STEP 1 패턴 집중 훈련

알고 보니 아이린이 내 언니 친구더라고.	**Turns out that Irene is a friend of my sister's.**
알고 보니 걔가 나를 이용했을 뿐이더라고.	**Turns out he was only using me.**
알고 보니 걔가 자기 과거에 대해 속인 거더라고.	**Turns out he lied about his past.**
알고 보니 걔가 내 전 여자 친구하고 사귀고 있더라고.	**Turns out he is dating my ex.**
알고 보니 누군가가 내 컴퓨터를 해킹했더라고.	**Turns out someone hacked into my computer.**

ex 전 연인, 전 남편[부인](ex-boyfriend/girlfriend/husband/wife를 줄인 형태)

STEP 2 리얼 회화 연습

A **I hear you broke up with your new girlfriend.**

B **Yeah. I dumped her last week.**

A **I thought you were pretty into her.**

B **I was, at first. But** 알고 보니 내가 생각했던 그런 여자가 아니더라고.
I won't call her a *gold digger, but she was only *in it for the money.

A 너 새로 사귄 여자 친구랑 헤어졌다며.

B 응. 지난주에 걔 찼어.

A 너 그 여자 꽤 좋아하는 줄 알았는데.

B 그랬지, 처음에는. 근데 turns out she's not who I thought she was.
'꽃뱀'이라고까지 부르지는 않겠지만, 돈 때문에 나하고 사귀는 거였어.

dump 버리다, (연인을) 차다 **be into...** ~을 좋아하다

- gold digger는 자신의 미모를 이용해서 남자의 돈을 우려내려고 남자에게 접근하는 여자를 부를 때 쓰는 표현이에요. 우리말의 '꽃뱀'과 통하는 표현이라고 보면 됩니다.
- be in it for the money라는 표현은 '돈을 위해서 또는 돈을 노리고 어떤 일을 하다'라는 뜻이에요.

The bottom line is (that)...

요점은 ~이라는 거야 / 결론은 ~이야

bottom line은 '결론', '요점'이라는 뜻이에요. 그래서 길게 말할 것 없이 바로 요점으로 들어갈 때 The bottom line is (that)... 하면서 말을 꺼내면 됩니다.

유사패턴 The point is (that)... ‖ The conclusion is (that)... ‖ What I'm trying to say is (that)...

STEP 1 패턴 집중 훈련

요점은 네 아이디어가 마음에 안 든다는 거야. **The bottom line is that I don't like your idea.**

요점은 애매한 태도를 취하면 안 된다는 거야. **The bottom line is you can't sit on the fence.**

결론은 그는 이 일에 적합하지 않다는 거야. **The bottom line is he is not fit for this job.**

요점은 그건 네 책임이라는 거야. **The bottom line is you're responsible for it.**

결론은 넌 태도를 좀 바꿔야 한다는 거야. **The bottom line is you need to change your attitude.**

sit on the fence 어느 한쪽을 정하지 않고 애매한 태도를 취하다

STEP 2 리얼 회화 연습

A **It's not that we don't like your works. They're very original.**

B **But what?**
Please stop *beating around the bush and give me the bottom line.

A **Okay.** 요점은 댁의 작품들은 대중성이 부족하다는 거예요.
Your works are original, but almost too original.

B **Well, thank you for your honesty.**

A 저희가 댁의 작품들이 마음에 안 드는 게 아니에요. 정말 독창적입니다.

B 근데 뭐예요? (근데 뭐가 문제예요?)
빙빙 돌려 말씀하지 마시고 요점을 말해 주시면 좋겠어요.

A 알겠습니다. The bottom line is your works lack mass appeal.
댁의 작품들은 독창적인데요, 거의 너무 독창적이에요. (너무 독창적이라서 문제일 정도예요)

B 솔직하게 말씀해 주셔서 감사합니다.

original 독창적인 **mass appeal** 대중성

- beat around the bush는 '요점을 피하다', '말을 빙빙 돌려하다', '에둘러 말하다', '문제점을 꺼내 말하기를 주저하다'라는 뜻이에요.

Let's hope (that)...

~하기를 바라자

어떤 일에 대한 기대감을 표현할 때, 아니면 안 좋은 일이 있을 때 '우리 희망을 잃지 말자'라는 뜻으로 Let's hope (that)... 패턴을 쓰면 좋습니다.

STEP 1 패턴 집중 훈련

내일 날씨가 좋기를 바라자. **Let's hope that** we have good weather tomorrow.

주차할 자리를 찾을 수 있기를 바라자. **Let's hope** we can find a parking space.

사장님 기분이 좋기만을 바랄 수밖에 없지, 뭐. **Let's** just **hope** the boss is in a good mood.

역사가 (같은 일이) 반복되지 않기를 바라자. **Let's hope** history doesn't repeat itself.

걔가 실수를 통해 배웠기를 바라자. (실수에서 배워서 같은 실수를 반복하지 않기를 바라자) **Let's hope** he learned from his mistakes.

STEP 2 리얼 회화 연습

A I was just talking to a *cutie on the street, and I noticed half way that I had something in my teeth!

B Do you think he noticed?

A I don't know. Why didn't I check in the mirror? I'm so stupid!

B 그 남자가 네 좋은 성격에 매료돼서 그걸 알아채지 못했기를 바라자.

A 나 좀 전에 어떤 훈남하고 얘기하고 있었는데, 중간에 내 이빨에 뭐가 낀 걸 알았지 뭐야!

B 그 남자가 알아챈 것 같았어?

A 모르겠어. 내가 왜 거울을 확인하지 않았을까? 나 완전 바보야!

B Let's hope he *was too taken with your wonderful personality to notice it.

halfway 중도에, 한창 중에

- cutie 는 '귀여운 사람'을 뜻하는 회화체 표현으로, 보통 이성적으로 호감이 가는 사람을 부를 때 씁니다. 참고로 '섹시한 사람'은 hottie라고 합니다.
- be taken with...는 '~에 매료되다', '~에 사로잡히다'라는 뜻이에요.

pattern 170 I figured (that)...

난 ~이라고 생각했어 / 난 ~인 줄 알았지

어떤 일에 대해 '난 다 잘 될 거라고 생각했지', '다 잘 될 줄 알았지' 같은 말을 할 때, 네이티브들은 I thought (that)... 만 쓰지 않고, I figured (that)...도 많이 사용합니다.

유사패턴 I thought (that)...

STEP 1 패턴 집중 훈련

난 모든 일이 다 잘 될 거라고 생각했어.	**I figured** everything would all work out.
난 네가 걔한테 관심 가질 거라고 생각했어.	**I figured** you'd be interested in her.
난 걔가 그냥 피곤해 하는 건 줄 알았지.	**I figured that** she was just tired.
난 우리가 그거 그냥 취소하는 거라고 생각했지.	**I figured** we were just calling it off.
난 우리가 이미 친구라고 생각했어.	**I figured** we were friends already.

call... off ~을 취소하다

STEP 2 리얼 회화 연습

A Did you hear? Jongmin was rushed to the E.R. this morning.

B What happened?

A They're still trying to figure it out.
His mom told me that his temperature suddenly spiked.

B I noticed he hasn't been *looking his best.
난 그냥 감기 걸린 거라고 생각했는데. I didn't think it was anything serious.

A 너 들었어? 종민이가 오늘 아침에 응급실에 실려 갔대.

B 어떻게 된 거야?

A (의사들이) 아직도 알아내려고 하는 중이래. (아직은 모른대)
종민이네 어머니가 걔 체온이 갑자기 확 올라갔다고 하시더라고.

B 걔가 요즘 안 좋아 보인다는 걸 눈치챘었어. (어째 걔가 요즘 안 좋아 보인다 싶었어)
I just figured he had caught a cold. 심각한 것일 거라고는 생각 못 했어.

E.R. 응급실(emergency room의 준말) spike 급등하다

- look one's best는 '가장 좋아 보이다', '제일 돋보이다'라는 뜻이에요. 어떤 옷이 정말 잘 어울린다고 할때도 쓸 수 있지만, 여기서처럼 건강이 좋아 보인다고 할때도 쓸 수 있어요. has not been looking his best니까 그동안 안색이 안 좋아보였다는 뜻으로 쓰인 것이죠.

Unit 26 대화 시 툭하면 나오는 패턴

Q 다음 말을 영어로 만들어 볼까요?

- 그거 꽤나 극적인 반전이었어.
  ______ dramatic twist.
- 난 방 3개짜리 아파트를 살 여유가 없어.
  ______ buy a 3-bedroom apartment.
- 걔가 야근하느라고 그런 걸 거야.
  ______ he is working late.
- 참고로 말하자면, 난 너에게 동의 안 해.
  ______, I don't agree with you.
- 어쩌다 보니 내가 모든 일을 하게 됐어.
  I ______ doing all the work myself.
- 난 그런 질문을 할 정도로 어리석지는 않아.
  ______ ask a question like that.
- 더 나쁜 건 그게 짝퉁이었다는 거야.
  ______ it was a fake.
- 내가 보기엔, 걔네들 결혼은 실수였어.
  Their marriage was a mistake, ______.
- 그녀가 오지 않을 거라는 데에 20달러를 건다.
  20 ______ she's not coming.
- 품질을 고려하면, 그건 너무 비싸.
  ______ its quality, it is too expensive.

정답 _ That was quite a | I can't afford to | It's probably because | Just so you know | ended up | I know better than to | What's worse is (that) | if you ask me | bucks says | Given

pattern 171 This/That is quite a...

이거/그거 꽤나 ~인걸 / 상당히 ~이네

이 패턴은 무언가에 대해 '이거 꽤 괜찮네', '그거 정말 놀라운걸' 같은 말을 할 때 씁니다. 예를 들어 영화를 보고 난 후나 식사 후, 또는 어떤 장소에 갔을 때 그곳에 대해 느낀 점을 얘기하면서 쓰면 좋답니다.

STEP 1 패턴 집중 훈련

이거 상당히 놀라운 일인걸. **This is quite a surprise for me.**

이거 꽤나 획기적인 일이구나. **This is quite a milestone.**

그거 상당히 유도 질문인걸. **That is quite a loaded question.**

그거 정말 대단한 연설이었어. **That was quite a speech.**

그거 꽤나 극적인 반전이었어. **That was quite a dramatic twist.**

milestone 이정표, 획기적인 사건 **loaded question** 유도 질문 **twist** 반전

STEP 2 리얼 회화 연습

A 정말 멋진 저녁 식사였어. ***I thoroughly enjoyed myself.**

B ***See? I knew you'd like the place.**
And it's not so bad to eat out every now and then, is it?

A **I loved the ambiance, the lighting, the music, and the service.**

B **Not to mention the food! You can't enjoy that at home.**
It was perfect.

A That was quite a dinner. 아주 즐거웠어.

B 그렇지? 네가 그 레스토랑 좋아할 줄 알았어.
가끔은 밖에서 외식하는 것도 나쁘지 않지?

A 분위기, 조명, 음악, 서비스 모두 너무 좋았어.

B 음식은 말할 것도 없고 말이야! 그런 건 집에서는 못 즐기잖아. 완벽했어.

every now and then 때때로, 가끔 **ambiance** 분위기, 환경 **not to mention...** ~은 말할 것도 없이

- I enjoyed myself.는 "정말 즐거웠어.", "정말 즐거운 시간을 보냈어."라는 뜻이에요. 여기서 '대단히', '완전히', '철저히'라는 뜻의 thoroughly를 써서 강조한 것입니다.
- See?는 상대방에게 "보여?"라는 뜻 외에도, "그것 봐.", "그렇지?", "내 말 맞지?"라는 뜻으로도 회화에서 많이 쓰여요.

I can't afford to...

난 ~할 여유가 없어 / 난 ~할 상황이 못 돼

I can't afford to... 패턴은 무언가를 살 돈이 없다는 뜻 말고도, 시간이 안 되거나 여건이 안 될 때에도 씁니다. 회화 시에 쓸 일이 많은 패턴이니 꼭 알아두세요.

유사패턴 I don't have the money/time to... ‖ I can't... ‖ I'm not in a position to...

STEP 1 패턴 집중 훈련

난 여기서 더 살 빠질 **상황이 못 돼**. (살이 더 빠지면 안 돼) — **I can't afford to** lose any more weight.

내 봉급으로는 차를 굴릴 **여유가 없어**. — **I can't afford to** run a car on my pay.

난 방 3개짜리 아파트를 살 **여유가 없어**. — **I can't afford to** buy a 3-bedroom apartment.

난 그걸 고칠 **돈[시간]이 없어**. — **I can't afford to** get it fixed.

난 아플 **형편이 못 돼**. (지금 아프면 안 되는데) — **I can't afford to** get sick right now.

STEP 2 리얼 회화 연습

A **Can you please tell Sandy that I still love her? That I need her? She'll listen to you.**

B **Well...**

A **She's the best thing that happened to me.**
그녀를 잃을 순 없어.

B **Fine. I can try, but don't *get your hopes up.**

A 샌디한테 내가 아직도 그녀를 사랑한다고 전해 주겠어? 그녀가 꼭 필요하다고 말이야. 네 말은 들을 거야.

B 글쎄…….

A 그녀는 내 인생에서 일어난 최고의 일이란 말이야. (그녀를 만난 건 내 인생에서 최고의 행운이었단 말이야)
I can't afford to lose her.

B 알았어. 말해 볼 수는 있겠지만 기대는 하지 마.

- get one's hopes up은 '어떤 좋은 일이 일어날 것이라고 기대하다'라는 뜻이에요. 흔히 좋은 일이 일어날 거라는 보장이 없는데도 기대를 한다는 뜻으로 많이 씁니다.

pattern 173 It's/That's probably because... 아마 ~이라서 그런 걸 거야

It's probably because...나 That's probably because...는 이유를 얘기할 때 쓰는 패턴으로, 확신은 못하지만 아마도 그게 이유일 거라고 얘기할 때 쓰면 좋습니다.

STEP 1 패턴 집중 훈련

아마 걔가 사춘기를 겪고 있어서 그런 걸 거야.	**It's probably because** she is going through puberty.
내가 살이 좀 붙어서 그런 걸 거야.	**That's probably because** I put on a little weight.
걔가 야근하느라고 그런 걸 거야.	**It's probably because** he is working late.
아마 걔가 지금 여기 오는 중이라서 그런 걸 거야.	**That's probably because** he's on his way here.
네 농담이 안 웃겨서 그런 걸 거야.	**It's probably because** your jokes weren't funny.

go through... ~을 겪다 puberty 사춘기 put on weight 체중이 늘다

STEP 2 리얼 회화 연습

A **What's Mira's problem with me? She acts like I don't even exist.**

B 아마도 네가 해서는 안 될 말을 했기 때문일 거야.

A **You know something, don't you? Tell me. I have no idea why she's acting this way.**

B **Well, *I don't know about that. This is between you and her.**

A 미라는 나한테 뭐가 불만인 거야? 마치 내가 세상에 존재하지도 않는 것처럼 굴잖아.
B It's probably because you said something you shouldn't have.
A 너 뭔가 아는구나, 그치? 말해 줘. 난 재가 왜 이렇게 행동하는지 전혀 모르겠어.
B 글쎄, 그건 좀……. 이건 너하고 걔 사이의 일이잖아.

problem 불만거리

요건덤

- I don't know.나 I don't know about that.은 그냥 모른다는 말을 할때말고도 상대방의 말에 반대하거나 미심쩍어 할때, 또는 어떤 말을 하기 꺼려하면서 '글쎄 그건 좀 …' 같은 뉘앙스로도 씁니다.

Just so you know,...

참고로 말하지만 ~ / 참고로 알려 주자면 ~

상대방에게 '참고로 말이야' 하면서 어떤 정보를 알려 줄 때 Just so you know,... 패턴을 쓰면 좋아요. 상대방에게 도움이 될 만한 정보를 줄 때, 또는 어떤 일을 미리 알려 주거나 경고할 때 쓰면 좋습니다.

유사패턴 By the way,... ‖ For your information,...

STEP 1 패턴 집중 훈련

참고로 말하지만, 내가 걔한테 그 아이디어 준 거야.	**Just so you know, I gave him that idea.**
참고로 말하지만, 난 너에게 동의 안 해.	**Just so you know, I don't agree with you.**
참고로 말하지만, 난 너 같지 않아.	**Just so you know, I am not like you.**
참고로 알려 주자면, 2시 강의 취소됐어.	**Just so you know, the 2 o'clock lecture is cancelled.**
참고로 말하는데, 난 그렇게 만만하지 않아.	**Just so you know, I'm not that easy.**

easy 만만한, 여자가 헤픈

STEP 2 리얼 회화 연습

A **I'm leaving. I made kimchijjigae. Heat it up when you're hungry.**

B **When are you coming back?**

A **I should be back before dinner.**
And 참고로, 오늘 아침에 네 코트 드라이클리닝 맡겼어.

B **Okay. Thanks, Mom.**

A 엄마 나간다. 김치찌개 만들어 놨으니까 배고프면 데워 먹어.
B 엄마 언제 돌아오실 건데요?
A 저녁 식사 전에는 돌아올 거야.
그리고 just so you know, I dropped your coat off at the dry cleaners this morning.
B 알았어요. 고마워요, 엄마.

- drop ... off at a/the dry cleaners(또는 cleaner's)는 '~을 드라이클리닝 맡기다'라는 뜻이에요. 이때 drop off 대신 take를 써서 take ... to the dry cleaners/cleaner's라고 해도 되고요.

주어 + ended up...

어쩌다 보니[결국] ~하게 됐어

주어 ended up...은 누군가가 어쩌다 보니 어떤 상황이 되었거나 어떤 장소에 가게 됐다는 말을 할 때 써요. ended up 뒤에는 주로 '동사+-ing'나 전치사구를 씁니다.

STEP 1 패턴 집중 훈련

우리 부사장님이 결국 사임하게 됐어. **Our vice president ended up stepping down.**

어쩌다 보니 내가 모든 일을 하게 됐어. **I ended up doing all the work myself.**

갠 결국 감옥에 가게 됐어. **He ended up in jail.**

그는 결국 가지고 있던 모든 것을 잃게 됐어. **He ended up losing everything he had.**

지훈이는 결국 많은 빚을 지게 됐어. **Jihoon ended up with a lot of debt.**

step down 물러나다, 사임하다

STEP 2 리얼 회화 연습

A **I haven't seen you since our high school graduation!**
***What have you been up to?**

B **Where do I start?**
Oh, I recently started working at a marketing agency.

A **Marketing? That's a surprise.**

B **Hahaha! Yeah, I know.** 친구 도와주다가 어쩌다 보니 마케팅에서 일하게 됐어.

A 고등학교 졸업하고 너 한 번도 본 적이 없잖아. 그동안 어떻게 지냈어?
B 어디서부터 얘기해야 되나? 아, 최근에 마케팅 에이전시에서 일하기 시작했어.
A 마케팅? 의외네.
B 하하하! 나도 알아. I ended up working in marketing after helping out a friend.

- What are you up to?는 "너 요즘 뭐 하면서 지내?", "너 지금 뭐 해?"라는 뜻이에요. 예를 들어 "오늘 밤에 뭐 할 거야?"는 What are you up to tonight?이라고 할 수 있어요.

I know better than to...

난 ~할 정도로 어리석지는 않아

I know better than to…는 직역하면 '~을 하는 것보다 더 잘 알아'라는 뜻인데, 좀 어색하죠? 이게 회화에서는 의역돼서 '~을 할 만큼 바보 같지 않아'라는 뜻이 됩니다. '그 정도 판단력은 있어' 같은 뉘앙스라고 보면 돼요.

유사패턴 I'm smarter than to… ‖ I'm not so stupid as to…

STEP 1 패턴 집중 훈련

난 널 믿을 정도로 어리석지는 않아. **I know better than to** believe you.

난 걔가 사과할 거라고 기대할 정도로 어리석지는 않아. **I know better than to** expect him to apologize.

난 걔한테 도움을 요청할 정도로 어리석지는 않아. **I know better than to** ask him for help.

난 그런 질문을 할 정도로 어리석지는 않아. **I know better than to** ask a question like that.

난 같은 실수를 반복할 정도로 어리석지는 않아. **I know better than to** make the same mistake again.

STEP 2 리얼 회화 연습

A Remember, you have to be careful what you say around Sue.

B She is the *touchiest person I know.

A Especially about her weight! I *learned my lesson last time.
이제 난 걔하고 같이 있을 때 다이어트에 대해서 얘기할 만큼 어리석진 않아.

B What I don't get is that she's not even slightly overweight.

A 기억해, 쑤하고 있을 때는 말조심해야 돼.
B 내가 아는 사람 중에 걔처럼 예민한 사람이 없다니까.
A 특히 걔 몸무게에 대해서 말이야! 지난번에 아주 된통 당하고 깨달았지.
Now I know better than to talk about dieting around her.
B 내가 이해가 안 되는 건 걘 전혀 비만이 아니라는 거야.

overweight 과체중의, 비만인

- touchy는 '과민한', '화를 잘 내는'이라는 뜻으로 사람 성격을 나타낼 때도 쓰고, '민감한', '주의해서 다뤄야 하는'이라는 뜻으로 어떤 토픽에 대해 얘기할 때도 씁니다.
- learn one's lesson은 '경험을 통해 어떤 교훈을 얻다', '깨닫다'라는 뜻으로, 그리고 '따끔한 맛을 보다'라는 뜻으로 쓰입니다.

What's worse is (that)...

더 나쁜 건 ~이라는 거야

What's worse is (that)...은 '더 나쁜 건 ~이라는 거야'라는 뜻으로, 누군가가 한 말이나 행동, 또는 어떤 상황에 대해 실망스러움을 표현할 때 많이 씁니다.

유사패턴 ...is worse

STEP 1 패턴 집중 훈련

더 나쁜 건 걔가 내 편을 들어 주지 않았다는 거야.	**What's worse is** he didn't take my side.
더 나쁜 건 걘 죄책감도 안 느낀다는 거야.	**What's worse is** she doesn't feel guilty.
더 나쁜 건 그게 짝퉁이었다는 거야.	**What's worse is that** it was a fake.
더 나쁜 건 걔가 아무 이유 없이 그랬다는 거야.	**What's worse is** he did it for no reason at all.
더 안 좋은 건 내 남자 친구가 내 친구를 좋아한다는 거야.	**What's worse is that** my boyfriend has feelings for my friend.

take one's side ~의 편을 들(어 주)다 **fake** 가짜(의), 모조품, 짝퉁

STEP 2 리얼 회화 연습

A *What do you have to say for yourself?

B I didn't mean to deceive you.

A 더 나쁜 건 네가 네 거짓말을 인정하지 않았다는 거야.
You just came up with more lies to cover it up.

B I don't know what I was thinking. It just came out.
I guess I was scared of making you angry.

A 뭐 할 말 있어?

B 너를 속이려던 건 아니었어.

A What's worse is you didn't *own up to your lie. 넌 그냥 그걸 숨기려고 거짓말을 더 했어.

B 나도 내가 무슨 생각을 한 건지 모르겠어. 그냥 (거짓말이) 나오더라고.
널 화나게 할까 봐 무서웠나 봐. (네가 화낼까 봐 무서웠나 봐)

deceive 속이다 **come up with...** ~을 생각해 내다, 찾아내다, 만들어 내다

- What do you have to say for yourself?는 "네 자신에 대해 할 말 있어?", 즉 "뭐라고 해명할래?", "할 말 있어?"라는 뜻이에요.
- own up to…는 '~을 인정하다', '자백하다'라는 뜻이에요.

pattern 178 ...if you ask me

내가 보기엔 말이지, ~

자신의 생각이나 느낌을 말하고 if you ask me를 덧붙이면 '내가 보기엔 말이야'라는 뜻이 돼요. 직역하면 '만약 네가 나한테 물어본다면'이라는 뜻이니까 '나에게 물어보면 이렇게 답하겠어'라는 식으로 자신의 의견을 표현하는 것이죠. if you ask me를 문장 맨 앞에 써도 좋아요.

유사패턴 ...in my opinion ‖ ...if you want to know what I think

STEP 1 패턴 집중 훈련

내가 보기엔 말이지, 그건 말도 안 돼.	**That's nonsense, if you ask me.**
내가 보기엔, 걔네들 결혼은 실수였어.	**Their marriage was a mistake, if you ask me.**
내가 보기엔 말이지, 그건 내부 소행이야.	**It's an inside job, if you ask me.**
내가 보기엔 말이지, 가능성이 낮아.	**If you ask me, the odds are low,**
내가 보기엔, 걔는 비위 맞추기가 너무 힘들어.	**She's too high-maintenance, if you ask me.**

inside job 내부 (사람이 저지른) 범죄 **odds** 승산, 가능성 **high-maintenance** 까탈스러운, 손이 많이 가는

STEP 2 리얼 회화 연습

A **So, what did you think of my boyfriend?**

B **He was wonderful, just like you said.**
It was obvious he really likes you.

A **You really think so?**

B **For sure.** 내가 보기엔 말이야, 너희 둘이 정말 잘 어울리더라고.

A 그래서, 내 남자 친구 어떤 것 같았어?

B 정말 좋은 사람이더라, 네가 말한 대로 말이야.
그 사람이 너를 정말 좋아하는 게 티가 나더라고.

A 정말 그런 것 같아?

B 물론이지. You guys *make a great couple, if you ask me.

요건덤

- make a good[great] couple '둘이 잘 어울리다'라는 뜻이에요. good이나 great을 cute라고 바꿔서 '둘이 알콩달콩 귀엽게 잘 사귀다'라는 뉘앙스로 표현할 수도 있고요.

pattern 179 ...bucks says ~

~이라는 데에 …달러를 건다

buck은 dollar의 구어체 표현이에요. 그래서 예를 들어 20 bucks says ~라고 하면 '~이라는 데에 20달러를 건다'라는 뜻이 됩니다. 내기를 걸면서 '돈이 말한다'고 재미있게 표현하는 것이죠.

유사패턴 I bet... bucks/dollars (that) ~

STEP 1 패턴 집중 훈련

걔 또 늦을 거라는 데에 10달러를 건다.	**10 bucks says** he'll be late again.
그녀가 오지 않을 거라는 데에 40달러를 건다.	**40 bucks says** she's not coming.
걔가 화낼 거라는 데에 20달러를 건다.	**20 bucks says** he's going to get angry.
우리가 이길 거라는 데에 50달러를 건다.	**50 bucks says** we'll win.
걔가 거절할 거라는 데에 30달러를 건다.	**30 bucks says** she'll say no.

STEP 2 리얼 회화 연습

A Did you see Michael's new girlfriend?

B Sure did. 한 달이면 둘 사이가 끝난다는 데에 20달러 건다.
He's going to find some ridiculous fault with her and dump her, like he always does.

A *Nah. This time, she's not even his type.
I say 2 weeks.

B *It's on! You'd better get your $20 ready.

A 너 마이클의 새 여자 친구 봤어?

B 물론이지. 20 bucks says it'll be over in a month.
항상 그러는 것처럼 또 무슨 말도 안 되는 단점을 찾아내고는 그 여자를 찰 거야.

A 아니. 이번에는 여자가 걔 타입도 아니던걸.
난 2주일이라고 봐.

B 그럼 어디 내기 한 번 해 보자! 너 20달러 준비해 놓는 게 좋을걸.

find fault with... ~의 단점을 찾아내다, 트집을 잡다, 탓하다 **ridiculous** 말도 안 되는, 터무니없는

- Nah.는 No.를 아주 캐주얼하게 말할 때 씁니다.
- It's on!이라는 표현은 내기를 할 때 "어디 해 보자고!", "좋아!" 하면서 상대방의 도전을 받아들일 때 쓰는 표현이에요.

Given...,

~을 고려하면/고려했을 때

Given…은 '~을 고려하면', '~을 고려했을 때'라는 뜻이에요. 이 뒤에는 명사나 that절 같은 명사류가 옵니다.

유사패턴 Considering…

STEP 1 패턴 집중 훈련

품질을 **고려하면**, 그건 너무 비싸. — **Given** its quality, it is overpriced.

중고차인 것을 **고려했을 때**, (중고차치고는) 이정도면 괜찮은 편이야. — **Given** that this is a used-car, it's all right.

나이를 **고려했을 때**, 그는 놀라울 정도로 활동적이야. — **Given** his age, he is remarkably active.

새로 들어온 사람이라는 것을 **고려하면**, (신입사원치고는) 그 친구 일을 아주 잘 해. — **Given** he is new to the job, he is doing very well.

overpriced (제 가치보다) 값이 너무 비싼 **active** 활동적인, 적극적인

STEP 2 리얼 회화 연습

A **She won't come out of the room. She won't eat anything. She won't even talk to me.**

B 상황을 고려하면, 난 걔를 탓하지 않아. (걔가 왜 그러는지 이해가 돼)

A **I'm just worried about her.**

B **Yeah, she's *been through a lot in the past few weeks. Give her some time.**

A 걔 방에서 나오려고 하질 않아. 아무것도 안 먹으려 하고. 나하고 얘기도 안 하려고 해.

B Given the circumstances, I don't blame her.

A 그냥 걔가 걱정이 돼서 그래.

B 그래. 걔가 지난 몇 주 동안 많은 일을 겪었잖아. 시간을 좀 줘.

- be through a lot은 '많은 일을 겪다', 즉 '고생을 많이 하다'라는 뜻이에요.

Unit 27

어법상으로는 생소하지만 네이티브들이 자주 쓰는 패턴

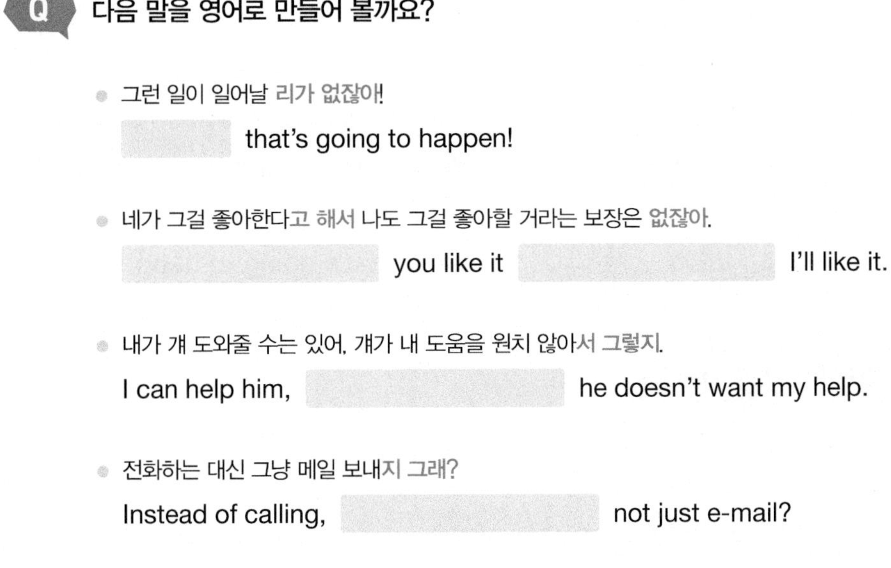

Q 다음 말을 영어로 만들어 볼까요?

- 그런 일이 일어날 리가 없잖아!
  ______ that's going to happen!

- 네가 그걸 좋아한다고 해서 나도 그걸 좋아할 거라는 보장은 없잖아.
  ______ you like it ______ I'll like it.

- 내가 걔 도와줄 수는 있어. 걔가 내 도움을 원치 않아서 그렇지.
  I can help him, ______ he doesn't want my help.

- 전화하는 대신 그냥 메일 보내지 그래?
  Instead of calling, ______ not just e-mail?

- 걔가 "이건 불공평하잖아."라고 말하더라고.
  She ______, "It's not fair."

정답 _ As if | Just because / doesn't mean | except (that) | why | was like

As if...

퍽도 ~하겠다 / ~일 리가 없잖아 / ~하는 것도 아니면서 무슨

As if...는 회화에서 많이 쓰이는 패턴인데, 상대방이 한 말이나 행동에 대해 비꼬면서 '그럴 리가 없잖아', '네가 상관하는 것도 아니면서 무슨', '걔가 퍽도 네 말 듣겠다' 같은 말을 할 때 씁니다. As if 뒤에는 '주어+동사'를 써 주면 됩니다.

유사패턴 Like... ‖ There's no way... ‖ 주어+is/are never going to...

STEP 1 패턴 집중 훈련

퍽도 걔가 네 말 **듣겠다**!	**As if** he'll listen to you!
걔가 그렇게 쉽게 물러설 **리가 없잖아**!	**As if** he'll back down so easily!
네가 걔 용서해 줄 **것도 아니면서 무슨**!	**As if** you're going to forgive him!
네가 **퍽도** 걔한테 기회를 **주겠다**!	**As if** you'll give him a chance!
그런 일이 일어날 **리가 없잖아**!	**As if** that's going to happen!

back down 주장 등을 굽히다, 물러서다

STEP 2 리얼 회화 연습

A Why don't you talk to your mom about it?

B 우리 엄마가 퍽도 상관하시겠다!
And she'll just *rub it in my face later.

A She's your mom. She's just *looking out for you.

B I guess. But we always end up screaming at each other when we talk.

A 네 엄마한테 말씀드려 보지 그래?

B **As if she'll care!**
게다가 우리 엄마는 나중에 이걸 자꾸 들먹이실 거라고.

A 엄마니까 그러시는 거지. 널 사랑하니까 챙겨 주시는 거야.

B 그렇겠지. 하지만 엄마하고 대화하면 결국엔 꼭 서로에게 소리를 지르게 된단 말이야.

- rub ... in one's face는 '생각하기 싫거나 잊고 싶은 일에 대해 자꾸 들먹이다'라는 뜻이에요.
- look out for...는 '~을 조심하다'라는 뜻 외에도 여기에서처럼 '~에게 나쁜 일이 생기지 않도록 챙겨 주다'라는 뜻으로도 많이 써요.

pattern 182 Just because ~ doesn't mean... ~이라고 해서 …인 건 아니야

Just because ~ doesn't mean...은 대화 시에 쓸 일이 정말 많은 패턴입니다. '네가 그걸 좋아한다고 해서 나도 그걸 좋아하는 건 아니야' 같은 말을 할 때 씁니다.

STEP 1 패턴 집중 훈련

걔가 널 좋아하지 않는다고 해서 걔가 널 아주 싫어하는 건 아니야.
Just because she doesn't like you doesn't mean she hates you.

네가 그걸 좋아한다고 해서 나도 그걸 좋아할 거라는 보장은 없잖아.
Just because you like it doesn't mean I'll like it too.

걔가 그걸 했다고 해서 너도 할 수 있는 건 아니야.
Just because he did it doesn't mean you can.

걔가 성격이 털털하다고 해서 걔가 여성스럽지 않은 건 아니야.
Just because she has an easygoing personality, doesn't mean she's not feminine.

easygoing 느긋한, 태평한, 소탈한

STEP 2 리얼 회화 연습

A **Did you read the text messages on my phone?**

B **Your phone was buzzing while you were in the bathroom. I just wanted to see if it was something important.**

A **I can do that myself.**
You know, 우리가 사귄다고 해서 네가 내 허락 없이 내 핸드폰을 봐도 된다는 건 아니야.

B **Okay. But you don't have to be so cold about it.**

A 자기 내 핸드폰에 있는 문자 메시지들 읽었어?

B 자기 화장실에 가 있는 동안 핸드폰이 진동했어. 중요한 건지 그냥 보려고 한 거야.

A 그런 건 내가 해도 되잖아.
있잖아, just because we're going out doesn't mean you can look at my phone without my permission.

B 알았어. 그렇다고 그렇게 냉정하게 나올 건 없잖아.

Except (that)...

~만 아니라면 말이야 / ~이라서 그렇지

except (that)...은 구어체에서 '~만 아니라면 말이야'라는 뜻으로 정말 많이 쓰여요. 그런데 회화에서는 흔히 주절 없이 단독으로 쓰일 때도 많습니다. 상대방이 한 말에 대해 토를 달면서 '이것만 아니라면 말이지' 같은 말을 할 때 써요.

유사패턴 If not for the fact that...

STEP 1 패턴 집중 훈련

이거 살 텐데, 이미 집에 구두가 엄청 많이 있**지만 않으면 말이야**.
I'd buy this, except I already have tons of shoes at home.

내가 걔 도와줄 수는 있어. 걔가 내 도움을 원치 않아**서 그렇지**.
I can help him, except that he doesn't want my help.

거기가 그렇게 멀**지만 않으면 말이야**.
(너무 멀어서 그렇지)
Except that it's so far away.

걔가 완전 속물**만 아니라면 말이야**.
(속물이라서 그렇지)
Except she's a total snob.

tons of 아주 많은 snob 속물

STEP 2 리얼 회화 연습

A **The movie was awesome, don't you think?**
This is why I love watching movies at the movie theater.

B 매너를 모르는 사람들이 있다는 것만 아니라면 말이야.

A **Oh, you're talking about the couple behind us who *talked through the movie?**

B **Yup. It's my biggest *pet peeve.**

A 영화 끝내주지 않았어?
이래서 내가 영화관에서 영화 보는 걸 좋아한다니까.
B Except some people don't know manners.
A 아, 영화 내내 계속 말하던 우리 뒤에 앉아 있던 커플 얘기하는 거구나?
B 응. 난 그런 게 제일 싫거든.

- talk through…는 '~ 내내 계속해서 말하다'라는 뜻이에요. 그래서 talk through a[the] movie는 '영화 보는 동안 계속 말하면서 보다'라는 뜻이 되는 것이죠.
- pet peeve는 '정말 싫어하는 것', '짜증 나게 하는 것'을 뜻해요.

Why + 동사?

왜 ~해? / 왜 쓸데없이 ~하고 그래?

네이티브들은 '왜 ~해?'라는 말을 할 때 Why 뒤에 주어 없이 동사만 쓰기도 합니다. 할 필요 없는 일을 뭐 하러 하냐고 물어볼 때, 무언가를 제안할 때 쓰면 좋답니다.

유사패턴 Why do you...? ‖ There's no need to... ‖ You don't have to...

STEP 1 패턴 집중 훈련

네가 할 수 있는 건 아무것도 없는데 뭘 걱정하고 그래? **Why worry when you can't do anything about it?**

가기 싫으면 왜 그냥 가기 싫다고 말 안 해? **If you don't want to go, why not just say so?**

전화하는 대신 그냥 메일 보내지 그래? **Instead of calling, why not just e-mail?**

왜 쓸데없이 별거 아닌 일 갖고 걱정하고 그래? **Why sweat the small stuff?**

왜 걔 때문에 신경 쓰고 그래? **Why bother about him?**

sweat the small stuff 별거 아닌 거 갖고 걱정하다 **bother** 애를 쓰다, 신경 쓰다

STEP 2 리얼 회화 연습

A **Why did you tell him you're not free tonight? You're not doing anything.**

B **I don't want to look like I'm waiting for him *24/7.**

A **But you're crazy about him!**
왜 괜히 튕기고 그래?

B **This will make him want me more. You'll see.**

A 왜 그 남자한테 오늘 저녁에 시간 안 난다고 했어? 너 아무것도 안 하잖아.

B 항상 그 남자만 기다리고 있는 것처럼 보이기 싫단 말이야.

A 그치만 넌 그 남자한테 완전 넘어갔잖아!
Why *play hard to get?

B 이러면 그 남자가 날 더 원하게 될 거거든. 보면 알 거야.

요건덤

- 24/7은 '하루 중에 24시간 일주일 중에 7일'을 줄인 형태로, '항상'이라는 뜻으로 쓰여요. twenty-four seven이라고 읽으면 됩니다.
- play hard to get은 직역하면 '얻기 어렵게 굴다'라는 뜻이니까, 쉽게 말하면 '비싸게 굴다', '관심 없는 척하다', '튕기다'라는 뜻이 됩니다.

주어 + was/were like, "..."

"~"이라고 말했지/말하더라고

네이티브들은 회화에서 누가 한 말이나 생각, 행동을 재연할 때 많이들 be like를 써서 말합니다. 예를 들어 He was like 하고는 그 사람이 한 말을 옮기거나 행동을 다시 보여 주면 되는 것이죠.

유사패턴 주어 + said, "..."

STEP 1 패턴 집중 훈련

걔가 "무슨 일이 일어난 거야?"라고 말하더라고. He was like, "What happened?"

그래서 내가 "와, 좋네!"라고 했어. So I was like, "Wow, that's great!"

네가 "뭐 이런 게 다 있어?"라고 했잖아. You were like, "What the hell is this?"

걔가 "이건 불공평하잖아."라고 말하더라고. She was like, "It's not fair."

걔가 "꺼져!"라고 하더라고. She was like, "Get lost!"

Get lost! 꺼져!

STEP 2 리얼 회화 연습

A He kept saying, "This is so boring."
It really started to annoy me.
So 내가 "네가 재미없는 걸지도 모르지."라고 했지.

B *Oh, burn! What did he say to that?

A What could he say? He was speechless.

B *Way to go!

A 그 남자가 자꾸 "이거 지루해. (재미없어)"라고 하더라고. 그게 정말 짜증 나기 시작했어.
그래서 I was like, "Maybe you're boring."

B 와, 완전 개망신 줬네! 그러니까 걔가 뭐래?

A 걔가 무슨 말을 할 수 있겠어? 할 말을 잃었지.

B 잘했어!

speechless 말문이 막힌

요건덤

- Oh, burn!은 슬랭(속어)이에요. 누군가가 다른 사람한테 망신당하는 것을 보고는 "와 아주 제대로 당했네!", "와 완전 개망신 줬네!"라는 뜻으로 말하는 감탄사입니다.
- Way to go!는 "잘했어!", "바로 그거야!"하면서 격려나 칭찬할 때 쓰는 감탄사입니다.

회화 수준을 세련되게 업그레이드 해 보자!

네이티브식 리얼 패턴 2

Unit 28 매너 갖춰 말하기

Q 다음 말을 영어로 만들어 볼까요?

- 기꺼이 같이 가 줄게.
  ________ come with you.
- 네가 괜찮다면, 그것에 대해서는 말하고 싶지 않아.
  ________, I'd rather not talk about it.
- 이런 말 하기 뭐하지만, 그건 좀 유치해.
  ________ that's a bit childish.
- 언제든지 나 보러 와도 돼.
  ________ come see me.
- 귀찮게 해 드려서 죄송하지만, 잠깐이면 됩니다.
  ________ it'll only take a minute.
- 난 네 말에 동의하지 않아.
  ________ with what you're saying.

정답 _ I'd be happy to | If you don't mind | No offense, but | You are more than welcome to | I'm sorry to bother you, but | I beg to differ

186 I'd be happy to...

기꺼이 ~할게

I'd be happy to...는 직역하면 '~하게 된다면 난 행복할 거야'라는 뜻으로, 회화에서는 의역되어 '나 기꺼이 ~할게'란 뜻으로 씁니다. 상대방의 부탁을 기꺼이 들어 주어 상대방이 부담을 안 느끼도록 하는 표현이에요.

유사패턴 I'd be glad to... ‖ Of course I would...

STEP 1 패턴 집중 훈련

물론이죠. 기꺼이 도와드리죠. — Sure. **I'd be happy to** help you out.

궁금한 점 있으시면 무엇이든 답변해 드리겠습니다. — **I'd be happy to** answer any questions you may have.

기꺼이 같이 가 줄게. — **I'd be happy to** come with you.

댁에게 도움이 된다면 기쁘겠습니다. — **I'd be happy to** be of service to you.

네 여행을 위해 필요한 모든 준비를 기꺼이 할게. — **I'd be happy to** make all the necessary arrangements for your trip.

be of service (to...) (~에게) 도움이 되다 **arrangements** [복수형] 채비, 준비

STEP 2 리얼 회화 연습

A Oh no! I'm supposed to meet a client in half an hour, but the subway service has been interrupted by some accident.

B Would you like me to give you a ride?

A You would do that for me?

B 기꺼이 해 줄게. (당연히 해 줘야지) Come on. Let's go.

A 이런! 30분 안에 고객하고 만나야 되는데, 전철이 사고 때문에 운행 중단됐대.

B 내가 차 태워 줄까?

A 날 위해서 그렇게까지 해 주겠어? (그래 줄 수 있겠어?)

B I'd be happy to do that for you. 자. 가자.

interrupt 방해하다, 중단시키다

pattern 187 If you don't mind,...

괜찮(으시)다면, ~

mind는 '꺼리다'라는 뜻이죠. 그래서 If you don't mind,...라고 하면 '꺼리지 않으신다면', 즉 '괜찮으시다면'이라는 뜻이 돼요. 상대방에게 부탁을 하거나 무언가를 해도 되는지 양해를 구할 때 쓰면 좋겠죠? if you don't mind는 문장 맨 끝에 올 수도 있습니다.

유사패턴 If it's okay with you,... ‖ If it's fine with you,...

STEP 1 패턴 집중 훈련

괜찮으시다면, 금요일은 쉬고 싶은데요.	**If you don't mind, I'd like to take Friday off.**
괜찮으시다면, 한 번 둘러봐도 될까요?	**If you don't mind, may I look around?**
네가 괜찮다면, 내 방식대로 하고 싶어.	**If you don't mind, I'd like to do it my way.**
네가 괜찮다면, 그것에 대해서는 말하고 싶지 않아.	**If you don't mind, I'd rather not talk about it.**
생각할 시간을 좀 주셨으면 해요, **괜찮으시다면요**.	**I'd like some time to think it over, if you don't mind.**

STEP 2 리얼 회화 연습

A **I don't feel well.**

B **What's wrong?**

A **I don't know. I'm feeling a little dizzy.**
괜찮다면 잠깐 소파에 누울 수 있을까?

B **You can *take my bed. It'll be more comfortable.**

A 몸이 안 좋아.

B 왜 그래?

A 모르겠어. 좀 어질어질 하네.
If you don't mind, can I lie down on your sofa for a minute?

B 내 침대에서 쉬어. 그게 더 편안할 거야.

- take the/one's bed는 '~의 침대에서 자다'라는 뜻이에요. 예를 들어 집에서 자기로 한 손님에게 '넌 침대에서 자. 난 소파에서 잘게.'라는 말을 할때 You (can) take the[my] bed. I'll sleep on the sofa. 이런 식으로 말할 수 있죠.

pattern 188 No offense, but...

불쾌하게 하려는 건 아니지만, ~ / 이런 말 하기 뭐하지만, ~

No offense라는 말은 회화에서 많이 쓰는데, 상대방에게 어떤 말을 하고 싶은데 상대방이 불쾌해 할 것 같다면 그 말 앞에 No offense, but… 하면서 말문을 열면 도움이 됩니다.

유사패턴 I don't mean to offend you, but… ‖ I hope you take no offense, but…

STEP 1 패턴 집중 훈련

불쾌하게 하려는 건 아니지만, 넌 포인트를 놓쳤어. **No offense, but you missed the point.**

이런 말 하기 뭐 하지만, 너 화장을 너무 진하게 했어. **No offense, but you're wearing too much makeup.**

이런 말 하기 뭐하지만, 그건 좀 유치해. **No offense, but that's a bit childish.**

불쾌하게 하려는 건 아니지만, 댁은 절 잘 모르시잖아요. **No offense, but you don't really know me.**

이런 말 하기 뭐하지만, 넌 사회성이 부족해. **No offense, but you lack social skills.**

lack 부족(하다) social skills 사회성

STEP 2 리얼 회화 연습

A **I must be cursed or something.**
I always have the worst luck with women!

B **Uh…** 불쾌하게 하려는 건 아니지만, 문제는 너한테 있는 걸지도 몰라.

A **What are you talking about?**

B **You just go out with any woman who likes you.**
Women really *pick up on that.

A 난 저주 받거나 한 게 틀림없어. 난 여자에 있어선 운이 항상 최악이라니까!
B 저기……. No offense, but maybe the problem is you.
A 무슨 말이야?
B 넌 널 좋아해 주는 여자라면 가리지 않고 다 사귀잖아.
여자들은 그런 거 정말 잘 알아챈다고.

cursed 저주 받은

- pick up on… '~을 알아채다', '눈치채다'라는 뜻이에요. 누가 기분이 안 좋아 보인다든가 뭔가가 변했다든가 하는 것처럼 눈에 확 띄지 않는 것까지 잘 감지한다고 할 때 씁니다.

189 You are more than welcome to... 얼마든지/언제든지 ~해도 돼

You're welcome to...라고 하면 상대방에게 '~을 해도 좋다'라는 뜻이 됩니다. 여기서 welcome 앞에 more than을 쓰면 '얼마든지 ~해도 된다'라는 뜻이 되어 한층 더 상대방을 편하게 해 주는 말이 되는 것이죠.

유사패턴 Feel free to... ‖ You can always...

STEP 1 패턴 집중 훈련

얼마든지 합석하셔도 됩니다.	**You are more than welcome to join us.**
언제든지 나 보러 와도 돼.	**You are more than welcome to come see me.**
원하면 얼마든지 머물러도 돼.	**You are more than welcome to stay if you want.**
얼마든지 배우자를 동반하셔도 됩니다.	**You are more than welcome to bring your spouse.**
먹고 싶은 거 얼마든지 먹어도 돼.	**You are more than welcome to eat whatever you like.**

STEP 2 리얼 회화 연습

A **I should get going if I want to get home before midnight.**

B 얼마든지 우리 집에서 자고 가도 돼.
It's late, and the drive back home is such a hassle.

A **But *I don't want to impose.**

B **Nonsense. I would love the company.**

A 집에 자정 전에 도착하려면 슬슬 가 봐야겠다.

B You're more than welcome to stay overnight.
늦은데다 집에 운전해서 돌아가기 피곤하잖아.

A 하지만 너한테 폐를 끼치고 싶지는 않은데.

B 무슨 소리야. 너하고 같이 있으면 내가 좋지.

stay overnight 하룻밤을 머무르다, 자고 가다 **hassle** 귀찮은 일, 번거로운 일 **company** 누군가와 함께 있는 것

요건덤

- I don't want to impose (on...)는 '(~에게) 내 의견을 강요하고 싶지 않다'라는 뜻도 있지만, 여기서처럼 '(~에게) 폐를 끼치고 싶지 않다'라는 뜻으로도 많이 씁니다. 상대방이 어떤 제안을 했을 때 쓰면 좋은 표현이죠.

I'm sorry to bother you, but...

귀찮게 해 드려서 죄송하지만, ~

상대방이 한창 무슨 일을 하고 있는데 방해를 하게 될 때, 또는 상대방에게 어떤 부탁을 하게 될 때 I'm sorry to bother you, but... 하면서 말문을 열면 좋아요.

유사패턴 I'm sorry to trouble you, but...

STEP 1 패턴 집중 훈련

귀찮게 해 드려서 죄송하지만, 잠깐이면 됩니다.	**I'm sorry to bother you, but** it'll only take a minute.
귀찮게 해 드려서 죄송하지만, 옆으로 좀 비켜 주시겠습니까?	**I'm sorry to bother you, but** would you step aside?
귀찮게 해 드려서 죄송하지만, 저와 함께 가 주시겠습니까?	**I'm sorry to bother you, but** would you come with me?
방해해서 미안한데, 네가 알아야 할 게 있어.	**I'm sorry to bother you, but** there's something you need to know.

step aside 옆으로 비키다

STEP 2 리얼 회화 연습

A **Excuse me.**
귀찮게 해 드려서 죄송하지만, 저희와 테이블을 바꿔 주실 수 있을까요?
There are six of us, and this is the only table with 6 chairs.

B **Of course.**

A **Thank you very much. Again, I'm sorry to trouble you.**

B **It's not a problem at all.**

A 실례합니다. I'm sorry to bother you, but could you *switch tables with us?
저희 일행이 6명인데 의자가 6개인 테이블은 이것밖에 없어서요.

B 물론이죠.

A 정말 감사합니다. 다시 한번, 귀찮게 해 드려서 죄송합니다.

B 전혀 문제가 되지 않아요. (괜찮아요)

- switch tables는 '테이블을 바꿔 앉다'라는 뜻입니다. switch는 누군가와 어떤 것을 서로 바꾼다고 할 때 많이 쓰는 동사예요. 참고로 '자리를 바꾸다'는 switch seats라고 하면 됩니다.

I beg to differ...

난 ~에 동의하지 않아

I beg to differ…는 상대방의 의견에 반대한다는 것을 예의 갖춰서 표현할 때 쓰는 패턴이에요. differ 뒤에는 전치사 with나 on을 쓰고, 그 뒤에 어떤 것에 동의하지 않는지 말하면 됩니다.

유사패턴 I'm sorry, but I disagree… ‖ I can't say that I agree…

STEP 1 패턴 집중 훈련

전 댁의 의견에 동의하지 않습니다. **I beg to differ with your opinion.**

이 점에 있어서 난 동의하지 않아. **I beg to differ on this point.**

난 네 말에 동의하지 않아. **I beg to differ with what you're saying.**

전 이 이슈에 관한 댁의 주장과 다른 견해를 갖고 있습니다. **I beg to differ with your point on this issue.**

난 네 편향된 관점에 동의하지 않아. **I beg to differ with your biased viewpoint.**

point 요점, 주장, 점 biased 편향된, 한쪽으로 치우친

STEP 2 리얼 회화 연습

A **I'm sorry, James, but** 난 당신의 관점에 동의하지 않아요.

B **Don't be sorry at all.**
It's refreshing to meet a woman who *has a mind of her own.

A **I'll *take that as a compliment.**

B **It is. Most women just *go along with everything I say.**

A 미안하지만, 제임스, I beg to differ with your perspective.
B 전혀 미안해 할 거 없습니다. 주관이 뚜렷한 여성을 만나니 신선하군요.
A 칭찬으로 받아들일게요.
B 칭찬 맞습니다. 대부분의 여성들은 제가 하는 말에 동조하기만 하거든요.

perspective 관점, 시각 refreshing 신선한, 상쾌한

- have a mind of one's own은 '자기만의 생각을 갖고 있다', 즉 '자신의 주관이 뚜렷하다'라는 뜻입니다.
- take … as a compliment는 '~을 칭찬으로 받아들이다'라는 뜻이에요.
- go along with…는 '~와 함께 가다'라는 뜻 외에도, '~와 동의하다', '동조하다'라는 뜻으로도 많이 쓰여요.

Unit 29

쉬운 말을 세련되게 업그레이드하기

Q 다음 말을 영어로 만들어 볼까요?

- 난 유행 따르는 거 별로 안 좋아해.
  ________ following trends.
- 난 그 영화가 완전 헷갈리더라고.
  ________ the movie totally confusing.
- 스티븐은 말솜씨가 좋아.
  Steven ________ words.
- 난 네 요점을 이해하지 못하겠어.
  ________ understand your point.
- 여기 자주 오시나 봐요.
  ________ you come here often.
- 다시 생각해 보니, 그거 나쁜 아이디어가 아니네.
  ________, that's not a bad idea.
- 그거 한 번 시도해 봐서 손해 볼 건 없잖아.
  ________ give it a try.
- 문득 생각난 건데, 난 이제 어린애가 아니야.
  ________ I'm not a child anymore.
- 난 그분이 훨씬 더 젊을 거라고 생각했어.
  ________ he was much younger.

정답 _ I'm not big on | I found | has a way with | I fail to | I take it (that) | On second thought | It doesn't hurt to | It just occurred to me (that) | I was under the impression (that)

pattern 192 I'm not big on...

난 ~이 별로야 / 난 ~ 별로 안 좋아해

뭔가를 별로 안 좋아한다고 할 때, I don't like...이라고 표현하는 대신 I'm not big on... 패턴을 써서 말할 수 있어요. I'm not big on...은 뭔가를 안 좋아한다고 할 때 또는 뭔가를 그다지 중요시 여기지 않는다고 할 때 쓰면 좋답니다.

유사패턴 I don't really like... ‖ I don't like... much ‖ I'm not a big fan of...

STEP 1 패턴 집중 훈련

난 클래식 음악은 별로야. **I'm not big on classical music.**

난 카푸치노는 별로야. **I'm not big on Cappuccino.**

난 온라인으로 옷 사는 거 별로야. **I'm not big on buying clothes online.**

난 유행 따르는 거 별로 안 좋아해. **I'm not big on following trends.**

난 연속극 별로 안 좋아해. **I'm not big on soap operas.**

soap opera 연속극(보통 주부를 대상으로 한 드라마를 뜻함)

STEP 2 리얼 회화 연습

A I'm having *a *Lord of the Rings* marathon tonight.
Wanna come?

B I'll pass. 난 판타지 영화 별로 안 좋아하거든.

A What? Everyone likes *The Lord of the Rings* trilogy.

B I'm an exception, then.
I watched the first half hour of the movie and fell asleep.

A 나 오늘 밤에 〈반지의 제왕〉 마라톤 할 건데. 너도 올래?
B 난 됐어. I'm not big on fantasy movies.
A 뭐라고? 〈반지의 제왕〉 3부작은 모두가 다 좋아한다고.
B 그럼 나는 예외네.
난 그 영화 처음 부분 30분 보다가 잠들었어.

trilogy 3부작

요건덤

• a movie marathon은 '몇 시간 동안 앉아서 계속 영화를 보는 것'을 뜻해요. 정말 재미있었던 시리즈를 1편부터 끝까지 계속 이어서 볼 때 많이 쓰죠. 드라마를 몰아서 볼 때에도 이 표현을 쓰는데, 예를 들어 a *Prison Break* marathon처럼 드라마 제목을 넣어서 말하면 됩니다.

I find... ~

난 …이 ~하다고 생각해

어떤 것에 대해 어떻게 생각하거나 느낀다고 말할 때 find를 써서 표현할 수 있어요. 예를 들어, '난 그게 시간 낭비라고 생각했어'를 I thought it was a waste of time.이라고 하는 대신에 I found it to be a waste of time.라고 하는 거죠. find 뒤에는 대상을 써 주고, 그 뒤에는 해당 대상에 대한 생각을 말하면 됩니다.

유사패턴 I think... is ~

STEP 1 패턴 집중 훈련

난 그게 믿기 어려운걸. **I find that hard to believe.**

난 그날 밤에 일어난 일을 잊는 것이 정말 어려워. **I find it very difficult to forget what happened that night.**

난 네 아이디어가 완전 터무니없다고 생각해. **I find your idea absolutely nonsense.**

난 그 여자가 재미없고 너무 뻔하다고 생각했어. **I found her dull and predictable.**

난 그 영화가 완전 헷갈리더라고. **I found the movie totally confusing.**

dull 따분한, 재미없는 **predictable** 예측 가능한, 행동이 너무 뻔한

STEP 2 리얼 회화 연습

A **You're back!**

B **I just flew in last night. I'm so *jet lagged.**

A **How did you like Hawaii?**

B 가는 곳마다 다 환상적이었어.
I've only been back for a day, and I already want to go back.

A 너 돌아왔구나!

B 어젯밤에 비행기로 도착했어. 시차 때문에 너무 피곤해.

A 하와이 어땠어?

B I found it fantastic wherever I went.
돌아온 지 하루밖에 안 됐는데, 벌써 돌아가고 싶을 정도야.

fly in 비행기로 도착하다

- jet lag은 비행기로 장거리 여행을 했을 때에 느끼는 피로감, 즉 '시차로 인한 피로'를 뜻해요. 형용사로는 jet lagged라고 하고요. I'm jet lagged.나 I have jet lag.이라고 하면 시차 때문에 피곤하다는 뜻이 됩니다.

주어 + have a way with...

~을 잘 다뤄

'주어+have a way with...'라고 하면 누군가가 뭔가를 잘 다룬다거나 능숙하다는 뜻이 돼요. 말발이 좋다고 하거나 어떤 사람을 잘 다룬다고 할 때 특히 많이 씁니다.

유사패턴 ~ is good with...

STEP 1 패턴 집중 훈련

에밀리는 아기들을 잘 다뤄. Emily **has a way with** babies.

스티븐은 말솜씨가 좋아. Steven **has a way with** words.

걔는 여자들을 잘 다뤄. He **has a way with** women.

아일린은 컴퓨터를 잘 다뤄. Eileen **has a way with** computers.

나는 개들을 잘 다뤄. I **have a way with** dogs.

STEP 2 리얼 회화 연습

A What's Peter's appeal?
Girls flock to him, but he's not even that good-looking.

B 걔가 말을 좀 할 줄 알거든. (말발이 되거든)
He knows exactly when to say what.

A I wish I had his *silver tongue.

B Hang around him often.
You'll learn a thing or two.

A 피터의 매력이 뭐야?
여자애들이 걔한테 몰려드는데, 걔가 그렇게 잘생긴 것도 아니잖아.

B **He has a way with words.**
언제 무슨 말을 해야 하는지 정확히 알지.

A 나도 걔처럼 말발이 좋으면 좋겠다.

B 걔랑 자주 같이 다녀 봐.
한두 가지 정도는 배우게 될걸.

appeal 매력 **flock to...** ~에 몰려들다, 모이다

- silver tongue은 '말발', '언변'을 뜻해요. 유창하고 설득력 있게 말을 잘 하는 능력을 얘기할 때 씁니다.

I fail to...

~ 못하겠어

무언가를 못하겠다고 말할 때, 특히 어떤 것이 이해 안 된다고 말할 때 don't나 can't 대신 fail to를 써서 세련되게 말할 수 있어요. I fail to 뒤에는 동사원형을 써 주면 됩니다.

유사패턴 I don't... ‖ I can't...

STEP 1 패턴 집중 훈련

난 네 요점을 이해하지 못하겠어.	**I fail to** understand your point.
난 그의 주장에 담긴 논리를 이해 못 하겠어.	**I fail to** see the logic behind his argument.
난 왜 네가 이걸 하고 있는 건지 이해 못 하겠어.	**I fail to** understand why you're doing this.
난 어떻게 그 두 가지가 연관되어 있다는 건지 모르겠어.	**I fail to** see how the two are connected.
난 결국 걔를 설득하지 못했어.	**I failed to** convince him after all.

STEP 2 리얼 회화 연습

A I can't believe you *got yourself into this mess.

B 난 여기서 문제가 뭔지 모르겠는데. (난 아무런 문제 없는 것 같은데)

A I don't even know where to begin.
Let's see... What you did almost got you fired!

B I only did what I thought was right.

A 네가 스스로 이렇게 난처한 상황을 만들었다는 게 안 믿어진다. (어떻게 상황을 이렇게까지 만드냐?)

B I fail to see the problem here.

A 어디서부터 시작해야 할지 모르겠네. (대책이 안 선다)
어디 보자……. 네가 한 행동이 널 잘릴 뻔하게 만들었잖아! (네가 한 행동 때문에 너 잘릴 뻔했잖아)

B 난 내가 옳다고 생각한 일을 했을 뿐이야.

* get oneself into a mess는 '스스로를 곤경에 빠뜨리다', '난처한 처지에 빠뜨리다'라는 뜻이에요. a mess 대신 trouble을 써서 get oneself into trouble이라고 해도 좋습니다.

I take it (that)...

~인가 보네 / ~인 것 같네

어떤 상황을 보고 '그런가 보네', '그런 것 같네'라는 말을 할 때 I take it (that)... 패턴을 써 주면 아주 좋아요. that은 흔히 생략하고 '주어+동사'를 쓰면 됩니다.

유사패턴 It seems (that)... ‖ It looks like... ‖ I guess (that)... ‖ I assume (that)...

STEP 1 패턴 집중 훈련

여기 자주 오시나 봐요. **I take it** you come here often.

걔가 협조적으로 나오지 않나 보네. **I take it** he's not being cooperative.

넌 내가 그걸 안 했으면 좋겠나 보구나. **I take it that** you don't want me to do that.

그건 안 된다는 뜻(거절의 뜻)인 것 같네. **I take it** that's a no.

둘이 서로 아는 사이인가 보네. **I take it** you two know each other.

STEP 2 리얼 회화 연습

A I need to talk to you.

B *Uh oh! *You have that look on your face.
너 내가 요즘 힘들어 하는 거 들었나 보구나.

A Why didn't you tell me? You know you can tell me anything.

B I know, but I didn't want to drag you into my problems.
You have a lot to deal with on your own.

A 너하고 얘기 좀 해야겠어.

B 이런! 얼굴 표정이 심상치 않네.
I take it you heard about my recent difficulties.

A 왜 나한테 말을 안 한 거야? 나한테 무슨 말이든 할 수 있는 거 알잖아.

B 알아. 그치만 내 문제에 너를 끌어들이고 싶지 않았어.
너도 너 나름대로 처리해야 할 일이 많잖아. (너도 힘든 일이 많잖아)

drag 끌다, 끌어들이다 **deal with** 처리하다

- Uh oh!는 "어!", "이런!"처럼 자신이 뭔가를 잘못하고 그것을 깨달았을 때, 또는 무슨 문제가 있을 것 같을 때 쓰는 감탄사입니다.
- You have that look on your face.는 상대방이 짓는 특유의 표정을 가리키며 "너 또 그 표정을 짓고 있어."라고 말하는 표현이에요. 예를 들어 상대방이 화났을 때 짓는 특유의 표정을 짓고 있을 때 이 말을 하면 "너 화났을 때 짓는 표정을 또 짓고 있어.", 즉 "표정 보니까 너 화났나 보네."라는 뜻이 되는 거죠.

On second thought,...

다시 생각해 보니, ~

On second thought,...는 직역하면 '두 번째 생각으로는, ~'이라는 뜻이죠. 그래서 회화에서는 '다시 생각해 보니, ~'라는 말이 됩니다. On second thought, 뒤에는 '주어+동사' 형태로 자신의 생각을 말하면 됩니다.

유사패턴 Now that I think about it again,...

STEP 1 패턴 집중 훈련

다시 생각해 보니, 네가 맞는지도 모르겠어. **On second thought, you may be right.**

다시 생각해 보니, 그거 나쁜 아이디어가 아니네. **On second thought, that's not a bad idea.**

다시 생각해 보니, 마지막 것이 나을 것 같아. **On second thought, the last one would be better.**

다시 생각해 보니, 우리 그거 안 하는 게 낫겠어. **On second thought, we'd better not do it.**

다시 생각해 보니, 나 분홍색이 잘 어울릴 것 같아. **On second thought, I think I'd look good in pink.**

STEP 2 리얼 회화 연습

A **You're coming to the high school reunion, right?**
I'm in charge of organizing it, so I need to know.

B **I was going to come, but** 다시 생각해 보니까 안 가는 게 낫겠어.

A **Why not?**

B **I was only there for a semester.**
I don't think anybody will remember me.

A 너 고등학교 동창회에 오는 거 맞지?
내가 동창회 준비하는 역할을 맡고 있어서 알아야 되거든.

B 원래는 가려고 했는데, on second thought, I'd better not.

A 왜?

B 난 한 학기밖에 안 다녔잖아.
아무도 날 기억하지 못할 거야.

high school reunion 고등학교 동창회 **be in charge of...** ~을 담당하다, 책임지다

It doesn't hurt to...

~해서 나쁠 건 없잖아 / ~해서 손해 볼 건 없잖아

It doesn't hurt to...는 '그렇게 해서 안 될 건 없잖아'라는 뜻으로, 상대방에게 제안할 때나 상대방이 어떤 일을 하기를 꺼려하는 경우 격려할 때, 아니면 상대방이 어떤 일을 안 해 줘서 서운할 때 쓰면 좋아요.

유사패턴 You can... ‖ It wouldn't hurt to... ‖ There's no harm in -ing

STEP 1 패턴 집중 훈련

물어봐서 나쁠 건 없잖아.	**It doesn't hurt to ask.**
검소해서 나쁠 건 없잖아.	**It doesn't hurt to be thrifty.**
다른 사람들한테 친절하게 대해서 손해 볼 건 없잖아.	**It doesn't hurt to be nice to others.**
그거 한 번 시도해 봐서 손해 볼 건 없잖아.	**It doesn't hurt to give it a try.**
운전할 때 조심해서 나쁠 건 없잖아.	**It doesn't hurt to be careful while driving.**

thrifty 검소한, 절약하는

STEP 2 리얼 회화 연습

A **I need your advice on something.**

B **Sure. Go ahead.**

A **I keep *striking out with women.**
How do I make myself more likeable to women?

B **Well, first of all,** 여자들하고 있을 때 긴장 풀고 마음을 편하게 먹어서 나쁠 건 없겠지.
You always look so uncomfortable on dates.

A 네 충고 듣고 싶은 게 하나 있어.

B 물론이지. 말해 봐.

A 나 자꾸 여자들하고 연결이 잘 안 돼.
어떻게 해야 여자들한테 호감을 주지?

B 뭐, 첫째로, it doesn't hurt to relax and be comfortable around women.
넌 데이트할 때 보면 항상 경직돼 보이거든.

likeable 호감이 가는 **uncomfortable** 불편한, 경직된

- strike out은 '실패하다'라는 뜻의 구어체 표현이에요. 야구에서 '삼진 당하다'라는 말에서 나온 표현입니다.

pattern 199 It just occurred to me (that)... 방금 깨달은 건데 ~ / 문득 생각난 건데 ~

occur는 '어떤 일이 발생하다'라는 뜻이죠? 그런데 이 패턴에서처럼 '어떤 생각이 나다', '떠오르다'라는 뜻으로도 쓸 수 있어요. '방금 막 이런 생각이 들었어' 하면서 상대방에게 깨닫거나 생각난 것을 전달할 때 이 패턴을 쓰면 좋습니다.

유사패턴 I just realized (that)...

STEP 1 패턴 집중 훈련

방금 깨달은 건데, 핸드폰 갖고 오는 걸 깜빡했어. **It just occurred to me that** I forgot to bring my phone.

문득 생각난 건데, 우리 집사람 생일이 일주일밖에 안 남았어. **It just occurred to me** my wife's birthday is just a week away.

문득 생각난 건데, 난 이제 어린애가 아니야. **It just occurred to me** I'm not a child anymore.

방금 깨달은 건데, 내 운전 면허증이 만료됐어. **It just occurred to me** my driver's license has expired.

STEP 2 리얼 회화 연습

A What brings you to a men's clothing store?

B I'm looking for a birthday present for my dad.
그런데 방금 깨달은 건데 난 우리 아빠 취향을 잘 몰라.

A I wouldn't worry too much. *It's the thought that counts.

B But *that's just it.
I want him to actually like my present.

A 남성 의류 매장에는 무슨 일로 왔어?
B 우리 아빠 생신 선물 사려고 보는 중이야. But it just occurred to me I don't really know what he likes.
A 나라면 크게 걱정 안 할 거야. 마음이 중요한 거잖아.
B 바로 그게 문제야.
난 우리 아빠가 내 선물을 정말로 마음에 들어하셨으면 하거든. (마음도 마음이지만 마음에 드실 선물을 사 드리고 싶거든)

요건덤

- It's the thought that counts.는 직역하면 '중요한 것은 생각이다', 즉 '생각이 중요한 것이다'라는 뜻으로, 특히 선물에 대해 이야기할 때, 비싸거나 좋은 선물보다 거기에 담긴 마음이 중요하다는 말을 할 때 많이 씁니다.
- That's just it.이라고 하면 "그게 바로 문제야.", "바로 그 점이 문제야."라는 뜻이에요.

pattern 200 I was under the impression (that)... 난 ~이라고 알고 있었어/생각했어

I was under the impression (that)... 패턴은 '난 ~이라고 생각했었는데'라는 뜻이에요. 흔히 오해가 있었거나 잘못 생각했을 때, 착각했을 때 '난 그렇게 생각했었는데 아닌가 보네'라는 뜻으로 많이 씁니다.

유사패턴 I thought (that)... ‖ I assumed (that)...

STEP 1 패턴 집중 훈련

난 걔가 괜찮은 남자일 거라고 생각했어.	**I was under the impression that** he was a decent guy.
난 걔가 오늘이 아니라 내일 오는 걸로 알고 있었어.	**I was under the impression** he was coming tomorrow, not today.
난 그분이 훨씬 더 젊을 거라고 생각했어.	**I was under the impression** he was much younger.
난 걔가 나 안 좋아하는 줄 알고 있었어.	**I was under the impression** she didn't like me.

decent 괜찮은, 예의바른

STEP 2 리얼 회화 연습

A Hey! I thought you were going to sit next to Ryan.

B What makes you think that?

A I don't know. 난 너희 둘이 친한 줄 알고 있었지.

B *We're on speaking terms, but we're not friends.

A 어이! 난 네가 라이언 옆에 앉을 줄 알았는데.

B 왜 그렇게 생각해?

A 몰라. I was under the impression that you guys were close.

B 인사 주고받는 사이 정도는 되지만 친구까진 아니야.

요건덤

- be on speaking terms는 '만나면 서로 인사하고 말을 주고받는 사이다'라는 뜻이에요. 아주 친하지는 않지만 인사 정도는 하고 지내는 사이를 뜻하죠.
  반대로 be not on speaking terms라고 하면 말다툼 후에 말을 안 하는 사이가 되었을 때, 또는 전혀 안 친해서 가벼운 대화도 주고받지 않는 사이를 뜻하고요.

복습문제편

패턴훈련편에서 공부한 내용을 제대로 이해하였는지 실력을 확인해 보는 코너이다. 29개 Unit에 대한 연습문제를 수록하였다. 〈보기〉를 참고로 하여 문제를 풀어 보자.

Unit 01

〈보기〉를 참고하여 빈칸에 들어갈 말을 적어 보세요.

보기 **I don't get...** 난 ~이 이해 안 돼 | **I'll go get...** 내가 ~ 가지고 올게 | **I got you...** 너 주려고 ~ 샀어 | **I've got a problem with...** 나 ~에 문제가 있어[생겼어] / 나 ~이 마음에 안 들어 | **How did you get ~ to...?** 너 어떻게 ~가 …하게 한 거야? | **...is getting nowhere** ~이 전혀 진전이 없어

1 너 어떻게 해리가 마음을 바꾸게 한 거야?

➡ ____________ Harry __ change his mind?

2 너를 위해 이별 선물을 샀어.

➡ ________ a going-away present.

3 난 네 말의 요지가 이해가 안 돼.

➡ ________ your point.

4 이거 전혀 진전이 없어.

➡ This ____________.

5 내가 맥주 좀 갖고 올게.

➡ ________ some beer.

6 감사의 표시로 너 주려고 조그만 거 하나 샀어.

➡ ________ a little something as a thank-you.

7 내 핸드폰에 문제가 있어.

➡ ________________ my cell phone.

8 너 어떻게 줄리언이 네 제안을 받아들이게 한 거야?

➡ ____________ Julian __ accept your offer?

9 난 네가 무슨 말을 하려는 건지 이해가 안 돼.

➡ ________ what you're trying to say.

10 내가 내 차 가지고 올게.

➡ ________ my car.

Unit 02

〈보기〉를 참고하여 빈칸에 들어갈 말을 적어 보세요.

보기 **Are you saying (that)...?** 너 지금 ~이라고 말하는 거야? | **All I'm saying is...** 난 ~이라는 말을 하는 것뿐이야 / 내 말은 ~이야 | **I have to say,...** 정말이지, ~ | **Let's say...** ~이라고 치자 / ~이라고 가정해 보자 | **Let's just say...** ~이라고만 말해 두지 | **It's/That's like saying...** 그건 ~이라고 말하는 거나 마찬가지야 | **...to say the least** 아무리 좋게 봐도 말이야 / 과장하지 않고 말이야 | **주어+talk about how...** ~이라고 얘기하더라

1 당분간은 내가 걔한테 전화할 일은 없을 거라고만 말해 둘게.

_______________ I won't phone him anytime soon.

2 그건 네가 바보라고 말하는 거나 마찬가지야.

_________________________ you're an idiot.

3 너 지금 내가 루저라고 말하는 거야?

________________________ I'm a loser?

4 내 말은 네가 네 자신에게 솔직해야 한다는 얘기야.

___________________ you should be honest with yourself.

5 정말이지, 나 쇼크 받았다고.

_______________, I'm shocked.

6 네 말이 맞다고 치자.

__________ you're right.

7 난 너한테 실망했어, 과장하지 않고 말이야.

I'm disappointed in you, ____________________.

8 걔네 사이 끝났다고만 말해 둘게.

_______________ they are through.

9 내 말은 네 변명은 용납할 수 없다는 얘기야.

___________________ your excuse is unacceptable.

10 벤자민은 항상 자기가 변할 거라고 말하더라.

Benjamin always ___________________________ he's going to change.

Unit 03

〈보기〉를 참고하여 빈칸에 들어갈 말을 적어 보세요.

보기 **Please tell me (that)...** ~이라고 말해 줘 | **Don't tell me (that)...** 설마 ~이라는 건 아니겠지? | **~ tells me (that)...** ~가 …이라고 말하더라 | **I'm telling you,...** 진짜라니까! ~ | **(I'll) tell you what,...** 이건 어때, ~ | **I can tell...** 난 ~을 알 수 있어 | **You can never tell...** ~을 도무지 알 수가 없어/없다니까

1 설마 또 늦잠 잤다는 건 아니겠지?

➲ ________________________ you slept in again!

2 난 네가 뭔가를 숨기고 있다는 걸 알 수 있어.

➲ ___________ you're hiding something.

3 줄리아가 무슨 말을 할지 도무지 알 수가 없다니까.

➲ ______________________ what Julia is going to say.

4 진짜라니까! 그거 사실이야.

➲ ___________________, it's true.

5 제발 좋은 소식이 있다고 말해 줘.

➲ __________________________ you have good news.

6 설마 또 마음을 바꾼다고 하는 건 아니겠지?

➲ ________________________ you're changing your mind again!

7 윌리엄이 너 학교 그만뒀다고 하더라.

➲ William _________________ you dropped out of school.

8 진짜라니까! 내가 내 눈으로 그걸 직접 봤어!

➲ ___________________, I saw it with my own eyes.

9 이건 어때, 네가 마이클한테 직접 물어봐.

➲ ________________________, ask Michael yourself.

10 난 뭔가가 너를 거슬리게 하고 있다는 걸 알 수 있어.

➲ ___________ something's bothering you.

Unit 04

〈보기〉를 참고하여 빈칸에 들어갈 말을 적어 보세요.

보기 **I'm good with...** 난 ~ 잘 다뤄 | **I'm not cut out for/to...** 난 ~에 소질이 없어 / ~은 나한테 안 맞아 / ~은 내 체질이 아니야 | **I'm in the middle of...** 난 한창 ~ 중이야 | **I'm having a hard time -ing** ~하는 데에 어려움을 겪고 있어 | **I'm not comfortable with...** 난 ~이 편치 않아 / 난 ~에 익숙하지 않아 | **I'm not used to -ing** ~하는 데에 익숙하지 않아 | **I'm fed up with...** 난 ~이 지긋지긋해 / ~에 진절머리가 나 | **주어+is addicted to...** ~에 중독됐어 / ~을 완전 좋아해 | **It's a shame (that)...** ~이라니 아깝네/안타까워/아쉬워/유감이야

1 난 한창 이메일 쓰는 중이야.

_______________ writing an e-mail.

2 네가 그날 시간이 안 된다니 아쉽네.

_______________ you won't be free that day.

3 난 사람들한테 욕하는 게 편하지 않아.

_______________ swearing at people.

4 난 서울에 사는 데에 익숙하지 않아.

_______________ living in Seoul.

5 난 남자들 잘 다뤄.

_______________ men.

6 나는 가르치는 것에 소질 없어.

_______________ teaching.

7 크리스는 헬스장에서 운동하는 것에 중독됐어.

Chris _______________ working out at the gym.

8 컴퓨터 고치는 데에 어려움을 겪고 있어.

_______________ fixing my computer.

9 난 네 잔소리가 지긋지긋해.

_______________ your nagging.

10 네가 승진 못 했다니 아쉽네.

_______________ you didn't get promoted.

〈보기〉를 참고하여 빈칸에 들어갈 말을 적어 보세요.

보기 **I don't know anything about...** 난 ~에 대해 아는 게 전혀 없어 | **I know ~, but...** ~이라는 거 알지만/아는데…… | **I don't know how...** 난 ~가 어떻게 …을 하는지 모르겠어 | **You don't even know...** 넌 ~도 모르잖아 | **I don't know about you, but...** 넌 어떨지 모르겠는데, ~ | **You knew full well...** 너 ~이라는 거 잘 알고 있었잖아 | **Knowing...,** 내가 ~를 아니까 하는 말인데, | **...before you know it** 금방 ~할 거야 / 너도 모르는 사이에 ~할 거야

1 넌 사랑이 뭔지도 모르잖아.

○ ______________ what love is.

2 너 바쁜 거 아는데, 얘기 좀 할 수 있을까?

○ ______ you're busy, ____ can I talk to you?

3 내가 브라이언을 아니까 하는 말인데, 걔 고맙다는 말 안 할 거야.

○ ______ Brian, he's not going to say thank you.

4 내가 금방 갈게.

○ I'll be there ______________.

5 넌 무슨 일이 일어났는지 아는 것도 아니잖아.

○ ______________ what happened.

6 난 네가 어떻게 아무 일도 없었던 척할 수 있는 건지 모르겠어.

○ ______________ you can pretend that nothing happened.

7 넌 어떻게 생각할지 모르겠지만, 내가 보기에 저 남자 꽤 멋진걸.

○ ______________ he's kind of hot.

8 너 그게 위험할 거라는 것 잘 알고 있었잖아.

○ ______________ it would be dangerous.

9 난 미식축구에 대해 아는 게 전혀 없어.

○ ______________ football.

10 그러다가 너 금방 파산할 거야.

○ You'll be bankrupt ______________.

Unit 06

〈보기〉를 참고하여 빈칸에 들어갈 말을 적어 보세요.

보기 **You're not going to/gonna...** 넌 ~하지 않을 거야 / 네가 ~할 리가 없어 | **You don't want to/wanna...** ~하지 않는 게 좋을 거야 | **There's going to/gonna be...** ~이 있게 될 거야 | **What am I going to/gonna...?** 나 뭘 ~하지? | **I'm going to/gonna have to...** 난 ~해야 할 거야 / 나 ~해야겠어 | **You're gonna have to...** 너 ~해야 할 거야 | **You're gonna wanna...** 너 ~하고 싶어질걸 / ~하는 게 좋을걸

1 파티에 뭘 입고 가지?

⊙ ______________________ wear to the party?

2 넌 이걸 후회하지 않을 거야.

⊙ ______________________ regret this.

3 너 현실을 받아들여야 할 거야.

⊙ ______________________ face the reality.

4 너 걔 그렇게 부르지 않는 게 좋을 거야.

⊙ ______________________ call him that.

5 오늘 저녁으로 뭘 먹지?

⊙ ______________________ have for dinner?

6 나 니콜한테 물어봐야겠어.

⊙ ______________________ ask Nicole.

7 너 결국엔 알렉스한테 진실을 말해야 할 거야.

⊙ ______________________ tell Alex the truth eventually.

8 사람들이 100명도 넘게 올 거야.

⊙ ______________________ more than 100 people.

9 너 내 충고를 듣는 게 좋을걸.

⊙ ______________________ listen to my advice.

10 너 내가 어젯밤에 뭘 했는지 모르는 게 좋을 거야. (알고 싶지 않을 거야)

⊙ ______________________ know what I did last night.

Unit 07

〈보기〉를 참고하여 빈칸에 들어갈 말을 적어 보세요.

보기 **I think I'm going to/gonna...** 나 ~할까 해 / 나 ~할 것 같아 | **I never thought I would...** 난 내가 ~할 거라고는 생각도 못했어 | **Who would've thought (that)...?** 누가 ~할 줄 알았겠어? | **Come to think of it,...** 지금 생각해 보니까, ~ / 지금 막 생각났는데, ~ | **I think you deserve...** 난 네가 ~할 자격이 있다고 생각해

1 나 휴식 좀 취할까 해.

➲ ________________ take a break.

2 난 네가 또 한 번의 기회를 얻을 자격이 있다고 생각해.

➲ ________________ to have another chance.

3 난 내가 다시 사랑에 빠질 거라고는 생각도 못했어.

➲ ________________ fall in love again.

4 지금 생각해 보니까, 수진이가 뭔가를 숨기는 것 같아 보였어.

➲ ________________, Sujin looked like she was hiding something.

5 이번엔 네 조언을 들을까 해. (들어야겠어)

➲ ________________ listen to your advice this time.

6 그들이 이혼할 거라고 누가 알았겠어?

➲ ________________ they would get divorced?

7 지금 생각해 보니까, 걔가 너 만났다는 얘기 했었어.

➲ ________________, he mentioned meeting you.

8 난 기립 박수를 받을 자격이 있다고 생각해.

➲ ________________ a standing ovation.

9 이런 곳에서 너를 보게 될 줄은 생각도 못했어.

➲ ________________ see you at a place like this.

10 걔가 자살할 거라고 누가 알았겠어?

➲ ________________ he would commit suicide?

Unit 08

〈보기〉를 참고하여 빈칸에 들어갈 말을 적어 보세요.

보기 **I see+의문사...** 나 ~인지 알겠어/알아 | **I don't see+의문사...** 난 ~을 모르겠어/모르겠는데 | **I can see (that)...** ~이라는 걸 알 수 있어 | **Can't you see...?** 너 ~을 모르겠단 말이야? | **I'll see...** 내가 ~인지 볼게/알아볼게 | **The way I see it,...** 내가 보기엔 말이야, ~ | **I can't see+사람...** 난 (누가) ~을 한다는 게 상상이 안 돼 | **I'm looking to...** 나 ~하려고 해 / ~할 예정이야 / ~할 생각이야

1 내가 보기엔 말이야, 너 철들 필요가 있어.

➲ ____________________, you need to grow up.

2 네 기분이 좋다는 걸 알 수 있어.

➲ __________________ you're in a good mood.

3 나 사진 동아리에 가입하려고 해.

➲ ________________ join the photography club.

4 내가 미영이가 집에 있는지 알아볼게.

➲ ________ if Miyoung is home.

5 네가 왜 다르게 생각하는지 알겠어.

➲ ___________ you think differently.

6 난 네 에세이가 무엇에 관한 것인지 모르겠어.

➲ ____________________ your essay is about.

7 네가 나한테 화났다는 걸 알 수 있어.

➲ __________________ you're angry at me.

8 너 우리 사이 끝났다는 것을 모르겠단 말이야?

➲ _______________________ we're through?

9 난 너희 둘이 말다툼하는 게 상상이 안 돼.

➲ ____________ you two arguing.

10 난 엘리자베스가 왜 그렇게 화가 났는지 모르겠어.

➲ __________________ Elizabeth is so upset.

Unit 09

〈보기〉를 참고하여 빈칸에 들어갈 말을 적어 보세요.

보기 **I guess (that)...** ~인 것 같아 / ~이겠지, 뭐 | **You'll never guess...** 넌 ~ 못 맞힐 거야 / ~인지 맞혀 봐 | **You're supposed to...** 네가 ~해야 하는 거잖아 / ~하기로 되어 있잖아 | **You were supposed to...** 네가 ~하기로 되어 있었잖아 / 네가 ~한다고 그랬잖아 | **What am I supposed to...?** 내가 뭘 ~해야 하는 거야? / 어떻게 ~해야 하지? | **How am I supposed to...?** 내가 어떻게 ~해? / 나더러 어떻게 ~하라는 거야?

1 내가 그걸 어떻게 알아?

______________________ know that?

2 오늘 밤에 내가 어디 가는지 너 못 맞힐걸.

______________________ where I'm going tonight.

3 네가 그것에 대해서 무언가를 해야 하는 거잖아. (네가 그것에 대해 어떻게든 해 봐야지)

______________________ do something about it.

4 전화 잘못 거신 것 같네요. / 네가 전화 잘못 걸었나 보지, 뭐.

______________________ you got the wrong number.

5 너 이거 오늘 끝내야 하는 거잖아.

______________________ finish this today.

6 내가 방금 누굴 만났는지 너 못 맞힐걸.

______________________ who I just met.

7 너 어젯밤에 나한테 술 산다고 했었잖아.

______________________ buy me a drink last night.

8 이거 다음에 뭐 해야 하는 거야?

______________________ do after this?

9 우리는 여러 가지 면에서 너무 다른 것 같아.

______________________ we are too different in many ways.

10 너 어제 나하고 점심 식사 하기로 했었잖아.

______________________ meet me yesterday for lunch.

Unit 10

〈보기〉를 참고하여 빈칸에 들어갈 말을 적어 보세요.

보기 **I'm sorry, but...** 미안하지만, ~ / 실례지만, ~ | **Thanks to...,** ~ 덕분에 | **I wanted to apologize for...** ~에 대해 사과하고 싶었어 | **I'd appreciate it if you could...** ~해 주신다면 정말 감사하겠습니다 | **I feel sorry for...** ~가 안됐어 / ~가 불쌍해 | **You'll be sorry...** 너 ~ 후회할걸 / 너 ~ 후회할 거야

1 너한테 거짓말한 것에 대해 사과하고 싶었어.

➲ ______________________ lying to you.

2 미안하지만, 나 지금 그만 가 봐야겠어.

➲ ____________ I have to get going now.

3 나 이것 좀 도와주면 정말 고맙겠어.

➲ __________________________ help me with this.

4 너 한 마디만 더 하면 후회할 거야. (너 한 마디만 더 해 봐라!)

➲ _______________ you say one more word.

5 샬롯이 불쌍해.

➲ ____________ Charlotte.

6 우리 형 덕분에 나 화학 시험에서 90점 받았어.

➲ _________ my brother, I got 90% on the chemistry test.

7 너를 바보라고 부른 것에 대해 사과하고 싶었어.

➲ ______________________ calling you a fool.

8 제 추천서를 써 주시면 정말 감사하겠습니다.

➲ __________________________ write a letter of recommendation for me.

9 미안하지만, 내가 일이 밀려 있어서.

➲ ____________ I'm behind in my work.

10 엄마가 이것에 대해 들으시면 너 후회할 거야.

➲ __________________ Mom hears about this.

Unit 11

〈보기〉를 참고하여 빈칸에 들어갈 말을 적어 보세요.

보기 **I don't like the way...** 나 ~이 마음에 들지 않아 | **I've had it with...** 나 ~이 지긋지긋해 | **You're the one who...** ~한 건 너잖아 | **You can't (just)...** (그냥) ~하면 안 되지 / ~하면 어떡해 | **You could at least...** 최소한 ~ 정도는 할 수 있잖아 | **There's no excuse for...** ~에 대해선 변명의 여지가 없어 / ~은 용납할 수 없어 | **You of all people...** 다른 사람도 아니고 네가 ~ / 다른 사람이라면 몰라도 너는 ~ | **I hate to say this, but...** 나도 이런 말 하긴 싫지만, ~ / 이런 말 하긴 미안하지만, ~

1 네 썰렁한 농담이 지긋지긋해.

➲ ____________________ your lame jokes.

2 최소한 고맙다는 말 정도는 할 수 있잖아.

➲ ________________________ say thank you.

3 나도 이런 말 하긴 싫지만, 넌 너무 이기적이야.

➲ _____________________________ you're too selfish.

4 네 부주의에 대해선 변명의 여지가 없어.

➲ _____________________________ your carelessness.

5 다른 사람이라면 몰라도 넌 행복할 자격이 있어.

➲ ______________________ deserve to be happy.

6 내 상사가 날 대하는 태도가 마음에 안 들어.

➲ _________________________ my boss treats me.

7 그걸 나한테 숨긴 건 너잖아.

➲ ________________________ hid it from me.

8 그것에 대해 그냥 모든 사람한테 다 말해 버리면 어떡해!

➲ __________________ tell everyone about it!

9 최소한 내 말을 들어줄 수는 있잖아.

➲ ________________________ listen to what I say.

10 나도 이런 말 하긴 싫지만, 넌 상우한테 말하지 말았어야 했어.

➲ _____________________________ you shouldn't have told Sangwoo.

Unit 12

〈보기〉를 참고하여 빈칸에 들어갈 말을 적어 보세요.

보기 **I bet (that)...** 분명히 ~일 거야 | **Are you positive (that)...?** 너 정말 ~에 대해 확신해? | **I'm convinced (that)...** 난 ~을 확신해 | **I'm not clear...** 난 ~을 잘 모르겠어 / 난 ~이 확실치 않아 | **..., that's for sure.** ~, 그건 확실해. | **I'll be sure to...** 나 꼭 ~하도록 할게 | **There's a good chance (that)...** ~일 가능성이 높아

1 난 월터가 이 일에 딱 맞는다고 확신해.

→ ______________ Walter is perfect for this job.

2 난 다음 달에 런던으로 가게 될 가능성이 높아.

→ ______________ I'm going to London next month.

3 브라이언은 쉽게 포기하는 애가 아니야, 그건 확실해.

→ Brian is not a quitter, ______________.

4 앤서니는 분명히 사실을 말하는 게 아닐 거야.

→ ______________ Anthony is not telling the truth.

5 너 재민이가 농담하는 게 아니라는 거 정말 확실해?

→ ______________ Jaemin is not joking?

6 난 데니스가 약속을 지킬 거라고 확신해.

→ ______________ Dennis will keep his word.

7 난 사장님이 나한테 뭘 원하시는지 잘 모르겠어.

→ ______________ about what the boss wants from me.

8 티파니는 네 답변에 만족하지 못할 거야, 그건 확실해.

→ Tiffany won't be satisfied with your answer, ______________.

9 결과를 꼭 알려 드리겠습니다.

→ ______________ let you know the results.

10 너 그거 금요일까지 다 할 수 있다는 거 정말 확실해?

→ ______________ you can do it by Friday?

Unit 13

〈보기〉를 참고하여 빈칸에 들어갈 말을 적어 보세요.

보기 **I'm (just) asking you to...** 난 (단지) ~하라고 하는 거야 / ~해 달라고 부탁하는 거야 | **I'll let ~ know...** 내가 ~에게 …을 알려 줄게 | **If there's anything (that)...,** ~한 게 있다면, | **주어+can/could...** ~해 봐 / ~하자 / ~해도 돼 | **I was hoping (that)...** ~했으면 하는데 / ~하면 좋겠는데

1 당신의 면접이 언제가 될지 알려 드리겠습니다. (면접 날짜 잡히면 알려 드리겠습니다)

➲ ________ you ______ when your job interview will be.

2 난 단지 행동하기 전에 생각을 하라고 말하는 거야.

➲ ____________________________ think before you act.

3 내가 널 위해 할 수 있는 일이 있다면, 언제든 나한테 말해.

➲ ________________________________ I can do for you, tell me any time.

4 나한테 충고를 좀 해 주면 좋겠는데.

➲ ________________________ you could me some advice.

5 사장님께 선생님이 와 계시다고 알려 드리죠.

➲ ________ the boss ______ you're here.

6 언짢은 일이 있으면, 나한테 말해 줘.

➲ ________________________________ you're upset about, please tell me.

7 우리 다음에 거기에 가면 되겠다. (거기에 가자)

➲ _________________ go there next time.

8 우리 같이 영화 보러 갔으면 좋겠는데.

➲ ________________________ we could go to the movies together.

9 난 네가 무슨 생각을 하는지(어떻게 생각하는지) 말해 달라는 거야.

➲ ______________________ tell me what you think.

10 패트릭한테 문자 보내 보면 되잖아.

➲ __________________ try texting Patrick.

〈보기〉를 참고하여 빈칸에 들어갈 말을 적어 보세요.

보기 **I am/was thrilled...** ~해서 너무 좋아/기뻐 | **I'm into...** 나 ~에 관심 있어 / 나 ~ 좋아해 | **I don't feel up to...** 난 ~할 기운이 없어 / ~이 별로 안 내켜 | **I'm a big fan of...** 난 ~의 열렬한 팬이야 / ~을 엄청 좋아해 | **주어+is obsessed with...** ~에 집착해 / ~을 완전 좋아해 | **I like the way you...** 난 네가 ~하는 방식이 마음에 들어 | **I hate the way you...** 난 네가 ~하는 게 너무 싫어 | **...is not my thing** ~은 내 취향이 아니야 / ~은 나하고 안 맞아 / 난 ~은 잘 못해

1 오늘은 출근하는 게 별로 안 내켜.

_______________ going to work.

2 미랜더는 자기 외모에 집착해.

Miranda _______________ her looks.

3 난 네가 날 보고 미소 짓는 모습이 마음에 들어.

_______________ smile at me.

4 네가 원하던 대학교에 합격했다니 너무 기뻐.

_______________ you got accepted into the university you wanted.

5 난 네가 네 부모님께 예의 없게 구는 게 너무 싫어.

_______________ disrespect your parents.

6 나 비디오 게임 좋아해.

_______ video games.

7 아무도 만날 기운이 없어. (안 내켜)

_______________ seeing anyone.

8 난 일본 애니메이션 정말 좋아해.

_______________ Japanese anime.

9 난 네가 오픈된 사고를 하는 게 마음에 들어.

_______________ keep an open mind.

10 난 평행 주차 잘 못해.

Parallel parking _______________.

Unit 15

〈보기〉를 참고하여 빈칸에 들어갈 말을 적어 보세요.

보기 **Do you think I should…?** 나 ~할까? / ~하는 게 좋을까? | **How do you like…?** ~은 어때? | **What do you say…?** ~에 대해 어떻게 생각해? / ~ 어때? | **I'd just like to say (that)…** ~이라는 말을 하고 싶어 | **What makes you think (that)…?** 뭐 때문에 ~이라고 생각하는 거야? | **I would have to say…** ~이라고 볼 수 있을 것 같아 / (아무래도) ~이라고 해야 할 것 같아

1 왜 당신이 이 직업에 가장 적합한 지원자라고 생각합니까?

➲ ______________________ you're the best candidate for the job?

2 우리 산책하러 나가는 게 어때?

➲ ______________ we go out for a walk?

3 나 조이한테 사과하는 게 좋을까?

➲ ________________ apologize to Joey?

4 네 새 차 어때?

➲ ______________ your new car?

5 오늘 저녁에는 외식하는 게 어때?

➲ ______________ we eat out tonight?

6 자네 정말 잘했다고 말하고 싶네.

➲ ____________________ you did a really good job.

7 나 직장을 새로 구하는 게 좋을까?

➲ ________________ get a new job?

8 넌 왜 내가 아무것도 모른다고 생각하는 거야?

➲ ______________________ I don't know anything?

9 내가 가장 좋아하는 맛은 바닐라라고 봐야 할 것 같아.

➲ ________________ my favorite flavor is vanilla.

10 나 새로 머리 자른 것 어때?

➲ ______________ my new haircut?

Unit 16

〈보기〉를 참고하여 빈칸에 들어갈 말을 적어 보세요.

보기 **What's up with...?** ~이 왜 그러지? / ~이 어떻게 된 거야? | **What's it like...?** ~은 어떤 기분이야? / ~하니까 어때? | **What did you do with/to...?** ~ 가지고 뭘 한 거야? / ~한테 무슨 짓을 한 거야? | **What kind of...?** 무슨 ~이 그래? / 뭐 이런 ~이 다 있어? | **What's the point of...?** ~이 무슨 의미 있어? / ~이 무슨 소용이야? | **So what you're saying is...** 그러니까 ~이라는 거구나 | **That's exactly what...** 그게 바로 ~이야 / ~이 바로 그거야 | **What I mean is...** 내 말은 ~이야 | **What matters (the) most is...** 가장 중요한 것은 ~이야

1 그러니까 내 말을 안 믿는다는 거구나.

______________________ you don't believe me.

2 가장 중요한 것은 내 가족이야.

______________________ my family.

3 너 얼굴이 왜 그래?

______________ your face?

4 뉴욕에서 사는 거 어때?

____________ to live in New York?

5 내 핸드폰에 무슨 짓을 한 거야?

__________________ my cell phone?

6 대학 가는 것에 무슨 의미가 있지? (대학엔 왜 가야 하는 거지?)

__________________ going to university?

7 내가 필요한 게 바로 그거야. / 바로 그게 내가 필요한 거야.

__________________ I need.

8 당신은 무슨 이웃이 그런 겁니까? (이웃끼리 어떻게 이럴 수 있습니까?)

____________ neighbor are you?

9 내 말은 네가 너무 고집이 세다는 거야.

______________ you're too stubborn.

10 내 책 갖고 뭐 한 거야? (내 책 어쨌어?)

____________________ my book?

Unit 17

〈보기〉를 참고하여 빈칸에 들어갈 말을 적어 보세요.

보기 **How come…?** 왜 ~하는 거야? / 왜 ~했어? | **How am I going to/gonna…?** 나 어떻게 ~하지? | **How are you going to/gonna…?** 너 어떻게 ~할 거야?/~할 건데? | **How is it (that)…?** 어째서/어떻게 ~이라는 거야? | **It's+형용사+how+주어+동사** ~이라는/~하다는 게 …해 | **How about if…?** ~하면 어떨까? / ~하면 어떻게 되는 거지?

1 너 대학교 등록금은 어떻게 낼 거야?

➲ ______________________________ pay for college?

2 넌 어째서 네가 틀렸다는 걸 절대로 인정하지 않는 거야?

➲ ________________ you never admit that you're wrong?

3 네가 이렇게 많이 변했다는 게 믿어지지가 않아.

➲ ____ unbelievable _____ you have changed so much.

4 너 오늘 왜 그렇게 긴장한 거야?

➲ ___________ you're so tense today?

5 우리 지금 테레사한테 말하면 어떨까?

➲ _____________ we tell Teresa now?

6 나 어떻게 조쉬를 설득하지?

➲ ___________________________ convince Josh?

7 너 걔한테 어떻게 이 소식을 얘기할 거야?

➲ ______________________________ break the news to him?

8 우리 사이에 공통점이 많다는 게 참 좋아.

➲ ____ great _____ we have so much in common.

9 너 왜 트래비스하고 말 안 하는 거야?

➲ ___________ you're not talking to Travis?

10 난 어째서 항상 나쁜 남자들한테 반해 버리는 거지?

➲ ________________ I always fall for bad guys?

Unit 18

〈보기〉를 참고하여 빈칸에 들어갈 말을 적어 보세요.

보기 **Who do you think...?** 누가 ~이라고 생각하니? | **Who is/are ~ to...?** ~가 뭔데 …하는 거야? | **Which of the/these...?** 이 …들 중에서 어떤 게 ~할까? | **Why can't you...?** 넌 왜 ~ 못하는 거야? | **Why are you being so...?** 너 왜 그렇게 ~하게 구는 거야? | **That explains why...** 왜 ~인지 알겠다

1 이 색깔들 중에 어떤 게 나한테 가장 잘 어울려?

○ ______________ looks best on me?

2 너 왜 그렇게 까다롭게 구는 거야?

○ ______________ picky?

3 왜 매트가 내 시선을 계속 피했는지 알겠다.

○ ______________ Matt kept avoiding my gaze.

4 넌 왜 하워드한테 더 잘 대해 줄 수 없는 거야?

○ ______________ be nicer to Howard?

5 네가 뭔데 레너드를 비판하는 거야?

○ ______ you ___ criticize Leonard?

6 넌 이 재킷들 중에 어떤 게 더 좋아?

○ ______________ jackets do you like better?

7 누구 책임인 것 같아?

○ ______________ is responsible?

8 넌 왜 그 일을 내 입장에서 보지 못하는 거야?

○ ______________ try to see it from my point of view?

9 너 왜 그렇게 심각하게 구는 거야?

○ ______________ serious?

10 왜 모두들 그레그를 무시하는지 알겠다.

○ ______________ everybody is ignoring Greg.

Unit 19

〈보기〉를 참고하여 빈칸에 들어갈 말을 적어 보세요.

보기 **When are you going to/gonna...?** 너 언제 ~할 거야? | **When do you think...?** 언제 ~이라고 생각해? | **When is... due?** ~의 마감일/예정일이 언제야? | **That's where...** ~한 게 거기야 / 그 점에서 ~인 거야

1 넌 걔가 언제 끝날 것 같아?

➡ ______________________ she'll be done?

2 지난번에 거기서 보다가 멈췄어.

➡ _______________ I stopped watching last time.

3 너 언제 제대할 거야?

➡ ____________________________________ get discharged from the military?

4 세금 보고가 언제까지야?

➡ _________ the tax filing ______?

5 너 결과는 언제 받아 볼 것 같아?

➡ ______________________ you'll get the results?

6 언제 알게 될 것 같아?

➡ ______________________ you'll find out?

7 너 집에서 언제 출발할 거야?

➡ ____________________________________ leave your house?

8 이 과제의 제출일이 언제야? (언제까지 제출해야 돼?)

➡ _________ the assignment ______?

9 거기서 모든 일이 잘못됐어. (꼬였어)

➡ _______________ everything went wrong.

10 너 언제 정신 차릴래?

➡ ____________________________________ come to your senses?

Unit 20

〈보기〉를 참고하여 빈칸에 들어갈 말을 적어 보세요.

보기 **Should I…?** 나 ~할까? / ~하는 게 좋을까? | **Maybe I[we] should…** 내[우리] ~하는 게 좋을 것 같아 / 내[우리] ~할까 봐 | **Maybe you should…** 너 ~하는 게 좋을 것 같아 | **주어+should be…** ~할 거야 / ~일 거야 / ~했어야 하는데 | **You should've seen/heard…** 네가 ~을 봤어야/들었어야 했다니까!

1 너 며칠 쉬는 게 좋을 것 같아.

________________ take a few days off.

2 지금쯤이면 켈리가 숙제를 모두 끝냈을 거야. (끝냈어야 하는데)

Kelly __________ done with her homework now.

3 내가 뭘 했는지 빌리한테 말할까?

________ tell Billy what I did?

4 우리 경찰을 부르는 게 좋을 것 같아.

________________ call the police.

5 걔가 딘한테 한 말을(딘한테 뭐라고 했는지) 네가 들었어야 했다니까!

____________________ what she said to Dean.

6 너 다시 확인해 보는 게 좋을 것 같아.

________________ double check.

7 그거 네가 이해하기 쉬울 거야.

It __________ easy for you to understand.

8 마리가 얼마나 쪽팔려 했는지 네가 봤어야 했다니까!

____________________ how embarrassed Marie was!

9 나 오디션에 나가 볼까?

________ enter the audition?

10 우리 이거에 대해 잘 생각해 보는 게 좋을 것 같아.

________________ think about it carefully.

Unit 21

〈보기〉를 참고하여 빈칸에 들어갈 말을 적어 보세요.

보기 주어+can be... ~할 때가 있어 | 주어+can't be... ~일 리가 없어 | I (just) can't seem to... 나 (도저히) ~ 못하겠어 | I can't help it if... ~한다면/~한 건 나도 어쩔 수 없어 | I can't..., let alone ~ 난 ~은커녕 …도 못하겠어 | I could never... 나 같으면 절대 ~ 못해 | I couldn't care less... 난 ~에 전혀 신경 안 써 / 난 ~에 대해 전혀 상관 안 해

1 그녀가 날 싫어한다면 그건 내가 어쩔 수 없지.

◐ ____________ she doesn't like me.

2 네가 나한테 뭘 원하는 건지 도저히 이해 못 하겠어.

◐ ____________ understand what you want from me.

3 네 이유가 뭔지 난 전혀 상관 안 해.

◐ ____________ what your reason is.

4 나 같으면 절대 그렇게 잔인하게 굴지 못해.

◐ ____________ be so cruel.

5 너 참 까탈스럽게 굴 때가 있더라.

◐ ____________ so picky.

6 그게 사실일 리가 없어.

◐ ____________ true.

7 일이 잘 안 풀리면 그건 내가 어쩔 수 없지.

◐ ____________ things don't work out well.

8 난 불어는 쓰기는커녕 읽을 줄도 몰라.

◐ ________ read French, ________ write in it.

9 나 같으면 그런 건 절대 못 해.

◐ ____________ do something like that.

10 걔가 뭐라고 말했는지 난 전혀 상관 안 해.

◐ ____________ what he said.

Unit 22

〈보기〉를 참고하여 빈칸에 들어갈 말을 적어 보세요.

보기 **You won't believe...** 넌 ~을 믿지 못할 거야 | **No one would...** 아무도 ~하지 않을 거야 | **I said I'd...** 내가 ~하겠다고/~할 거라고 말했잖아 | **I wish you wouldn't...** 네가 ~하지 않으면 좋겠어 | **I would hate to...** 나는 정말 ~을 하고 싶지 않아 / 나라면 ~하는 것이 정말 싫겠어 | **I'd kill for/to...** ~이 너무 하고 싶어

1 나중에 할 거라고 말했잖아.

________ do it later.

2 네가 운전을 너무 빨리 하지 않으면 좋겠어.

________________ drive so fast.

3 누가 먼저 싸움을 걸었는지 너 못 믿을 거야.

______________ who started the fight.

4 아무도 그런 바보 같은 말은 안 할 거야.

___________ say something stupid like that.

5 내가 그걸 재고해 보겠다고 말했잖아.

________ reconsider it.

6 네가 전 남자친구하고 얘기하지 않으면 좋겠어.

________________ talk to your ex-boyfriend.

7 어젯밤에 무슨 일이 있었는지 못 믿을 거야.

______________ what happened last night.

8 난 정말 엄마를 실망시켜 드리고 싶지 않아.

____________ disappoint my mom.

9 뭔가 매운 게 너무 먹고 싶네.

_________ something spicy.

10 아무도 그녀가 그걸 할 거라고 기대하지 않을 거야.

___________ expect her to do that.

Unit 23

〈보기〉를 참고하여 빈칸에 들어갈 말을 적어 보세요.

보기 **You might as well...** 너 ~하는 게 좋겠어/낫겠어 | **You might want to/wanna...** 너 ~하는 게 좋을 거야/좋을 것 같은데…… | **주어+may be ~, but...** ~일지 몰라도, (실은) …해 | **I must admit,...** 솔직히 말하면 ~ / 인정하고 싶진 않지만 ~ | **If you must,...** 네가 정 해야겠다면 ~ / 네가 꼭 하고 싶으면 ~ | **주어+had better...** ~하는 게 좋겠어/좋을걸 | **Didn't you use to...?** 너 전에 ~하지 않았어?

1 너 이걸로 사는 게 좋을 것 같아.

____________________ buy this one.

2 솔직히 말해서, 그녀에 대해 생각하는 걸 멈출 수가 없어.

____________, I can't stop thinking about her.

3 너 전에 여기 살지 않았어?

______________ live here?

4 걔 충고를 듣는 게 좋을 것 같아.

____________________ listen to his advice.

5 나 그만두는 게 좋겠어.

________ call it quits.

6 케빈이 똑똑할지는 몰라도, 좋은 사람은 아니야.

Kevin ________, smart ______ he's not a good person.

7 솔직히 말하면, 난 좀 걱정돼.

____________, I'm a bit concerned.

8 너 재키한테 내일 전화하는 게 좋겠어.

______________ call Jackie tomorrow.

9 네가 정 가야겠다면 가도 돼.

____________, you can go.

10 걔 여자 친구한테 무릎 꿇고 비는 게 좋을걸.

He ____________ beg to his girlfriend on his knees.

Unit 24

〈보기〉를 참고하여 빈칸에 들어갈 말을 적어 보세요.

보기 **Not everyone...** 모든 사람이 ~인 건 아니야/아니잖아 | **You're not that...** 넌 그렇게 ~하지 않아/않거든 | **Don't make me...** 내가 ~하게 하지 마 | **There's no way...** ~할 방법이 없어 / ~할 리가 없어 | **There's nothing like...** ~만 한 건 없어 / ~이 최고야 | **It's not that...** ~이라거나 그런 건 아니야 | **I don't think+주어+should...** 내 생각엔 ~하지 않는 게 좋겠어 / 내 생각엔 ~할 것 없어 | **Like/Believe it or not,...** 맘에 들든 안 들든 간에 ~ / 믿거나 말거나 ~

1 네가 틀렸다거나 그런 건 아니야.

➲ ______________ you're wrong.

2 내 생각엔 너 걔 그냥 내버려두면 안 될 것 같아.

➲ ______________ you ________ just leave him alone.

3 믿거나 말거나, 이게 사실이야

➲ ____________________, this is the truth

4 걔가 그 말을 했을 리가 없어.

➲ __________________ he said that.

5 네가 그렇게 바보 같지는 않아.

➲ __________________ stupid.

6 모든 사람이 네가 한 말에 동의하는 건 아니야.

➲ ________________ agrees with what you said.

7 내가 한 말 또 반복하게 하지 마.

➲ __________________ repeat myself.

8 그걸 증명할 방법이 없어.

➲ __________________ to prove that.

9 느긋한 일요일만 한 게 없어.

➲ ________________________ a relaxing Sunday.

10 네 맘에 들든 말든, 그게 내 생각이야.

➲ ________________, that's what I think.

Unit 25

〈보기〉를 참고하여 빈칸에 들어갈 말을 적어 보세요.

보기 **Every time (that)…** ~할 때마다 | **I want you to know (that)…** ~이라는 걸 네가 알았으면[알아 줬으면] 해 | **Good thing (that)…** ~이라서 다행이야 / ~하길 잘했다 | **It's about time (that)…** 진작에 ~을 했어야지 / ~할 때가 됐어 | **Turns out (that)…** 알고 보니 ~이더라고 | **The bottom line is (that)…** 요점은 ~이라는 거야 / 결론은 ~이야 | **Let's hope (that)…** ~하기를 바라자 | **I figured (that)…** 난 ~이라고 생각했어 / 난 ~인 줄 알았지

1 걔가 우리를 용서해 주길 바라자.

______________________ he forgives us.

2 네가 내 가장 친한 친구라는 걸 네가 알아 줬으면 해.

__________________________________ you're my best friend.

3 여기에 올 때마다 참 즐거운 시간을 보내게 돼.

______________________ I come here, I have a great time.

4 우리 빨리 떠나길 잘했어.

______________________ we left early.

5 네가 날 위해서 해 준 일을 절대로 잊지 못할 거라는 걸 알아 줬으면 해.

__________________________________ I'll never forget what you did for me.

6 알고 보니 걘 바람둥이더라고.

_____________________ he is a player.

7 내가 이사 나갈 때도 됐지.

___________________________ I moved out.

8 요점은 아무도 그걸 하고 싶어하지 않는다는 거야.

_________________________________ nobody wants to do it.

9 난 그녀가 그냥 날 안 좋아하는 줄 알았지.

____________________ she just didn't like me.

10 비 올 때마다 난 우울해져.

______________________ it rains, I get depressed.

Unit 26

〈보기〉를 참고하여 빈칸에 들어갈 말을 적어 보세요.

보기 **This/That is quite a...** 이거/그거 꽤나 ~인걸 / 상당히 ~이네 | **I can't afford to...** 난 ~할 여유가 없어 / 난 ~할 상황이 못 돼 | **It's/That's probably because...** 아마 ~이라서 그런 걸 거야 | **Just so you know,...** 참고로 말하지만 ~ / 참고로 알려 주자면 ~ | **주어+ended up...** 어쩌다 보니[결국] ~하게 됐어 | **I know better than to...** 난 ~할 정도로 어리석지는 않아 | **What's worse is (that)...** 더 나쁜 건 ~이라는 거야 | **...if you ask me** 내가 보기엔 말이지, ~ | **... bucks says ~** ~이라는 데에 …달러를 건다 | **Given...,** ~을 고려하면/고려했을 때

1 아마 걔가 술 취해서 그랬을 거야.

____________________ he was drunk.

2 난 결국 밤을 샜어.

I __________ staying up all night.

3 더 나쁜 건 걔는 전혀 모른다는 거야.

____________________ he doesn't have a clue.

4 그건 정말 쇼크였어.

____________________ shock.

5 네가 그거 못 할 거라는 데에 30달러를 걸지.

30 __________ you can't do it.

6 내가 보기엔 말이지, 걔네 둘 다 책임이 있어.

They are both responsible, __________.

7 난 그렇게 미친 짓을 할 만큼 어리석진 않아.

____________________ do a crazy thing like that.

8 그의 나이를 고려했을 때, 그는 젊어 보여.

_______ his age, he looks young.

9 난 아직은 걔를 믿을 수 있는 상황이 아니야.

____________________ trust him yet.

10 참고로 말이야, 나 오늘 밤에 집에 안 들어올 거야.

____________________, I'm not coming home tonight.

Unit 27

〈보기〉를 참고하여 빈칸에 들어갈 말을 적어 보세요.

보기 **As if...** 퍽도 ~하겠다 / ~일 리가 없잖아 / ~하는 것도 아니면서 무슨 | **Just because ~ doesn't mean...** ~이라고 해서 …인 건 아니야 | **Except (that)...** ~만 아니라면 말이야 / ~이라서 그렇지 | **Why+동사?** 왜 ~해? / 왜 쓸데없이 ~하고 그래? | **주어+was/were like, "..."** "~"이라고 말했지/말하더라고

1 네가 맞다고 해서 내가 틀린 건 아니야.

➲ ________________ you're right ________________ I'm wrong.

2 왜 그것에 대해 말다툼을 해?

➲ _____ argue about it?

3 내가 "오 마이 갓!"이라고 했어.

➲ ____________, "Oh my God!"

4 네가 실제로 우리 도와줄 것도 아니면서 무슨.

➲ ______ you'll actually help us!

5 내가 전에 그걸 해 본 적이 있다고 해서 내가 전문가인 건 아니잖아.

➲ ________________ I've done it before ________________ I'm an expert.

6 걔가 너무 솔직해서 그렇지. / 너무 솔직한 것만 아니라면 말이야.

➲ ________________ he's too honest.

7 퍽도 네가 날 믿겠다!

➲ ______ you're going to believe me!

8 별로 하고 싶은 것도 아닌데 왜 승낙해?

➲ _____ say yes if you don't really want to?

9 걔가 "내 감정을 모르겠어."라고 하더라고.

➲ She ________________, "I don't know how I feel."

10 걔가 자기도 무슨 말을 하는 건지 몰라서 그렇지.

➲ ________________ he doesn't know what he's saying.

Unit 28

〈보기〉를 참고하여 빈칸에 들어갈 말을 적어 보세요.

보기 **I'd be happy to...** 기꺼이 ~할게 | **If you don't mind,...** 괜찮(으시)다면, ~ | **No offense, but...** 불쾌하게 하려는 건 아니지만, ~ / 이런 말 하기 뭐하지만, ~ | **You are more than welcome to...** 얼마든지/언제든지 ~해도 돼 | **I'm sorry to bother you, but...** 귀찮게 해 드려서 죄송하지만, ~ | **I beg to differ...** 난 ~에 동의하지 않아

1 괜찮으시다면, 전 여기서 기다릴게요.

______________, I'll wait here.

2 이런 말 하기 뭐하지만, 네가 아직도 솔로인 데에는 이유가 있어.

______________ there's a reason you're still single.

3 귀찮게 해서 미안한데, 너한테 뭐 좀 물어볼 수 있을까?

______________ can I ask you something?

4 네가 원한다면 기꺼이 그것에 대한 내 생각을 말해 줄게.

______________ offer my thoughts on it if you want.

5 괜찮다면, 난 이제 집에 가고 싶은데.

______________, I'd like to go home now.

6 이런 말 하기 뭐하지만, 네 농담들 재미없었어.

______________ your jokes weren't funny.

7 전 댁의 결론에 동의하지 않습니다.

______________ with your conclusion.

8 언제든지 들러도 돼.

______________ drop by.

9 귀찮게 해 드려서 죄송하지만, 제가 길을 잃은 것 같아서요.

______________ I seem to have lost my way.

10 난 그의 밑에서 기꺼이 일하겠어.

______________ work for him.

Unit 29

〈보기〉를 참고하여 빈칸에 들어갈 말을 적어 보세요.

보기 **I'm not big on...** 난 ~이 별로야 / 난 ~ 별로 안 좋아해 | **I find... ~** 난 …이 ~하다고 생각해 | **주어+have a way with...** ~을 잘 다뤄 | **I fail to...** ~ 못하겠어 | **I take it (that)...** ~인가 보네 / ~인 것 같네 | **On second thought,...** 다시 생각해 보니, ~ | **It doesn't hurt to...** ~해서 나쁠 건 없잖아 / ~해서 손해 볼 건 없잖아 | **It just occurred to me (that)...** 방금 깨달은 건데 ~ / 문득 생각난 건데 ~ | **I was under the impression (that)...** 난 ~이라고 알고 있었어/생각했어

1 난 네 매너가 아주 불쾌하다고 생각해.

➲ _______ your manner (to be) very offensive.

2 집에 가고 싶은가 보네.

➲ _______________ you want to go home.

3 넌 아이들을 잘 다루는구나.

➲ You _______________ kids.

4 다시 생각해 보니, 나 그거 하기 싫어.

➲ ____________________, I don't want to do that.

5 난 걔가 그것에 대해서 알고 있는 줄 알고 있었어.

➲ ____________________________________ he knew about it.

6 난 왜 이게 필요하다는 건지 이해가 안 돼.

➲ ________ understand why this is necessary.

7 너 관심이 없나 보구나.

➲ _______________ you're not interested.

8 새로운 걸 시도해서 나쁠 건 없잖아.

➲ ___________________ try something new.

9 난 액션 영화 별로 안 좋아해.

➲ _______________ action movies.

10 방금 깨달은 건데, 그건 실수였어.

➲ ______________________________ that was mistake.

Answer

패턴훈련편

Unit 01

1 How did you get / to
2 I got you
3 I don't get
4 is getting nowhere
5 I'll go get
6 I got you
7 I've got a problem with
8 How did you get / to
9 I don't get
10 I'll go get

Unit 02

1 Let's just say
2 It's/That's like saying
3 Are you saying (that)
4 All I'm saying is
5 I have to say
6 Let's say
7 to say the least
8 Let's just say
9 All I'm saying is
10 talks about how

Unit 03

1 Don't tell me (that)
2 I can tell
3 You can never tell
4 I'm telling you,
5 Please tell me (that)
6 Don't tell me (that)
7 tells me (that)
8 I'm telling you
9 (I'll) Tell you what
10 I can tell

Unit 04

1 I'm in the middle of
2 It's a shame (that)
3 I'm not comfortable with
4 I'm not used to
5 I'm good with
6 I'm not cut out for
7 is addicted to
8 I'm having a hard time
9 I'm fed up with
10 It's a shame (that)

Unit 05

1 You don't even know
2 I know / but
3 Knowing
4 before you know it
5 You don't even know
6 I don't know how
7 I don't know about you, but
8 You knew full well (that)
9 I don't know anything about
10 before you know it

Unit 06

1 What am I going to/gonna
2 You're not going to/gonna
3 You're gonna have to
4 You don't want to/wanna
5 What am I going to/gonna
6 I'm going to/gonna have to
7 You're gonna have to
8 There's going to/gonna be
9 You're gonna wanna

10 You don't want to/wanna

Unit 07

1 I think I'm going to/gonna
2 I think you deserve
3 I never thought I would
4 Come to think of it
5 I think I'm going to/gonna
6 Who would've thought (that)
7 Come to think of it
8 I think you deserve
9 I never thought I would
10 Who would've thought (that)

Unit 08

1 The way I see it
2 I can see (that)
3 I'm looking to
4 I'll see
5 I see why
6 I don't see what
7 I can see (that)
8 Can't you see (that)
9 I can't see
10 I don't see why

Unit 09

1 How am I supposed to
2 You'll never guess
3 You're supposed to
4 I guess (that)
5 You're supposed to
6 You'll never guess
7 You were supposed to
8 What am I supposed to
9 I guess (that)
10 You were supposed to

Unit 10

1 I wanted to apologize for
2 I'm sorry, but
3 I'd appreciate it if you could
4 You'll be sorry if
5 I feel sorry for
6 Thanks to
7 I wanted to apologize for
8 I'd appreciate it if you could
9 I'm sorry, but
10 You'll be sorry when

Unit 11

1 I've had it with
2 You could at least
3 I hate to say this, but
4 There's no excuse for
5 You of all people
6 I don't like the way
7 You're the one who
8 You can't just
9 You could at least
10 I hate to say this, but

Unit 12

1 I'm convinced (that)
2 There's a good chance (that)
3 that's for sure
4 I bet (that)
5 Are you positive (that)
6 I'm convinced (that)
7 I'm not clear
8 that's for sure
9 I'll be sure to
10 Are you positive (that)

Unit 13

1 I'll let / know
2 I'm just asking you to
3 If there's anything (that)
4 I was hoping (that)
5 I'll let / know
6 If there's anything (that)
7 We can/could

8 I was hoping (that)
9 I'm asking you to
10 You can/could

Unit 14
1 I don't feel up to
2 is obsessed with
3 I like the way you
4 I'm thrilled (that)
5 I hate the way you
6 I'm into
7 I don't feel up to
8 I'm a big fan of
9 I like the way you
10 is not my thing

Unit 15
1 What makes you think (that)
2 What do you say
3 Do you think I should
4 How do you like
5 What do you say
6 I'd just like to say (that)
7 Do you think I should
8 What makes you think (that)
9 I would have to say
10 How do you like

Unit 16
1 So what you're saying is
2 What matters (the) most is
3 What's up with
4 What's it like
5 What did you do to
6 What's the point of
7 That's exactly what
8 What kind of
9 What I mean is
10 What did you do with

Unit 17
1 How are you going to/gonna
2 How is it (that)
3 It's / how
4 How come
5 How about if
6 How am I going to/gonna
7 How are you going to/gonna
8 It's / how
9 How come
10 How is it (that)

Unit 18
1 Which of these colors
2 Why are you being so
3 That explains why
4 Why can't you
5 Who are / to
6 Which of these
7 Who do you think
8 Why can't you
9 Why are you being so
10 That explains why

Unit 19
1 When do you think
2 That's where
3 When are you going to/gonna
4 When is / due
5 When do you think
6 When do you think
7 When are you going to/gonna
8 When is / due
9 That's where
10 When are you going to/gonna

Unit 20
1 Maybe you should
2 should be
3 Should I
4 Maybe we should

5 You should've heard
6 Maybe you should
7 should be
8 You should've seen
9 Should I
10 Maybe we should

Unit 21
1 I can't help it if
2 I (just) can't seem to
3 I couldn't care less
4 I could never
5 You can be
6 That can't be
7 I can't help it if
8 I can't / let alone
9 I could never
10 I couldn't care less

Unit 22
1 I said I'd
2 I wish you wouldn't
3 You won't believe
4 No one would
5 I said I'd
6 I wish you wouldn't
7 You won't believe
8 I would hate to
9 I'd kill for
10 No one would

Unit 23
1 You might want to/wanna
2 I must admit
3 Didn't you use to
4 You might want to/wanna
5 I'd better
6 may be / but
7 I must admit
8 You might as well
9 If you must
10 'd better / had better

Unit 24
1 It's not that
2 I don't think / should
3 Believe it or not
4 There's no way
5 You're not that
6 Not everyone
7 Don't make me
8 There's no way
9 There's nothing like
10 Like it or not

Unit 25
1 Let's hope (that)
2 I want you to know (that)
3 Every time (that)
4 Good thing (that)
5 I want you to know (that)
6 Turns out (that)
7 It's about time (that)
8 The bottom line is (that)
9 I figured (that)
10 Every time (that)

Unit 26
1 It's/That's probably because
2 ended up
3 What's worse is (that)
4 That was quite a
5 bucks says
6 if you ask me
7 I know better than to
8 Given
9 I can't afford to
10 Just so you know

Unit 27
1 Just because / doesn't mean
2 Why

3 I was like
4 As if
5 Just because / doesn't mean
6 Except (that)
7 As if
8 Why
9 was like
10 Except (that)

Unit 28

1 If you don't mind
2 No offense, but
3 I'm sorry to bother you, but
4 I'd be happy to
5 If you don't mind
6 No offense, but
7 I beg to differ
8 You're more than welcome to
9 I'm sorry to bother you, but
10 I'd be happy to

Unit 29

1 I find
2 I take it (that)
3 have a way with
4 On second thought,
5 I was under the impression (that)
6 I fail to
7 I take it (that)
8 It doesn't hurt to
9 I'm not big on
10 It just occurred to me (that)

MEMO